토크파워

나탈리 로저스 지음 / 강헌구 옮김

한 언 HANEON.COM

토크파워

THE NEW TALKPOWER

by Natalie Rogers

토크파워 프로그램에 대한 찬사

이 프로그램은 변호사 등 타인과의 의사소통이 잦은 직종의 사람들에게 큰 도움이 될 것이다.

— 존 카우프만, 이튼 밴 윙클(Eaton Van Winkle)의 변호사

아주 오래 전부터 나는 어찌나 사람들 앞에서 말하는 것이 싫던지, 중요한 승진도 마다할 정도였다. 스피치공포증을 없애기 위해 몇 개의 강좌도 들어봤지만, 아무 소용이 없었다. 하지만, 토크파워 프로그램을 통해 나는 마침내 해냈다!

— 랄프 미로, 퍼스트 리스판스(First Response)의 교육 담당자

나는 지난 34년간 스피치공포증을 없애기 위해 각종 치료법, 최면술, 약물 치료, 훈련 프로그램 등에 2만5천 달러를 투자해왔다. 그러나 결국은 이 토크파워를 통해 다시는 연설을 피하지 않게 되었다.

— 웨이네 뉴콤, 양키 리앨티 사(Yankee Realty Inc.) 회장

내가 토크파워 프로그램을 통해 7분간의 연설문을 이처럼 손쉽게 작성하고, 내 자신을 통제하면서 이처럼 논리 정연하게 얘기하게 되리라고는 생각지도 못했다.

— 팜 크레스맨, 토마스 제퍼슨 병원(Thomas Jefferson Hospital)의 프로젝트 담당자

스피치공포증에 대해 나와 똑같거나 비슷한 감정을 가지고 있는 사람들과 함께 앉아서 이야기하는 것은 좋은 경험이었다. 나는 스피치공포증을 극복하기 위한 첫 단계를 무사히 통과했다.

— 클래리 펠슨, 필립 모리스 사(Philip Morris Companies)의 마케팅 전문가

토크파워는 스피치공포증을 극복하기 위한 강력한 수단이다. 로저스는 연설문을 작성하고 연설할 때 침착할 수 있는 기본적인 방법을 개발시키는 데 있어 최상의 전문가이다. 나는 그녀에게 고마움을 느낀다.

— 살로몬 까메오, 국제 연합(United Nations)의 시스템 분석가

어느 누구도 내가 가진 스피치공포증을 진정으로 이해할 수 없다고 생각했다. 그래서 나는 속병만 앓으며 사람들을 피해 왔다. 하지만 이 책을 통해 나는 아주 크게 달라졌다.

— 게일 라우로 박사,
도이츠맨-라우로 카이로프락틱 센터(Deutchman-Lauro Chiropractic Centre)

토크파워는 스피치공포증을 극복할 수 있는 가장 효과적인 방법이다. 이는 불가능해 보이는 것을 가능케 한다. 공포증에서 벗어나려면, 토크파워 프로그램을 실행해야 한다.

— 로버트 오코넬, 사회사업가

우리가 느끼는 마음속의 두려움은, 우리가 부족하다는 데 있지 않습니다.

우리가 느끼는 마음속의 두려움은, 우리가 측정할 수 없을 만큼 매우 강력하다는 데 있습니다.

우리를 가장 위협하는 것은, 우리가 지닌 어둠이 아니라, 우리에게 드리워진 빛입니다.

우리는 우리 자신에게 물어봅니다.

총명하고, 눈부시고, 뛰어난 재능과 굉장한 능력을 지닌 이 나는 누구인가?

당신은 자신이 그러한 존재라는 걸 느끼지 못합니까?

당신은 하나님의 자식입니다.

당신이 지닌 재능을 다 발휘하지 못한다면 세상은 변할 수 없습니다.

다른 사람들이 당신 곁에서 불안함을 느끼지 않도록 하기 위해

당신이 스스로 작아지는 것을 사람들은 아무도 모릅니다.

— 넬슨 만델라, *1994년 대통령 취임 연설 중에서*

옮긴이의 글

　일대일 대화에서는 편안하고 차분하게 말을 잘하면서도, 이상하게 사람들이 다섯 명만 있어도 갑자기 말문이 막히거나 말을 더듬는 사람들이 있습니다. 이들은 발표를 해야 한다는 말을 들으면 수일 전부터 불면증과 자신감 부족으로 고통스러워하다가, 결국 단상에 서서도 말하려는 바를 제대로 표현하지 못해 쩔쩔매곤 합니다. 간혹 수락연설을 하는 게 두려워서 직장에서의 승진, 모임에서의 의장직 등을 거절함으로써 성공을 거머쥘 수 있는 기회를 포기해 버리는 사람들도 있습니다. 수상소감을 발표하는 게 두려워서 큰 상을 받는 자리에 불참하는 경우도 있습니다. 심지어는 결혼식 때 연회장을 가득 메운 하객들의 시선을 받는 게 두려워서 결혼식날이 기다려지지 않는 신랑신부도 있다고 하니, 이 얼마나 불행한 일입니까?

　그러나 아무도 이들이 안고 있는 문제에 진정한 관심을 가져주지 않습니다. 당사자 역시 타인에게 고민을 털어놓거나 도움을 요청하지 않습니다. 그저 부끄럽다는 이유로, 다른 사람이 나를 어떻게 볼까 걱정된다는 이유로, 더욱더 침묵할 뿐입니다. 대부분의 화술전문가들이나 화술을 다루는 책들은 이러한 문제에 대해 속시원한 해답을 제시하지 못하고 있습니다. 그저 어떤 상황에서는 어떤 식의 말을 하라는 정도만 가르치고 있습니다. 이들의 마음속 깊은 곳에 자리잡고 있는 '스피치공포증'에 대해서는 모두가 입을 다물고 있습니다.

　《토크파워》가 기존의 화술 관련 서적들과 비교해서 특별히 두드러지는 점은, 먼저 몸과 마음의 공포심을 떨쳐버리고 사람들 앞에서 자신 있고 편안하게 말을 하는 방법을 가르쳐 준다는 데 있습니다. 즉, 근본적인 해결책을 제공하는 셈이지요.

　최근 몇 년간 저는 1년에 수십 차례의 대중강연 및 TV강연을 해오고 있습니다. 뿐만 아니라, 출근길 청취자들을 대상으로 매일 아침 2시간 30분 동안 생방송 라디오 프로그램을 진행해 오고 있습니다.

　그래서인지 사람들은 저를 일컬어 '타고난 이빨', '달변가', '하나를 알면 열을 말할 수 있는 사람' 이라고들 합니다. 그러나 그 이면에는 영원히 숨기고 싶을 정도로 수치스러운 과거와 이를 딛고 일어선 저의 피나는 노력이 숨어 있습니다.

　애석하게도 저는 초등학교 1학년을 두 번이나 다녔습니다. 왜냐하면 선생님이 출석을 부를 때마다 대답을 제대로 못했기 때문입니다. 아이들 이름이 하나씩 불려질 때마다 가슴이 콩닥콩닥 뛰었고, 그러다가 결국엔 너무 빨리 대답하거나 너무 늦게 대답하여 망신을 당하곤 했습니다.

　"김철수!" "네!"

　"박영희!" "네!"

　"강ㅎ…." "네에?"

　"강헌구우………??"

　"아, 네, 네…."

　그럴 때마다 아이들은 까르르 웃어댔고, 선생님은 화가 나서서 얼굴이 벌개지셨습니다. 그런 일이 계속되다 보니 나중에는 아예 대답을 안 하게 되었고, 학교생활이 점점 싫어지기 시작했습니다.

　그 후에 더욱더 결정적인 사건이 일어났습니다. 음악시간이 시작된 지 10분도 채 되지 않았을 때, 갑자기 화장실이 가고 싶어진 것입니다. 하지만 아이들이 보는 앞에서 선생님께 화장실 가고 싶다는 말을 차마 할 수가 없었습니다. 그렇게 꾹꾹 참고만 있다가 어느 순간 저도 모르게 벌떡 일어섰습니다. 선생님이 왜 그러느냐고 물으셨지만, 저는 그냥 말없이 다시 앉고 말았습니다. 그러다가 결국에는 도저히 참을 수가 없어서 시뻘개진 얼굴로 아무 말도 없이 그냥 교실을 뛰쳐나왔습니다. 그러나 이미 때는 늦었습니다. 화장실 근처에도 못 가보고 그냥 바지를 적시고 말았던 것입니다. 저는 그 정도로 말하기를 싫어하는 아이였습니다. 그런 저를 지금은 사람들이 '달변가' 라고 부르고 있습니다.

이 책의 저자 나탈리 로저스는 가장 단시간에 우리 마음속에 있는 스피치공포증을 떨쳐버릴 수 있는 방법을 제시하고 있습니다. 심신치유를 통해 마음속의 공포증을 치료하는 방법, 토크파워 템플릿을 이용해서 설득력 있는 연설문을 작성하는 방법, 지나친 열등감과 자기 비하의 감정을 딛고 자기 자신을 존중하도록 만드는 방법 등이 구체적으로 나와 있습니다.

뿐만 아니라, 이미 다수의 사람들을 상대로 연설이나 발표를 하는 데 익숙해진 사람들을 위한 토크파워 노하우까지 제시하고 있습니다. 그들에게도 자신의 말을 더욱더 알차고 세련되게 가다듬을 수 있는 기술이 필요하기 때문입니다.

저는 이미 다수의 사람들을 상대로 말을 하는 데 익숙해졌지만, 일어서서 단상으로 걸어나갈 때, 마이크를 막 잡고 말을 하려 할 때, 강의실에서 출석체크를 하고 본론으로 들어갈 때는 여전히 떨곤 했습니다. 목소리는 이상하게 들떠 있고 심장박동이 걷잡을 수 없이 빨라졌죠. 심지어 머릿속에 들어 있던 내용을 절반도 채 꺼내지 못할 때도 있었습니다.

그러나 1년 전 어느 날 미국 센트루이스 근처의 한 서점에서 이 책을 접하는 순간부터 저는 제 마음속에 희미하게 자리잡고 있던 스피치공포증을 서서히 치료할 수 있었습니다. 뿐만 아니라, 토크파워 템플릿을 통해 좀더 설득력 있는 연설문을 작성하는 방법까지 터득할 수 있었습니다. 지금도 하루하루 토크파워 프로그램을 따라 연습을 하고 있습니다. 그러면 신기하게도 예전과는 달리 수백 명의 사람들이 앞에 있어도 전혀 떨리지가 않습니다. 친구나 가족들과 대화를 나눌 때처럼 청중들이 아주 편안하게 느껴집니다.

　마음속에 천만금 보배를 가지고 있으면 무엇하겠습니까? 수십 년 동안 책 다섯 수레 이상의 지식을 쌓은들 무엇하겠습니까? 적절한 말로 자신 있게 다른 사람들에게 표현하지 못하면 그것들은 한낱 돌멩이나 죽은 지식에 지나지 않습니다. 이젠 자기 PR의 시대입니다! 대중연설, 프레젠테이션, 회의, 모임, 면접 등의 모든 상황에서 당당하게 자신과 자신의 의사를 피력할 수 있는 사람이야말로 이 시대가 원하는 인물입니다.

　연설가, 영업사원, 방송인, 기획자, 정치인, 연기자, 가수, 댄서, 변호사, 치어걸, 운동선수, 수술을 집도하는 의사, 면접응시자, 교육자, 종교인, 각종 모임의 사회자 등…. 여러분이 어떤 직업을 가지고 있는지, 무슨 일을 하는지는 상관없습니다.

　《토크파워》는 크든 작든 말을 해야 하는 모든 상황은 물론, 우리들 일상의 너무나 많은 분야에서 적용될 수 있는 강력한 무기입니다. 또한, 스피치공포증뿐만 아니라, 노래공포증, 비행공포증, 대인공포증, 무대공포증, 고소공포증, 수중공포증, 피해망상증 등 마음속의 모든 공포를 몰아낼 수 있도록 여러분을 도와 줄 것입니다.

　이제 당신도 입을 열어 당신과 당신의 생각을 표현할 때입니다.

옮긴이 강 헌 구

프롤로그

나는 죽는 건 두렵지 않다. 누군가 내 머리에 총을 겨눈다 해도 당당하게 맞서 싸울 수 있다. 하지만 사람들 앞에만 서면, 나는 너무나 초라해진다. 왜 내가 말도 제대로 하지 못하고 덜덜 떨고만 있는지 나조차 이해할 수가 없다.

— 찰스, 미 공군 대령

나는 약 20년 전에 토크파워 프로그램을 창시했다. 그 후로 수많은 사람들이 연설이나 발표를 하는 것에 끔찍한 공포감을 느낀다며 나를 찾아왔다. 그들을 위해 나는 토크파워 프로그램을 그대로 적용하여 훈련을 하는 토크파워 워크숍을 정기적으로 개최했다. 그리고 그 워크숍을 통해 대중들 앞에서 말을 하면 심한 모욕감과 대인기피증, 무대공포증, 공황발작 등이 일어나 결국에는 할 말을 잊어버리고 만다는 많은 사람들의 이야기를 들을 수 있었다.

나는 그러한 사람들이 입은 상처를 치유하고 멋진 연설가나 발표자로 거듭나도록 하는 데 심혈을 기울여 왔다. 물론 앞으로도 계속 그렇게 할 것이다. 다수의 시선만 받으면 몸이 얼어붙는 많은 사람들을 스피치공포증(이 책에서는 연설, 공연, 회의, 강의, 세미나, 발표 및 각종 프레젠테이션 등 여러 사람들의 시선을 받으면서 말을 해야 하는 상황에서 느끼는 공포증을 통틀어 '스피치공포증'으로 칭했다. — 역주)의 수렁에서 구출해 준 토크파워 프로그램! 이제 이 프로그램을 통해 적절한 훈련을 받는다면 누구나 사람들 앞에서 우아하게, 유창하게, 편안하게 말을 할 수 있다.

토크파워 프로그램 창시 배경

일찍이 나는 배우, 감독, 교사 등의 직업을 거친 적이 있다. 그러던 중, 심리치료학을 공부하기 위해 1978년에 다시 대학에 들어갔다.

하루는 커뮤니케이션 심리 관련 수업을 듣기 위해 교수를 기다리고 있는데, 학생들이 대화를 나누는 소리가 교실 안을 가득 메웠다.

"내 발표는 분명 지루하게 들릴 거야."

"나는 사람들 앞에서 말하는 게 정말 싫어."

"사람들이 나를 별로 좋아하지 않는 것 같아. 난 금방 알 수 있어."

"그저께 그녀를 만났는데, 내가 말하는 내내 그녀는 메뉴판만 보고 있었어."

교수가 도착하기 전까지 학생들은 말과 관련된 서로의 속사정을 털어놓고 있었다. 곧 교수가 들어왔고, 잠시 후 발표가 시작되었다. 나는 학생들의 발표를 유심히 들었다. 그런데 대부분의 학생들이 발표를 하면서 머리를 움직이거나 손을 흔드는 등, 크고작은 불안에 떨고 있었다. 모두들 다수의 사람들을 상대로 말을 해 본 경험이 별로 없는 모양이었다. 학생들은 너나없이 두서없는 이야기를 늘어놓았고, 얼굴에는 긴장하는 빛이 역력했다.

그런데 그때 강의실 뒤쪽에 있던 교수가 무언가를 적더니 "긴장을 푸세요."라고 말했다. 긴장을 풀으라고? 학생들이 사람들의 시선 때문에 주눅이 들어 할 말을 잃어버렸다는 걸 나만 알아챘던 것일까? 교수는 내가 생각하고 있는 이 문제에 대해서는 전혀 신경을 쓰지 않았다. 긴장을 풀고 사람들과 눈을 맞추면서 좀더 천천히 얘기하라는, 다소 뻔한 소리만 할 뿐이었다.

나는 그런 수업 방식에 당황하지 않을 수 없었다. 연기 학교에서 내가 받았던 체계적인 수업과는 너무나 거리가 멀었기 때문이다. 나는 연기 학교에서 집중력 고조, 긴장 이완, 주의 환기 등을 위한 강도 높은 훈련을 받음으로써 사람들 앞에서도 당당히 연기할 수 있었다. 하지만 그 교수는 수많은 학생들에게 나타나는 자신감의 상실이라는 끔찍한 고통은 무시한 채, 오로지 긴장을 풀고 말을 이어가라는 상투적인 주문만 하고 있었던 것이다. 다음과 같은 가장 기본적인 문제들은 전혀 다루지 않은 채 말이다.

- 왜 발표가 있기 며칠 전부터 극도의 공포심이 찾아올까?
- 사람들 앞에서 서면 왜 갑자기 머릿속이 까매지는 걸까?
- 자리에서 일어나 발표를 하기 직전까지, 아드레날린이 대량으로 분비되는 그 순간에 어떻게 대처해야 할까?
- 갑자기 말의 속도가 빨라지는 걸 방지할 수 있는 방법은 무엇일까?
- 왜 내 이야기만 지루하게 들리는 것 같지?
- 왜 갑자기 숨이 가빠질까?
- 어떻게 해야 몸이 떨리지 않을까?
- '빨리 이 순간이 지나갔으면' 하는 생각을 어떻게 하면 떨쳐버릴 수 있을까?
- 일대일로 대화하는 건 자신 있는데, 왜 여러 사람 앞에만 서면 주눅이 드는 걸까?
- 할 말이 너무 많아 어디서부터 이야기를 꺼내야 할지 난감할 땐 어떻게 해야 할까?

그 강의를 들으면서 나는, 연설 및 발표를 잘할 수 있도록 심신을 단련하는 체계적인 훈련법이 지금까지 전혀 없었다는 것을 깨달았다. 그 순간, 문득 머릿속에 떠오른 생각이 있었다. 러시아의 연극 대가 스타니슬라브스키가 배우들을 훈련시키기 위해 실시했던 체계적인 훈련법을 적용하면, 배우가 아닌 일반인들도 스피치를 할 때 얼마든지 집중력을 높일 수 있겠다는 생각!

스피치공포증을 가지고 있는 사람들은 다음과 같은 질문을 가장 절박하게 물어온다. "모든 사람들이 오로지 나만 바라보고 있어서 너무 신경이 쓰입니다. 어떻

게 해야 내가 말하고자 하는 내용에만 집중할 수 있을까요?'

토크파워 프로그램은 무엇보다도 이 질문에 대한 정확한 답을 가르쳐 주고 있다.

어느 정도의 시간이 흐른 후, 나는 대학에서 '스피치공포증 클리닉'이라는 수업을 맡아 토크파워 프로그램을 가르치게 되었다. 소식을 듣고 스피치공포증 때문에 끙끙 앓기만 하던 사람들로부터 문의가 쇄도했다. 수업 중에 학생들은 자신의 이야기를 진솔하게 털어놓았다. 어떤 학생들은 아주 어렸을 때부터 남들 앞에서 말하는 걸 싫어했음을 고백하기도 했다.

> 우리 집은 아이들만 해도 모두 일곱 명인 대가족이었는데, 어디를 가든 얌전히 앉아 있어야 했어요. 물을 마시러 갈 때나 화장실에 갈 때도 어머니 허락 없이는 갈 수 없었어요. 유치원에 다닐 때도 저는 한 학기 내내 단 한 마디도 하지 않았어요. 무언가 필요한 게 있어도, 말을 하지 않고 그냥 손으로 가리키는 식이었죠. 그러다가 결국 저는 병원에 가게 되었는데, 신기하게도 간호사와 단둘이 있을 때는 말이 술술 잘 나오는 거예요. 의사선생님도 제가 말을 잘한다는 사실에 정말 놀라워하셨죠. 하지만, 그때뿐이었어요….
>
> 저는 이날 평생을 마치 말을 하지 말아야 하는 것처럼 느끼며 살아왔어요.
>
> — 로리, 세일즈 매니저

그런가 하면, 이런 이야기를 하는 사람들도 있었다. 원래 사람들 앞에서 말할 때는 전혀 문제가 없었는데, 어느 날 갑자기 단상에 섰을 때 이유 없이 말문이 막혔다고. 그때 엄청난 수치심을 느껴서, 그 후로는 무조건 사람들이 많은 자리에서 말을 하는 것을 피하게 되었다고.

> 대학 졸업식 때였어요. 졸업생 대표로 뽑혀서 고별사를 읽던 도중 갑자기 호흡

이 가빠져 말문이 막혀 버렸어요. 그 일이 있기 전까지는, 저는 자진해서 사람들 앞에 나갈 정도였는데 말입니다. 어쨌거나 그 사건 이후로 저는 사람들 앞에서 도저히 말을 할 엄두가 나지 않았어요. 사람들이 많으면 제 목소리는 늘 떨렸고, 심한 공포심을 느꼈어요. 그때부터 저는 절대로 사람들이 많은 곳에서는 말을 하지 않게 되었습니다.

– 필리스, *패션 코디네이터*

나는 이들에게 우선 토크파워 프로그램을 소개하며 위와 같은 공포심을 떨쳐버릴 수 있도록 훈련시켰고, 그리고 나서 연설문을 체계적으로 작성할 수 있도록 도와주는 '토크파워 공식'까지 상세히 가르쳐 주었다. 처음에 대부분의 학생들은 청중들이 흥미를 느끼게 하자면 어떤 식으로 원고를 준비해야 하는지 전혀 감을 잡지 못했다. 그들은 스피치 원고를 쓰는 훈련조차 받아 본 적이 없었다. 그저 누군가가 읽기만 하면 되는 보고서나 편지, 논문, 메모 등의 작성법에 대해서만 알고 있을 뿐이었다. 그 결과, 그들은 연단에 서서도 일반적인 사실과 추상적인 개념들로만 가득 찬, 힘 빠진 이야기만 늘어놓고 있었던 것이다.

나는 이러한 사람들은 물론, 연설에 웬만큼 숙련된 사람들도 더욱더 세련된 연설을 할 수 있도록, 기존의 기본적인 프로그램을 계속해서 다듬고 발전시켜 갔다.

현재까지 수만 명의 사람들이 토크파워 프로그램을 통해 훈련을 받고 개인적으로나 사업적으로 아주 큰 성공을 거두었다. 또한 자기PR 시대에 성공적인 커뮤니케이션의 중요성을 인식한 기업 측에서 사원들에게 우리 워크숍에 참여할 수 있는 기회를 제공하기도 했다. 그 대표적인 기업이나 단체로는 아메리칸 익스프레스, 메릴린치, UPS, 국제연합(United Nations), 내셔널 웨스트민스터 은행, AT&T, 앨버트 아인슈타인 의과대학, IBM, 뉴욕시 여성법조인협회, MIC통신회사, 체이스 맨해튼 은행, 오토 프레밍거 영화사, 국제 사회자클럽, 포드 자동차회사 등이 있다.

내가 책을 통해 처음으로 토크파워 프로그램을 선보인 것은 거의 20년 전이었다. 그 책은 지금껏 전 세계 아홉 개 나라에 소개되어 많은 사람들에게 도움을 주고 있다. 이제 우리는 21세기에 와 있다. 현재 이 책에는 1982년부터 최근까지 끊임없이 연구개발에 투자해서 갱신한 토크파워 프로그램의 최신 정보와 기법이 알차게 실려 있다.

토크파워 프로그램은 어떻게 다른가?

화술의 대가들이 전통적으로 주장해 온 것과는 달리, 토크파워 프로그램에서는 성공적인 연설이나 발표를 하기 위해서는 무엇보다도 먼저 스피치공포증을 제거해야 한다는 생각으로, 이에 가장 역점을 두었다.

스피치공포증은 자신이 과거에 겪었던 모욕감이나 강한 비난, 자괴감, 경험 부족 등에서 생기게 되는 복잡한 감정상태다. 따라서 스피치에 대해 불안감을 느끼는 사람들이 이 모든 문제를 해결하려면, 먼저 두려움의 원인이 무엇인지를 파악하고, 그것이 미치는 파괴적인 영향력까지 완전히 없애야 한다.

이제, 신경생물학, 행동수정이론, 언어사용기법, 연설문작성, 자기존중훈련을 혼합한 '토크파워' 라는 독창적인 프로그램을 통해 이러한 목표를 달성해 보자. 이 훈련을 통해 이제 누구나 몸과 마음이 아주 차분해질 것이고, 명확하고 자신감 있게 말할 수 있게 될 것이다.

이 책의 내용 대부분은 실제 토크파워 워크숍의 구조와 내용을 그대로 따온 것이다. 6장부터 각 장은 토크파워 공식의 각 항목을 단계별로 실행하고 완성하기 위한 지시사항을 담고 있다. 각 장에서 제시된 과제를 완성해 나가다 보면, 이 프로그램이 발표력을 높일 수 있도록 뇌의 구조를 변화시킨다는 사실을 알게 될 것이다. 그 결과, 아무리 많은 사람들 앞에 서게 되더라도 더 이상 공포감을 느끼지 않게 될 것이다.

나는 이 책 전체를 통해 특정한 내용을 반복해서 표현했다. 아주 중요하고 결정적인 내용이기 때문에 반복의 필요성을 느꼈던 것이다.

또, 이 책에 나오는 삽화는 오랫동안 무대공포증으로 고생한 학생과 고객들이 들려 준, 슬프면서도 재미있고 때로는 소름끼치는 이야기를 바탕으로 그린 것이다. 사람들 앞에서 말을 하거나 발표를 해야 한다는 생각만으로도 가슴 죄어오는 불안감을 느끼는 사람이라면, 부디 삽화에 나오는 우스꽝스런 장면들에 유쾌해지기를 바란다.

이 책에 나오는 사람들의 개인적인 이야기는 토크파워 프로그램의 도움을 받아 당당한 연사가 된 많은 사람들의 이야기를 따온 것이다.

당신은 이제 혼자가 아니다. 토크파워 프로그램이 당신을 도와 줄 것이다.

CONTENTS

토크파워 갈고닦기   PART 3

토크! 토크! 토크!

인간은 말을 하기 위해 태어났다 ㅣ 사람들 앞에만 서면 몸이 오싹해진다? ㅣ 문제의 원인부터 제대로 알자

복식호흡이 곧 생명이다 ㅣ 스피치공포증을 물리치는 공포클리닉!

솔로몬 왕이시여, 제발 저에게는 조용한 반쪽을 주십시오.

CHAPTER 01

인간은 말을 하기 위해 태어났다

그러나 많은 사람들이 침묵을 지키고 있다

태초에 말이 생긴 이후로
사람들은 말을 해왔다.

지구상 모든 곳,
모든 나라에는 언어가 있다.

모든 종족은 저마다의 문법과
뜻을 지닌 언어를 사용한다.

인간만이 말을 하며,
말을 함으로써 자신의 존재를 나타낸다.

대기업에서 회계를 담당하고 있는 프랜시스는 여러 명의 직원들을 거느리고 있다. 그런데 그녀는 매주 직원들을 상대로 업무보고를 할 때마다 상당한 스트레스를 받는다. 엄연히 그녀는 그들의 상사이건만 직원들 앞에만 서면 두려운 마음을 어쩔 수가 없다. '이봐! 거기 서서 왜 쓸데없이 떠들고만 있는 거야?' 이렇게 직원들이 속으로 자신을 비난할 것만 같다. 그래서 그녀는 굳어진 얼굴과 모기만한 목소리로 말을 더듬고 만다.

비행기가 추락한다면 얼마나 좋을까? 그러면 사람들 앞에서 연설을 안 해도 될 거야.

어린 시절, 프랜시스의 오빠는 그녀에게 온갖 악담과 욕설을 퍼부으며 못살게 굴었다. 바로 이것이 그녀가 사람들 앞에서 말하는 것을 두려워하게 된 결정적인 이유가 된 것이다. 어릴 적에 상처를 주었던 오빠의 목소리는 직장에서도 계속 그녀를 따라다녔다. "저는 계속 그런 식으로 괴로워했어요. 어디를 가나 오빠의 목소리가 들려서 견딜 수가 없었죠." 이런 고통을 겪는 사람은 프랜시스만이 아니다.

토크파워 워크숍에서 함께 한 다른 참가자들의 말이다. "처음 이 워크숍에 참가했을 때, 다른 사람들은 모두 나와는 달리 아주 똑똑하고 성공한 것처럼 보였어요. '이럴 수가! 여기는 내가 있을 곳이 아니야. 내가 입을 열면 이 사람들 앞에서 창피를 당할 게 분명해.' 이런 생각에 전 발길을 돌리려 했죠."

"상반기 결산 발표를 하고 있는데, 앞에 앉아 있는 사람들이 모두 나를 미워하는 것만 같았어요. 그 때문이었을까요? 무슨 말이든 해야 했지만 전혀 생각이 나지 않았어요."

이런 이야기가 오가기 시작하자 굳게 입을 다물고 있던 많은 사람들의 말문이

트이기 시작한다.

"어머! 나랑 똑같은 생각을 하셨네요."

"나도 다신 이곳에 오지 않겠다고 다짐했었지 뭐예요."

지난 20년간, 나는 사회적으로 명망 높은 수천 명의 전문직 종사자들과 함께 일하면서 그들의 면면을 살펴볼 수 있었다. 그렇게 성공한 사람들은 당연히 자신감과 자부심이 높을 거라고 생각할 것이다. 그러나 실제로는 그들 대다수가 사람들 앞에서 말하는 것이 두렵다는 이유로 남모르는 고통 속에서 살고 있었다.

언제부터 말문이 막혔을까?

"나는 사람들과 일대일로 만나면 말을 잘합니다. 다들 내가 아주 능숙하고 재치 있게 말한다고 해요. 그런데 내 앞에 다섯 명 정도만 있어도, 단순히 말이 꼬이고 말을 더듬는 정도가 아니라, 완전히 말문이 막혀 버립니다."

"회의 준비를 며칠씩 해도 소용없어요. 사람들 앞에만 서면 아무 생각이 나지 않는다니까요. 회의가 있는 날에는 정말 회사 가기가 싫어요."

이런 증상들은 어디에서 비롯된 것일까? 분명 태어날 때부터 그런 것은 아니다. 막 태어난 아기들을 보라. 우렁차게 소리 높여, 마음껏 울면서 세상에 나온다. 아기들은 기저귀가 젖었을 때, 피곤할 때, 배고플 때, 불편할 때마다 어김없이 큰소리로 울면서 자신의 의사를 표현한다. 앞에 누가 있든, 몇 명의 사람들이 있든 상관없이 말이다.

그렇다면 대체 언제부터 말문이 막히는 걸까? 왜 말을 해야 한다는 걸 압박감으로 받아들이게 되었을까? 거침없이 자신의 생각을 표현하고 싶은 욕구를 왜 마냥 숨기고만 있을까? 사람들 앞에서 말을 해야 할 때마다 걱정부터 앞서는 이유는 무엇일까?

우리 아버지는 매우 존경받는 의사에다 아주 박학다식한 분이셨어요. 그래서 항상 아버지 옆에만 서면 내가 너무 부족하다는 생각이 들었습니다. 그런데다 아버지는 나에게는 항상 비판적이고 엄격하신 분이셨죠. 특히 다른 어른들과 함께 있는 자리에서는 더했습니다. 어느샌가 사람들이 나와 아버지를 서로 비교한다는 사실을 알게 되었습니다. 그땐 정말 나 자신이 너무나 초라해 보였죠. 그후로 나는 말수가 줄어들었습니다.

— 필립, 치과의사

어렸을 때부터 말로 인해 창피를 당하고 수치심을 느꼈던 사람들은 생각 외로 많다. 그런데 문제는 자신에게 이러한 경험들이 얼마나 해가 되는지 당사자들은 거의 모르고 있다는 것이다. 그들 중에는 가족 간에 애정이 넘치는 화목한 가정 출신들이 많다. 그래서 그들은 자신의 고통을 숨기며, 이런 문제를 결국 자신의 탓으로만 돌린다. 나에게 창피를 준다고 해서, 나를 사랑하는 부모나 형제, 선생님에 대해 부정적인 생각을 갖는 건 죄악이라고 생각한다. 감사할 줄도 모른다며 끊임없이 스스로를 타이르기도 한다.

훈계인가, 학대인가?

나는 규율이 매우 엄격한 학교에 다녔어요. '아이들의 모습은 보여도 되지만, 말소리가 들려서는 안 된다' 는 규율이 있을 정도였죠. 직접적으로 질문을 받지 않는 이상, 수업시간에 자신의 의견을 말하는 건 있을 수 없는 일이었어요. 원래 나는 아주 활발한 성격을 지니고 있었는데, 수업시간에 떠든다는 이유로 호되게 야단맞고 나서는 점점 조용한 아이로 변해갔어요.

— 펠리샤, 의과대학생

엄하디 엄한 말로써 아이들을 혼내는 것이 아동학대나 아동방임의 범주에 들어가지는 않는다. 자녀에게 시도때도 없이 "너 정말 어리석구나."라고 소리치는 부모나 교사가 얼마나 있는지 조사하는 사회학자도 없을 것이다. 그러나 이는 분명히 심리적인 학대에 속한다. 어른들이 이러한 언어적 학대를 일삼으면 아이들은 자존심과 자신감이 동시에 무너져, 비록 어려운 자리가 아닐지라도 사람들 앞에 서는 걸 두려워하게 된다. 특히 어른들과 이야기하는 것을 극도로 싫어하게 된다.

왜 두려움을 느끼는가?

우리는 사람들을 대하지 않고는 살아갈 수 없다. 타인들의 날카로운 시선은 언제 어디서나 우리를 따라다닌다. 사회생활을 해나갈수록 사람들을 상대로 하는 일도 많아지고 있다. 그런데 사람들 앞에서 말을 한다는 것 자체에 불안과 공포를 느끼는 사람들의 수 역시 기하급수적으로 늘어나고 있다. 주로 다음과 같은 경우에 사람들은 타인의 시선을 받는다는 이유로 두려움을 느껴 쉽게 말문을 열지 못하고 있다.

· 공식적인 연설을 할 때
· 회의 또는 세미나에 참석할 때
· 특정한 주제에 대해 발표할 때
· 모임에서 자신을 소개할 때
· 강의시간에 질문을 하거나 받을 때
· 골프나 테니스 등 관중이 있는 스포츠에 참가할 때
· 면접관과 인터뷰할 때
· 송덕문, 축사, 답사 등을 낭독할 때
· 법정에서 변론을 하거나 증인석에 설 때

- 기자회견을 열거나 언론매체에 출연할 때
- 연기자로서 오디션을 보거나 공연을 할 때
- 객석 앞에서 악기를 연주할 때
- 상을 주거나 받을 때
- 사람들이 많은 장소를 홀로 걸어갈 때

이런 상황에서 대부분의 사람들은 타인이 자신을 평가하고 있다는 생각에 주눅이 들어 편안하고 침착하게 말을 이어가지 못한다. 나의 말을 듣는 사람들이 나자신과 내가 하는 말 자체에 대해 어떻게 생각할지에 온통 신경이 곤두서기 때문이다. 그래서 이들은 절로 다음과 같은 생각을 하게 된다.

- 저 사람들은 나를 싫어하는 것 같아.
- 발표 준비를 완벽하게 하지 못했는데 어떡하지?
- 내 말을 듣고 날 어리석은 사람으로 생각하면 어쩌지?
- 이 발표, 망칠 것만 같아.
- 혹시 지금 내가 저 사람들의 귀중한 시간을 빼앗고 있는 건 아닐까?
- 대답하기 어려운 질문이 나오면 어떡하지?
- 너무 창피해서 죽겠어.
- 바보같이 왜 이렇게 몸에 꽉 끼는 옷을 입었을까?
- 오늘 따라 내가 너무 나이 들어 보여.
- 나는 너무 뚱뚱해. 다들 나를 비웃을 거야.
- 저 사람들은 내가 떨고 있다는 걸 다 알 거야.
- 내 이야기가 지루하게 들릴 거야.
- 오늘 헤어스타일 너무 맘에 안 들어.
- 저 사람들이 분명 나보다 더 똑똑할 텐데….

- 빨리 여기서 벗어나고 싶어.
- 누가 내 얘기에 관심이라도 있겠어?
- 정전이라도 일어나면, 회의가 취소될 텐데….
- 건물이라도 무너졌으면 좋겠어. 당장은 말을 안 해도 되잖아.
- 몸이 안 좋은 것 같아.

이들은 보통 자신의 고통을 적극적으로 치료하려 하지 않는다. 대신 평소에 자신을 비하하는 감정으로 인해 스스로가 괴로워하고 있다는 것을 남들에게 드러내지 않으려고 애쓸 뿐이다. 그래서 이런 사람들은 평소에는 차분하게 일을 하지만, 남들 앞에만 서면 여지없이 무너지고 만다.

혹자들은 은연중에 다음과 같은 유형의 사람들에게 심리적 영향을 받아 사람들 앞에 서는 것을 두려워하기도 한다.

- 권위적인 부모
- 지나치게 비판적인 부모
- 지나친 집착을 보이는 부모
- 우울증이 있는 부모
- 아동을 학대하는 교사
- 심한 정신적 충격을 준 사람들
- 자녀를 학대하는 부모
- 완벽주의자인 부모
- 알코올 중독자인 부모
- 질투심이 많은 형제나 자매
- 자신에게 창피감을 주는 친척이나 이웃

한편, 다음과 같이 어렸을 때 남들과 다른 신체적 특징이나 성격을 가졌다는 이유로, 사람들로부터 곱지 않은 시선을 받는 사람들도 있다. 그들 역시 사람들 앞이 편할 리가 없다.

- 큰 코
- 깨끗하지 못한 피부
- 너무 크거나 작은 키
- 크거나 빈약한 가슴
- 독특한 성적 취향
- 뚱뚱한 몸 또는 지나치게 마른 몸
- 독특한 외국어 발음
- 어울리지 않는 복장
- 인종적 · 종교적인 차이
- 독특한 사고방식

사회의 침묵

사람들 앞에 서면, 내게 큰 약점이 있는 것처럼 느껴져요. 나 자신이 아주 하찮은 존재 같아요.

— 아서, 건축가

앞에서 말했듯이, 사람들 앞에서 말하는 것을 피하려는 사람들은 스스로가 바보라고 자책하며, 그런 자신의 모습을 마냥 숨기려고만 한다. 그래서 그들은 남들 앞에 서는 일을 피하기 위해 아주 기상천외한 변명을 생각해 낸다. 교통사고, 친척의 죽음, 병, 강도 사건과 같은 변명을 대는 건 예삿일이다. 학교에 결석을 하여 발표나 세미나를 피하려 하는 학생들도 많다.

그들은 다수의 사람들을 상대로 말을 해야 한다는 게 두려워, 직장에서의 승진이나 모임의 의장직, 술자리에서의 건배 제의는 물론 심지어 상을 받는 것까지도 거절한다. 한 중소기업의 최고경영자는 전세계를 순회하면서 연설을 해달라는 요청을 받았지만, 갈 수가 없었다고 한다. 어느 배우는 오스카상 수상자로 지명되었을 때, 객석을 가득 메운 사람들 앞에서 수상 소감을 말하는 것이 너무 두려워 기절하기도 했다.

이는 사람들 앞에 서는 것을 피하려는 사람들에게서 일반적으로 나타나는 현상이다. 그래서 나는 토크파워 워크숍을 통해 자신의 이런 문제점들을 공개적으로 밝히길 제안한다. 그리고 많은 사람들이 실제로 그 제안을 따르고 있다. 그들은 자신의 고통을 공개적으로 밝힘으로써 해결방법을 찾고 적극적으로 자신의 존엄성을 지키고 있는 것이다. 그러나 심각한 무대공포증을 지닌 사람들 다수가 여전히 남들에게 자신의 문제점을 밝히는 것을 두려워하고 있다. 과거 고통스러웠던 경험을 생각하며 홀로 수치심에 몸부림을 칠지언정 자신의 문제에 대해 다른 사람들에게 도움을 요청하지는 않는다. 그저 조용히 있을 뿐이다.

워크숍에 참가했던 도널드는 자신을 핵공학자이자, 일란성 쌍둥이 형이 있다고 소개했다. 그는 사람들 앞에서 말하는 것이 너무 두려운 나머지, 발표를 해야 하는 날에는 상사의 눈을 피해 도망다닌다고 했다. 쌍둥이 형조차도 그 사실을 모르는 듯했다. 너무 수치스러운 나머지, 쌍둥이 형제에게마저 자신의 문제를 털어놓지 못했던 것이다.

수요일에 회의가 있다. 그러나 나는 아파서 집에서 쉰다고 할 것이다.
회의가 있으면 난 언제나 핑계를 대기 위해 궁리할 수밖에 없다.

국가의 침묵

> 나는 언어학 과정을 공부할 때, 무대공포증에 대해서는 전혀 배우지 못했어요. 단지 오랫동안 연습하면 그러한 문제를 극복할 수 있을 거라고만 했죠.
>
> — 헬렌 야로프, 뉴욕시립대학 언어연극학과 전 학과장

이런 두려움들은 개인적인 차원에서만 끝날 문제가 아니다. 범국가적인 차원에서 다루어야 할 문제다. 그러나 정작 이러한 문제 자체를 개인들이 철저히 숨기다 보니, 범국가적으로 사람들의 주의를 끌지 못하고 있다. 일례로 유명대학의 언어학과에도 무대공포증을 다루는 전문가가 없다. 이 문제를 다루는 단체도 없으며, 심지어 백과사전에도 언어와 관련된 범주에 이 문제가 포함되어 있지 않다. 언어와 관련된 다양한 현상과 질병들이 있고, '언어공포증(glossophobia)' 이라는 증상도 있지만, 사람들 앞에서 말할 때의 공포증(이하 무대공포증)에 대해서는 모두들 침묵하고 있다.

헌법에 의해 언론의 자유가 명확히 보장되고 있는데도, 왜 사람들은 남들 앞에서 말하는 것에 대해 공포감을 느끼는 것일까? 나는 수많은 사람들에게 이런 질문을 해보았지만 어느 누구도 그 해답을 알지 못했다.

신체적 · 심리적 증상

> 발표나 연설을 할 때마다, 모임에서 말을 해야 할 때마다, 나의 모든 뇌기능은 마비됩니다. 수치심을 느낌과 동시에 스스로가 너무나 무기력한 사람이라는 생각이 들어요. 마치 교수대에 선 죄수 같이 다리가 후들거려요.
>
> — 어윈, 회계사

연설이나 발표를 두려워하는 사람들에게는 다음과 같이 여러 가지 신체적·정신적 증상이 나타난다. 이러한 증상은 주로 연설이 있기 몇 주 전부터 시작해서, 연설 바로 직전이나 연설을 하는 도중에도 나타난다.

신체적 증상

- 심장박동이 빨라진다.
- 단상으로 걸어가거나 사람들 앞에 설 때 무릎이 떨린다.
- 목소리가 떨린다.
- 목이 막히고 가래가 생긴다.
- 어지러움을 느낀다.
- 신경성 위장병이 생기거나 욕지기를 느낀다.
- 숨이 차올라 과호흡 증상이 일어난다.
- 눈물이 나온다.
- 손이나 팔다리가 떨린다.

심리적 증상

- 말문이 막히거나 다음에 무슨 말을 해야 할지 생각이 나지 않는다.
- 같은 말을 계속 반복한다.
- 단어나 숫자를 정확하게 기억하지 못하고, 중요한 부분을 빼먹게 된다.
- 정신이 혼미해진다.
- 감정을 통제하기 힘들어진다.
- 몸과 마음이 분열된 것 같다(의식 분열 현상).
- 잘 해내지 못할 거라는 무기력감이 생긴다.
- 자신의 목소리가 다른 곳에서 들려오는 것처럼 느껴진다.
- 스스로가 너무 초라하게 느껴진다.

· 말하는 도중 창피함과 수치심을 느낀다.
· 울고 싶어진다.

위의 증상들은 서로 영향을 끼친다. 이를테면, 순서를 기다리는 동안 생겨난 공포감으로 인해 심장박동은 더욱 빨라진다. 이렇게 심장박동이 빨라지다 보면 목이 막히게 마련이다. 이렇게 복합적인 증상이 나타나면 집중력이 떨어져 결국 말할 내용을 잊어버리게 된다. 따라서 말을 더듬고, 같은 말을 반복하며, 중요한 내용을 빼먹기도 한다. 이에 당황한 나머지, 자신의 감정도 통제하기 힘들어지는 끔찍한 상황이 벌어진다.

살면서 서서히 공포증이 생긴 사람들

토크파워 워크숍을 찾아오는 사람들 중 70%는 아주 어렸을 적부터 수줍음을 타서 사람들 앞에서 큰소리로 말하는 게 두려웠다고 한다. 반면, 나머지 30%의 사람들은 이와는 다른 사연을 가지고 있다. 이들은 대부분 예전에는 원래 말을 잘하고, 비교적 사교적인 성격을 지니고 있었다. 그래서 연극이나 토론회에서 활발한 활동을 하고, 졸업식에서 고별사를 읽고, 모임에서 회장직을 맡기도 했다.

"나는 100명 정도의 직원을 거느린 회사를 운영하고 있습니다. 업무상 전 직원들을 상대로 말을 할 때가 많지만, 다소 긴장은 되었어도 항상 별 문제가 없었어요. 그러던 어느 날, 우리가 갑자기 어마어마하게 중요한 계약을 따내어 이를 직원들에게 보고할 일이 있었습니다. 그런데 회의실 가득 모인 직원들을 본 순간, 갑자기 난 한 마디도 할 수 없었고, 아무 생각도 나지 않았습니다. 주위는 조용해졌고 직원들은 나만 바라보고 있었죠. 이내 식은땀이 흐르기 시작했고, 얼굴이 달아올랐습니다. 그 다음부터 나는 완전히 말문이 막혀 버렸어요. 내 생애 가장 비극적인 사건이었죠. 그후, 나는 사람들이 많은 자리에서는 더 이상 이야기를 할 수 없게 되었어요."

행동심리학에서는 이런 공포증은 임사체험(near-death experience)과 같은 심리적 충격을 겪은 후에 나타난다고 한다. 즉, 충격적인 사건으로 인해 급작스럽게 불안감이 찾아오면 자신의 내면을 통제하기가 힘들어져 갑자기 말문이 막힌다고 한다. 이 심리적 충격은 무대공포증의 형태로 내부에 쌓이고 쌓여, 마음의 상처를 받은 즉시 나타날 수도 있고, 몇 년 후에 나타날 수도 있다.

말문을 막히게 한 사건

무대공포증과 관련된 또 다른 사실은 '십인십색(十人十色)'이라는 규칙이 있다는 것이다. 어떤 사람은 부모나 자식의 죽음, 큰 병, 성적 학대, 성폭행, 근친상간처럼 비극적인 사건으로 인해 말문을 닫게 되었을 수도 있다. 반면, 어떤 사람은 낯선 곳으로의 이사, 멀리 있는 학교로의 진학, 실직 등으로 인해 유사한 반응을 보이기도 한다.

이유가 어떠하든 무슨 일이 일어났든 상관없이, 이런 사람들은 비행공포증, 운전공포증, 고소공포증, 밀실공포증 등으로도 고통받을 수 있다. 그래서 이들은 에스컬레이터나 기차, 비행기를 탈 때도 두려움을 느낀다. 결국 무대공포증이 또 다른 공포증으로 연결되어 다수의 사람들 앞에 설 때, 갑자기 공황발작이 일어나는 사람도 많다.

전혀 무대공포증이 없던 사람도 공황발작이 일어나면 말하는 도중 갑자기 머릿속이 하얘지고 만다. 이는 당사자에게 결코 잊을 수 없는 또 다른 사건으로 기억될 수밖에 없다. 그리곤 다음에 또 말할 기회가 생기면, 과거에 말문이 막혔던 그 순간이 절로 떠오른다. 그래서 결국엔 다시는 그런 비극을 맛보고 싶지 않다는 생각으로 말을 해야만 하는 상황들을 어떻게 해서든 피하려고만 하게 되는 것이다. 그런데 이는 악순환만을 거듭할 뿐이다.

이로써 그들은 중요한 자리에서도 침묵을 지키는 다수의 무리에 합류하게 된다. 그러면 아무도 그의 예전 목소리를 들을 수 없게 되고, 연사로서의 명성은 과거지사가 되고 만다. 따라서 그들 역시 어릴 적에 겪었던 모욕감 때문에 말하길 꺼리는 사람과 마찬가지로 말문을 닫게 되는 것이다.

반드시 원인을 알아내자

그러나 절망할 필요는 없다. 뒤늦게 말문을 닫게 된 사람도 그 이유를 찾아내면 훈련을 통해 이를 극복할 수 있다. 사람들은 이 사실을 알고 난 후, 안도의 한숨을 내쉬며 곰곰이 생각에 잠긴다. 그들의 말이다.

"어느 날 갑자기 어머니가 돌아가셨어요. 나를 참 사랑하던 분이셨죠. 그런데 회의 도중, 문득 어머니가 돌아가시던 때가 떠올랐어요. 그리곤 갑자기 아무 말도 할 수 없었죠."

"집에서 멀리 떨어진 대학을 가게 되었어요. 그런데 입학식 때, 갑자기 어릴 적에 겪은 충격적인 사건이 떠올랐어요. 나는 아무 일도 할 수 없을 것 같아서 너무 두려웠어요."

토크파워 워크숍에 참가하기 전 나와 전화상담을 한 어떤 남자가 있다. 그는 자신이 의장직을 맡고 있는 한 모임에서 갑자기 공황발작이 일어났다고 말했다. 그러다가 워크숍에 참가한 후에야 그는 그 이유를 알아낼 수 있었다. "우리 작은딸이 병으로 죽은 게 딱 그맘때였다는 게 이제 막 생각났어요."

갑자기 말문이 막혔다면, 그 이유가 무엇인지 반드시 알아내야 한다. 그리고 이 책을 따라 훈련을 해보자. 멋진 연사의 길, 멀지 않았다.

CHAPTER 02

사람들 앞에만 서면 몸이 오싹해진다?

발표와 대화는 다른 것이다

대화를 하는 것과 발표나 연설을 하는 것은 전혀 다르다.

— 벤 존슨

토크파워 워크숍에는 무대공포증으로 고통받는 다양한 부류의 사람들이 참가하고 있다. 나는 그들과 개인적으로 많은 대화를 나누어 보았다. 그 결과, 그들이 사람들 앞에서 말하는 것을 꺼리면서도, 그것을 개선하지 못하고 있는 또 다른 이유를 알아낼 수 있었다. 그들은 발표나 연설에 있어서도 대화를 할 때와 똑같은 기술을 사용한다고 생각했던 것이다. 그런 그들에게 발표나 연설은 대화의 연장선상에 있는 게 아니라는 사실을 알려주었더니, 매우 놀라워했다.

일대일로 대화를 나누는 것과 다수의 청중들을 상대로 연설을 하는 것은 탁구와 테니스를 치는 것처럼 전혀 다른 일이다. 유능한 탁구선수에게 두 경기가 같은 것이라고 안심시키면서, 감독이 테니스를 치도록 제안한다고 치자. 분명 탁구와 테니스 모두 공, 네트, 라켓을 사용한다. 그러나 탁구선수에게는 테니스 코트와 공의 크기, 라켓의 감촉, 네트의 높이, 경기의 규칙 등 모든 것이 생소하게 느껴진다. 분명 탁구만큼 발군의 실력을 발휘하진 못할 것이다. 이로 인해 선수 자신이 의기소침해진다면(특히 많은 관중들이 경기를 지켜보고 있을 때), 얼마나 비극적인 일인가!

사람들 앞에서 말을 하려고 자리에서 일어나면, 전혀 다른 세계에 온 듯한 느낌이 듭니다. 마치 어두컴컴한 우주 속에서 외계인들 사이를 걸어가는 것처럼 긴장되죠. 결혼식이나 기념일과 같은 가족 모임에서 함께 건배를 할 때조차도 평소와는 달리 생소한 느낌이 들어요. 속이 메스껍고, 숨이 멎을 것 같죠.

— 리처드, 방송국 프로듀서

청중의 따가운 시선과 무서운 침묵

사람들이 조용히 나만 바라보고 있을 때 내 몸은 마비되고, 머리에서 발끝까지 얼어붙어요. 머릿속엔 아무것도 떠오르지 않고, 가장 단순한 생각조차 할 수 없어요. 아, 그런 일은 생각도 하기 싫어요. 정말 끔찍한 악몽이죠.

— 다이안, 홍보담당자

연설이나 발표를 할 때 청중들은 저 멀리 떨어져서 조용하고 수동적인 태도를 보인다. 반면, 개인적인 대화에서는 양쪽이 모두 적극적으로 참여해서 각자 편하게 말을 하기도 하고 상대방의 말에 귀를 기울이기도 한다. 그러나 연설을 할 때 청중에게 기대할 수 있는 반응이라곤 주의산만함이나 웃음, 박수, 침묵 같은 것들 뿐이다. 그러니 연사의 입장에서는 청중의 침묵에 신경이 쓰일 수밖에 없다. 각자가 떠들면서 맞장구를 치던 일대일 대화에 익숙해 있던 사람에게 청중의 침묵은 얼마나 강력하고 낯설게 느껴지겠는가. 저 단상 밑에는 수많은 사람들이 마치 연사에 대해 평가라도 하듯이 주시하고 있다. 따라서 발표 및 연설은 대화는 전혀 다른 별개의 것이다.

관객이 자신의 연기에 몰두할 때, 연극무대에 선 배우들은 '따뜻한 사랑의 바다에서 헤엄치는 듯한' 느낌을 받는다고 한다. 그러나 두려움에 떠는 연사들은 이런 시적인 경험을 하지 못한다. 이들에게 청중의 시선은 자신을 위협하는 것처럼 느껴질 뿐이다.

연사와 청중 사이의 공간

개인적인 대화에서처럼 상대방과의 교감을 기대하는 연사는 자신의 이러한 기대가 충족되지 않을 때 자신감을 잃게 된다. 대화를 나눌 때는 대개 상대방과 가까운 거리에서 상대방의 눈이나 얼굴을 보면서 친근하게 이야기한다. 그러나 다수의 사람들 앞에서 이야기할 때는 청중이란 덩어리의 전체적인 외형을 보면서 이야기하게 된다. 이때 자기 자신과 청중 사이에 놓인 거리감에 익숙하지 않으면 극히 당황스러워지게 마련이다. 대화를 할 때 느꼈던 친밀감은 찾아보기 힘들다.

몇몇 사람들은 다음과 같이 말한다. "나 자신은 내 몸과 분리되어 있는 것 같고, 내 목소리가 저 멀리 다른 곳에서 들리는 것 같아요."

그 거리감에 익숙하지 않은 사람들은 가끔씩 심장박동이 빨라진다는 이유로, 또는 그 시간이 빨리 지나갔으면 좋겠다는 생각으로 말을 더욱 빨리 하게 된다. 그러나 이런 행동은 자신이 처한 상황을 더욱 악화시킬 뿐이다.

내가 과연 이 자리에 설 만한가?

언젠가 의견 충돌이 매우 심한 회의를 진행한 적이 있습니다. 나는 사람들의 질문에 대답도 제대로 해주지 못했어요. 사람들이 나를 비웃는 것 같아서 그때 나는 간신히 탁자 뒤에 서 있었어요. 회의가 끝났을 때, 나는 쓰러지지 않으려고 벽에 기대어야 했습니다.

― 프랑크, 기업가

대부분의 개인적인 대화는 일정한 형식이나 주제가 없이 흘러간다. 하지만 연설이나 발표는 특정한 주제를 가지고 있다. 질의응답 시간도 없이, 피드백이 거의 이루어지지 않는 상황에서 연설을 해야 하는 경우도 많다. 이때는 거의 혼자서만 그룹의 리더격으로 말을 하게 된다. 그래서 연설을 두려워하는 사람들의 머릿속은 다음과 같은 생각으로 채워진다. '과연 내가 여기에 서서 이 사람들의 귀중한 시간을 빼앗을 자격이 있는가?' 이렇게 스스로의 자격에 대해 의문을 가질 경우, 자신을 불안하게 만드는 또 다른 문제를 야기할 수 있다. 이를테면, 자괴감, 수치심, 자기혐오 같은 감정들이 절로 생겨나는 것이다.

질의응답 시간이 있을 경우에도 연사는 청중들의 질문을 혼자서 받아야 한다. 이것 역시 연사에게는 큰 부담이 될 수밖에 없다. 대부분의 연사는 혼자서 전체 그룹의 질문에 답변할 준비가 거의 되어 있지 않기 때문이다. 이러한 이유들로 인해 연사는 점차 불안해지고 현실 감각을 잃게 되는 것이다.

내면으로 주의를 돌리자

대화와 발표의 또 다른 차이점은 말을 하는 사람의 태도다. 대화를 나눌 때, 사람들은 상대방이 하는 말에 귀를 기울이기 위해 자신의 외부에 주의를 쏟게 된다. 그러나 사람들 앞에 설 때는 이와는 다른 규칙이 적용된다. 즉, 연설이나 발표를 성공적으로 하기 위해서는 대화를 할 때와는 달리 자신의 내면에 주위를 기울여야 한다. 그래야만 청중들의 강렬한 시선에도 아랑곳없이 연설 내용에 더욱 집중할 수 있다(자신의 내면으로 주의를 돌리는 방법에 대해서는 6장에서 상세히 다룰 것이다).

자신의 내면에 정신을 집중하면 쉽게 마음의 안정을 찾을 수 있기 때문에 청중의 시선에 대한 부담이 줄어든다. 이러한 압박감만 잘 견뎌내면 능히 청중의 마음을 사로잡을 수 있다. 연사 자신이 스스로에게 몰두할 때, 청중 역시 연사의 말에 몰입할 수 있다는 것을 명심하자.

*아주 심각한 증상이군요. 강의시간에 말을 해야 할 때마다 숨이 멎을 것 같고,
얼굴이 창백해진다는 거죠? … 그건 그렇고, 당신처럼 아름다운 교수님은 처음 봅니다.*

단상에 선 리더들

초등학교 다닐 때, 우리 학교에서는 일주일에 꼭 한 번씩 받아쓰기 시험을 봤어
요. 앞에 나가서 선생님이 불러주는 단어를 칠판에 써야 했는데 나는 항상 철자를
틀리곤 했어요. 그럴 때마다 그것도 모르냐며 선생님이 혀를 차는 소리가 들리는
것 같아 심한 모욕감을 느꼈죠. 내가 틀릴 때마다 다른 아이들이 킬킬거리며 웃는
것 같았어요. 그럴 때면 마치 내 자신이 산 채로 불에 구워지고 있다는 느낌이 들
어요. 한 학기 동안 일주일에 한 번씩 그런 일이 반복되었으니…. 나는 점차 교실
은 물론 다른 장소에서도 말문을 열지 않게 되었습니다. 지금도 사람들이 많은 장
소에서 누군가 내게 질문을 하면, 얼굴이 빨개지고 숨이 막혀요.

— 베키, 회계사

일단 청중들이 연사의 말에 완전히 몰입했다고 치자. 이때 능력 있는 연사라면,

청중들에게 아주 믿음직한 사람으로 기억된다. 즉, 리더의 입장에서 청중을 돕고, 보호하고, 격려하고, 가르치고, 발전시키고, 변화시키는 역할을 한 셈이 되는 것이다. 이 모든 것을 가능케 하는 리더십을 갖추기 위해서는 청중의 지지가 절대적으로 필요하다. 그러나 위의 예에서 받아쓰기를 틀리지 않아야 하는 것처럼, 그보다 먼저 연사 스스로 자신의 위치를 확고히 다져야 한다.

이것은 바로 훌륭한 배우가 자신의 연기에 완전히 몰입함으로써, 관객을 자신의 역할에 끌어들이는 것과 같은 이치다. 배우 에드워드 애스너는 다음과 같은 말을 했다. "나는 무대에서 300명의 행동을 좌지우지할 수 있었다. 그들에게 절벽에서 뛰어내리라고 할 수도 있었다. 그것이 바로 내가 느꼈던 힘이다."

이와 반대로, 두려움에 떠는 연사들은 청중들이 자신에게 절벽에서 뛰어내리라고 할까봐 두려워한다. 이토록 그들은 무기력하다. 그들은 언어표현 능력이 부족할 뿐만 아니라, 자신감도 부족하다. 따라서 자신이 말하는 내용에 몰입하기가 힘들다. 청중들이 자신을 깔보고 있는 건 아닌지 지나치게 신경을 쓰다보니, 자신의 말에 집중하지 못하고 주의가 산만해지는 것이다.

유명인사들은 어떠한가?

언론매체에 자주 등장하는 유명인사들을 보면, 사람들 앞이라는 것을 전혀 두려워하지 않고 거침없이 연설을 하는 모습을 볼 수 있다. 물론 그들도 청중 앞에 처음 섰을 때는 불안감과 긴장감에 휩싸였을 것이다. 하지만 그들은 이내 모든 걸 극복하고 즐거운 마음으로 연설을 함으로써 현재의 명성을 누리게 되었다.

이처럼 사람들 앞에 서는 걸 꺼리지 않는다는 것만으로도 연설을 하는 데 커다란 도움이 된다. 그러나 청중을 두려워하지 않는 연사라 해도 적절한 훈련을 받지 않으면, 힘차고 품위 있는 연설을 하는 단계까지 가긴 힘들다.

얼마 전, 어느 유명 사업가가 텔레비전 토크쇼에 출연했다. 대중매체를 많이 접해 보아서인지, 그는 매우 편안하게 이야기를 시작했다. 하지만 그의 말은 그다지 신뢰가 가지 않았고, 말이 너무 빠르다는 느낌을 주었다. 사람들이 질문을 던지면 얼굴을 찡그리며 방어적으로 대답하는 모습과 자주 어깨를 들썩이는 모습도 매우 불안해 보였다. 그래서인지 그가 한 말은 결국 시청자들의 기억에 오래 남지 못했다. 말하는 도중 잠시 멈추는 기술도, 시청자들에게 신중하고 성숙한 이미지를 심어주는 기술도 부족했기 때문이다.

내가 만난 다른 유명인사는 자신의 신체를 통제하는 능력이 매우 부족했다. 말을 능숙하게 잘하는 것처럼 보였지만, 끊임없이 몸을 움직이며 안절부절못하고, 한 문장 걸러 한 번씩 "음~" 하며 불필요한 소리를 냈다.

국가대표 운동선수들도 경기 능력을 꾸준히 향상시키기 위해서는 전문적인 훈련을 받아야 하듯이, 이미 연설을 많이 해 온 사람들도 자신의 말을 좀더 깔끔하게 다듬는 기법을 따로 훈련받아야 한다.

안정감 없는 말과 행동

> 나는 회사에서 사원훈련 프로그램을 맡고 있는데, 최근 들어 결국에는 내 몸을 망가뜨리고 말았습니다. 나는 사원들 앞에 서기 전에, 반드시 신경안정제를 먹거나 술을 마셨습니다. 지난 20년간 그렇게 해 왔죠. 그런데도 상황은 호전되지 않았고, 이제는 신경안정제나 술 없이는 사람들 앞에 설 수가 없게 되었어요. 이런 사실, 아무도 모를 겁니다.
>
> — 해리엣, 훈련 감독

연설의 기본적인 법칙을 모르거나 무시하는 연사들의 경우, 연단에 선 그들의 모습과 연설내용에서 안정감을 찾기란 여간 어려운 게 아니다.

보브는 '고객의 마음을 감동시킨다' 는 나름의 신조를 따르는 영업사원이다. 어느 날, 그는 미니애폴리스에서 아주 중요한 고객들을 만나서 설명회를 가졌다. 그들이 높은 자리에 있는 사람들이라는 부담감 때문인지, 그는 매우 긴장한 상태로 고객들 앞에 서게 되었다. 그래서 정작 해야 할 중요한 말은 빼먹고, 질의응답 시간에 답변도 제대로 해주지 못했다.

보브는 자신의 신체적·심리적인 상태를 통제하지 못해 발표에 집중할 수 없었고, 솟구쳐 오르는 불안감 때문에 침착함까지 잃어버렸던 것이다. 그 역시 연사로서 갖추어야 할 기본적인 기술이 부족했던 것이다.

연설을 할 때면 보브처럼 자신의 말에 집중하지 못하고, 안정감 없이 적절치 못한 말을 사용하고, 말의 속도만 빨라지는 연사들이 한두 명이 아니다. 그런데 이들은 정작 문제의 핵심은 깨닫지 못한 채 오로지 말할 자리만 자주 가짐으로써 토크파워를 향상시키려 한다. 이는 바람직한 방법이 아니다. 문제점을 개선하려는 적절한 훈련 없이 무작정 연설만 자주 하다보면, 똑같은 실수를 반복하게 마련이다. 1년에 연설을 100번씩, 그렇게 100년을 한들 무슨 소용이 있겠는가? 나쁜 습관은 좀처럼 고쳐지지 않고, 말할 때마다 나타난다. 그러면 대개 사람들은 포기한 채 "나는 원래 이런 걸 어쩌겠어…."라고 푸념을 늘어놓는다.

스피치, 하기 싫은 사람이 더 많다

나는 학원강사가 되는 것이 꿈이었는데, 지금은 그 꿈을 이루었습니다. 하지만 언제부턴가 끔찍한 심리 불안에 시달리기 시작했습니다. 일에 대한 부담감이 갑자기 너무 커졌기 때문인지, 강의실에 들어가기가 싫어졌어요. 그때 내 자존심은 땅에 떨어졌고, 다가오는 강의에 대해서만 끊임없이 생각하게 되었죠. 하지만 아무에게도 이런 괴로움을 털어놓진 못했어요. 어느 누구도 내 이런 고통을 이해하지 못할 거라 생각했습니다. 그런데 얼마 전, 우리 학원 강사들이 단체로 참가한 세미나에서 대부분의 강사들이 자신도 학생들 앞에서 말을 하는 게 끔찍히 싫다는 말을 하는 겁니다. 그들의 고통도 나처럼 심각한지는 알 수 없지만, 그 이야기를 듣고 정말 놀랐어요.

— 디, 학원강사

어느 기업에서 총회가 있던 날, 연사들에게 '사람들 앞에서 얘기하는 것을 좋아하십니까?' 라는 질문을 담은 설문지를 배부했다. 응답한 사람의 90%는 '좋아하지 않는다' 고 답했다.

사람들은 왜 남들 앞에서 말하는 걸 좋아하지 않을까? 우선, 그런 사람들은 대체적으로 말을 너무 빨리 하는 경향이 있다. 또한 자신의 생각을 효율적으로 전달하기 위해 말을 언제, 어떻게 끊어서 해야 할지 잘 모른다. 그리고 생각을 돌려서 융통성 있게 표현하며 말을 이끌어 나가는 기술이 부족하다. 그들은 게다가 손동작을 지나치게 자주 사용하고, "아~" 또는 "음~"과 같은 소리를 자주 낸다. 당사자는 잘 모르겠지만 호흡법에 문제가 있는 경우가 많고, 말하는 내내 헛기침을 하는 사람들도 많다. 그러면 결국 듣기에 지루하거나 주제가 명확하지 않은 연설이 되고 만다. 따라서 그들이 자신의 발표에 불만을 느끼는 것은 당연하다.

그들이 특별히 다수의 사람들 앞이라고 해서 공포심을 갖는 건 아니다. 그런데도 스스로 자신의 발표가 흡족하지 못하다는 걸 느끼는 이유는, 그들 역시 적절한 훈련을 받지 않은 채 무방비 상태로 사람들 앞에 서기 때문이다. 회사의 간부, 변호사, 교사, 판매원, 심지어 영화배우, 그리고 대중의 시선을 전혀 꺼리지 않을 듯한 사람들 다수가 여기에 속한다. 이들도 무대공포증을 가지고 있는 사람과 마찬가지로 차분한 연설을 하기 위해서는 적절한 훈련을 받아야 한다.

애야. 태어나자마자 그렇게 계속 울기만 할 거니? 자꾸 울면 엄마는 널 두고 가버릴 수도 있어.

내가 정말로 바뀔 수 있을까?

"평생 느끼고 살았던 이 불안감을 정말 일주일 만에 없앨 수 있습니까?"

토크파워 워크숍에의 참석 여부를 두고 고민 중이던 사람들은 대부분 내게 이런 질문을 던졌다. 그럴 때마다 나는 항상 다음과 같이 되물었다.

"평생 물을 무서워해 온 사람이라 해도 일주일 만에 수영하는 법을 배우는 사람도 있지 않습니까?"

그렇다! 적절한 훈련을 체계적으로 받는다면, 12시간 만에도 수영하는 법을 배울 수 있다. 당연히 사람들 앞에서 편안하게 말을 하려면, 체계적인 훈련을 받아야 한다. 이는 새로운 언어나 사고방식을 새로 배워야 한다는 뜻이 아니다. 다수의 시선을 받을 때 어떻게 말해야 할지에 대해서만 배우면 된다. 나는 20년간의 연구와 경험을 통해 토크파워 프로그램에서 그 해답을 찾을 수 있었다. 이제 토크파워 프로그램을 통해 세련된 발표나 연설을 하기 위한 기술을 배워보자. 그보다 먼저 수많은 눈동자들이 지켜보는 가운데서도 당당할 수 있는 자신을 상상해 보자.

내 머릿속에는 어떤 변화가 생기는가?

2000년 3월 24일자 〈뉴욕타임즈 *New York Times*〉 기사에 따르면, 런던의 택시기사들은 승객을 목적지까지 신속히 모시기 위해, 런던 시내의 복잡한 지도를 머릿속에 그대로 떠올려 가장 빠른 길을 찾는다고 한다. 이로부터 추론해 볼 때, 런던의 택시기사들의 두뇌 속에는 남들의 그것과는 뚜렷이 다른 무엇인가가 있다는 가정이 나온다.

이 기사에서 언급한 택시기사들은 평균 14년 동안 운전을 한 사람들로, 런던대학에서 실시한 운전훈련 프로그램에 2년 동안 참가했다. 연구원들은 정밀 스캐닝 장비를 이용하여 이들 택시기사와 일반인들의 뇌를 두 그룹으로 나누어 세밀히 검사했다. 그 결과, 택시기사의 뇌에 있는 해마상 융기(뇌의 해마상 융기 부분은 인간에게 있어 공간, 형태 등의 사실을 익히고 회상하는 작용을 한다—역주)의 크기와 운전을 한 횟수 간에 직접적인 상관관계가 있다는 사실을 발견했다.

이 연구를 통해 '주변 환경에 따라 건강한 성인의 뇌 구조는 변화된다'는 결론이 나온 것이다. 즉, 두뇌의 내부 구조는 인간의 경험에 따라 변화되고 개발된다는 점에서, 신체의 다른 기관과는 판이하게 다르다는 것이다. 이는 경험에 따라서 인간의 두뇌는 무한한 학습능력을 갖게 된다는 것을 입증하고 있다.

한편, 컬럼비아 대학에서는 갯민숭달팽이의 아가미 수축반사 운동을 대상으로 실험을 했다. 이를 통해 생명체가 특정한 동작을 반복하면, 새로운 신경결합체가 자라난다는 사실이 밝혀졌다. 이와 마찬가지로 토크파워 프로그램도 체계적으로 반복하면, 두뇌 속 뉴런 간의 기능적인 연결 상태에 변화가 생긴다. 이로 인해 결과적으로 대뇌피질의 구조에도 기능적인 변화가 일어난다. 이는 토크파워 워크숍에 참가한 사람들의 95%가 어떻게 일주일 만에 큰 변화를 보이는지를 명확히 설명해 줄 만하다.

토크파워 훈련 과정

토크파워 프로그램은 우선 대중 앞에서 느끼는 공포감을 극복하여 성공적으로 연설을 할 수 있도록 돕는 훈련 프로그램이다. 이 프로그램은 심신통제 훈련, 연설기술 훈련, 자기존중 훈련의 세 가지 분야로 이루어져 있다.

심신통제 훈련은 청중 앞에 서서 신뢰감을 심어주고, 보다 명확하게 생각하고 말하기 위해, 자신의 몸과 마음을 침착하게 통제해서 두려움과 불안감을 떨쳐버리는 방법을 배우는 과정이다.

연설기술 훈련은 청중의 흥미를 끄는 설득력 있는 연설문을 쉽고 빠르게 작성하는 방법에서부터, 실제로 연단에서 연설문 없이도 멋진 연설을 하고 침착하게 퇴장하는 방법까지 각종 토크파워 공식을 배우는 과정이다.

자기존중 훈련은 청중 앞에만 서면 자신이 초라해진다고 느끼게 만드는 부정적인 생각들을 떨쳐버리고, 심리학적인 측면에서 연사의 사고관을 변화시켜 연사가 자신을 존중하게끔 하는 과정이다.

이제 효과가 입증되지 않은 전통적인 방법으로 시간을 낭비할 필요가 없다. 치열한 경쟁의 시대, 대중을 한꺼번에 사로잡을 수 있는 빠르고 효율적인 방법! 이제 토크파워 프로그램으로 연설 연습을 하자.

— 닉 카탈라노, 페이스 대학 커뮤니케이션학과 교수

CHAPTER 03

문제의 원인부터 제대로 알자

나는 불안감을 떨치기 위해 안 해 본 일이 없다

나는 토크파워 프로그램을 따랐다면 일주일 만에 고칠 수 있었을 문제를 해결하기 위해, 그간 정신요법과 최면술을 비롯해 수많은 훈련 프로그램에 참가했습니다. 그러나 결과적으로 별 효과도 보지 못하고, 바보 같이 수천 달러를 쓰며 많은 시간을 낭비한 꼴이 됐지 뭐에요. 이제라도 토크파워 프로그램을 알게 되어 너무나 다행입니다.

— *크리스틴, 인력개발 담당자*

연설을 하려고 사람들 앞에 서 있을 때, 관중들의 주목을 받으며 테니스 경기를 할 때, 객석을 바라보며 무대 위에 섰을 때, 대부분의 사람들은 생리적인 변화를 겪는다. 이때 뇌의 생리적인 구조를 관찰하면, 구체적으로 어떤 변화가 일어나는지 파악할 수 있다. 뇌의 내부를 관찰한다는 것은 여러 종류의 물건이 들어 있는, 잘 정리된 책상서랍을 열어보는 것과 같다. 이 장에서는 아래와 같이 두뇌의 특정한 세 부분의 기능을 살펴봄으로써 무대공포증과의 연관성을 알아보자.

두뇌의 생리학적 구조

자율신경계

두개골의 아래쪽에 위치한 부분으로, 위험으로부터의 탈피, 속도 및 힘의 조절,

투쟁도피반응의 활성화 등과 관련된 행동을 조절한다. 또한 호흡과 심장박동을 조절하고, 평형 상태와 근육의 긴장 상태를 유지한다. 자율신경계는 두 부분으로 이루어져 있는데, 한쪽은 자율적인 각성을, 다른 한쪽은 자율적인 이완을 맡고 있다. 자율신경계의 역할은 다음 장에 나오는 호흡 연습을 이해하는 데 중요하다.

변연계

변연계는 뇌간을 둘러싸고 있으며, 1억 5천만 년 전에 초기 포유동물에게서 발달했다. 주로 감정, 성적 충동, 모성 본능, 결합 욕구 등과 관련된 활동을 지배하고 있다.

대뇌피질

대뇌피질은 뇌 윗부분의 주름잡힌 층(1.6cm 정도의 두께)에 자리잡고 있다. 대뇌피질은 구조와 기능이 매우 복잡하다. 이 부분은 우리가 생각하고, 말하고, 배우고, 추론하며, 문제를 푸는 등 다른 생물체와는 다른 인간만의 독특한 기능을 수행하도록 도와주며 좌뇌와 우뇌로 나누어져 있다.

좌뇌는 주로 연설, 언어, 문법, 논리, 이성, 분석, 계산, 쓰기, 읽기 등과 같이 순서상으로 진행되는 일을 통제한다. 반면, 우뇌는 시각적 심상, 얼굴의 인식, 거리 감각, 문제 해결, 창조력, 음악성, 감정 이입, 사랑 등과 같이 서로 다른 특징을 보이거나 분리된 듯한 요소들을 전체적으로 인식하도록 도와준다.

다수의 사람들 앞에서 균형 잡힌 발표를 하려면 우뇌가 조절하는 감정적·영감적·상상적인 요소뿐만 아니라, 좌뇌가 조절하는 조직적이며 분석적인 요소가 모두 필요하다. 즉, 체계적이고 설득력 있는 연설을 하려면, 양쪽 뇌가 모두 자유롭고 순조롭게 움직여야 한다.

다음 이야기는 심한 두려움으로 인해 일시적으로 뇌의 활동이 방해받을 때 일어나는 현상을 극명히 보여준다.

그녀는 정말 별난 사람이야.
자신의 좌뇌는 우뇌가 무슨 일을 하는지 전혀 모르고 있으니 말이야.

어릴 때, 부모님은 자주 나를 가족들 앞에 세워놓고 시를 낭송하게 하거나 노래를 부르게 하셨습니다. 하지만 전 그게 너무 싫었습니다. 그런 식으로 자꾸 시키면 시킬수록 저는 점점 더 부끄러움을 타게 되었고, 나중에는 수업시간에 발표조차 제대로 하지 못하게 되었습니다. 특히 어른들 앞에만 서면 말문이 막혔죠.

당시 우리 가족과 친척들은 해마다 부활절이 되면, 고모 댁의 뒷마당에 모여 부활절 달걀을 찾는 행사를 가졌습니다. 그런데 한번은 달걀을 찾은 사람에게 자전거를 상으로 준다고 했습니다. 특히 고모부는 차고로 저를 불러 자전거를 미리 보여주기까지 하셨습니다. 당시 여섯 살이던 제 눈에도 정말 멋지고 탐나는 자전거였죠.

마침내 달걀 찾기 시합이 시작되었습니다. 30명이 넘는 아이들이 소리를 지르며, 부활절 달걀을 찾아 뛰어다녔지만 달걀은 좀처럼 보이지 않았습니다. 그런데 운 좋게도 바로 제가 큰 나무 밑에서 수북히 솟아오른 수풀 속에 숨겨진 달걀을 발견한 겁니다. 너무 흥분한 나머지, 심장이 두근거리다 못해 터질 지경이었죠.

그러나 저는 아무런 말도 할 수 없었고, 이내 몸이 얼어붙었습니다. 달걀을 들고 고모부에게 가는 것까지는 좋지만, 고모부에게 "이것 보세요! 제가 달걀을 찾았어요."라고 말할 엄두가 도저히 나지 않았습니다. 믿기 어렵겠지만, 저는 그 달걀에 손도 대지 않은 채 그곳을 조용히 떠나버렸고, 결국 사촌 보비가 달걀을 찾아 자전거를 상으로 받았죠.

현재 저는 56세입니다. 심리치료사로서 지금까지 많은 사람들의 마음의 병을 치료해 왔지만, 아직도 그때 일을 생각하면 눈물이 솟습니다. 아직도 저는 사람들의 시선이 제게 집중되는 것을 견딜 수가 없습니다.

— 마이클, 심리치료사

맞서 싸울 것인가, 도망칠 것인가?

샌디에이고, 2월 18일(AP통신)—심각한 무대공포증 때문에 사직한 판사가, 44세의 나이에 종신신체장애 연금을 받았다. 그는 자신이 말을 해야 하는 어떤 자리에서나 심한 공포감을 느꼈으며, 끝내는 불안감으로 인해 우울증까지 겹쳐 재판조차 할 수 없었다고 한다. 그래서 법정에 설 때마다 늘 과도한 양의 신경안정제를 복용해야 했다는 것이다.

— 뉴욕타임스, 1990년 2월 19일자

만일 부득이하게 말을 해야만 하는 상황이 되어 불안에 떨게 되면, 자율신경계의 활동이 활발해져 다량의 아드레날린과 당이 혈액 속에 유입된다. 그러면 꼭 나쁜 일이 생길 것만 같은 두려움이 커져서 몸이 긴장되고 그 상황에서 도망치고 싶어진다. 이로 인해 심장박동은 더욱 빨라지고, 근육은 굳어지며, 목이 타고, 복부가 팽팽해진다. 그 결과 배가 아닌 가슴근육을 이용해 급박하게 숨을 쉬게 된다. '투쟁도피반응(fight or flight response)' 이라 일컬어지는 이런 현상은 한밤중에 창 밖에서 낯선 소리를 듣고 긴장할 때 보이게 되는 반응과 유사하다. 즉, 쉽게 설명하자면, 밤중에 길을 가다가 급작스럽게 강도를 만나면 맞서 싸울 것인가, 도망갈 것인가로 순간적으로 고민을 하게 되듯이, 무대공포증이 있는 사람들도 연설을 해야 하는 상황이 생기면 비슷한 갈등을 떠안게 되는 것이다.

그러나 보통 말할 차례를 기다리다 보면 맞서 싸울 형편도 도망갈 형편도 되지 못한다. 어딘가에 갇힌 것처럼 옴짝달싹도 할 수 없게 된다. 그러면 심한 불안감이 생겨 결국 대뇌피질의 활동이 정지될 수도 있는데, 이렇게 되면 추리력, 논리력, 언어능력 등에 심각한 지장이 온다. 그래서 혹자들은 연단에 서면 올바른 생각을 할 수 없을 것 같은 느낌을 받는 것이다. 갑자기 아무 생각도 나지 않는 경우도 많다. 결국 이런 사람들은 말을 조리 있게 하지 못하거나, 앞뒤가 전혀 맞지 않는 말을 하게 된다.

갑자기 올바른 생각을 할 수 없다는 것은, 심하게 스트레스를 받은 상태에서 저녁을 먹으면 소화불량 증상이 나타나는 것과 비슷하다. 소화불량은 걱정이 있거나 스트레스를 받은 상태에서는 두뇌가 소화액을 만들라는 신호를 제대로 보내지 못하기 때문에 생기는 것이다. 이처럼 투쟁도피반응이 일어나면 두뇌에서 보내는 일정한 신호가 차단되어 사고 활동이 정지될 수도 있다.

이론만으로는 불충분하다

다수의 사람들 앞에 설 때 느끼는 무대공포증은 보통 어릴 적부터 생기거나, 심한 마음의 상처를 겪은 후에 생기는 게 일반적이다. 이런 원인이 아니라 하더라도 사실 다수의 사람들 앞에서 말을 잘하려면 아주 복잡한 기술이 필요하다. 이 기술을 터득하려면 심신통제 능력뿐만 아니라, 사고력, 조직력, 기억력, 언어표현력과 같이 여러 가지 정신적 활동을 개발하고 관리하는 체계적인 훈련을 받아야 한다. 이처럼 연설을 잘하기 위해 많은 조건이 필요한 가장 큰 이유는 직접적으로 많은 사람의 시선을 받는다는 것 자체만으로도 심신에 엄청난 부담이 따르기 때문이다.

그런데도 많은 화술의 대가들이 그저 이론만 개발해서 이런 무대공포증을 치유하려 하고 있다. 그들은 그저 특정 상황에서는 어떤 말을 해야 하며, 청중들을 어떤 말로 설득해야 하는지 등에 대해서만 가르칠 뿐이다. 그러나 이런 이론적 방법만으로는 무대공포증을 없앨 수 없다. 수영을 직접 해보지 않고 이론만 배워서는 수영을 제대로 할 수 없는 것과 똑같은 이치다.

사람들 앞에서 말할 때 심한 불안에 떠는 사람은 연단에 서기만 해도 투쟁도피 반응이 일어나는데, 이는 무릎반사(무릎의 종지뼈를 치면 대퇴 사두근이 순간적으로 수축하여 아랫다리가 앞으로 뻗는 반사 운동─역주)처럼 기계적인 반응이다. 그런데 이 상태에서는 이성, 통찰력, 긍정적인 사고방식, 이해력, 인지력 등이 모두 마비될 수 있다.

이와는 다른 공포증, 즉 비행공포증, 터널공포증, 고소공포증 등은 체계적인 탈감법(고소공포증의 경우, 단계적으로 높은 데 올라가면서 공포증을 경감시키는 것─역주), 이완 훈련, 시각화 기법 등과 같은 다양한 치료로 상태를 호전시킬 수 있다. 그러나 이런 치료 형태는 당사자와 치료사만이 관여하는 데다 많은 사람들 앞에서 행해지는 게 아니다. 따라서 많은 사람들의 시선을 받을 때 느끼는 무대공포증과는 차원이 다르다. 그러므로 무대공포증은 전혀 다른 방법으로 치유해야 한다.

많은 사람들이 무대공포증을 없애기 위해 이미 다양한 치료를 받았으나 좋은 결과를 얻지 못했을 것이다. 하지만 희망을 버릴 필요는 없다. 지난 20년간 수천 명의 치료사, 심리학자, 분석가, 카운슬러, 정신과 의사, 성직자들이 토크파워 워크숍에 참가해서 효과를 보아 왔으니까.

환자 : 선생님, 길을 걸을 때마다 수많은 나비들이 저를 따라와요.
의사 : 병원에 올 때는 한 마리도 데려오지 마세요.

시각화 기법에 앞서

단지 머릿속에 자신이 성공적으로 연설하는 모습을 떠올리기만 하면, 두려움을 쉽게 극복할 수 있다고 주장하는 사람들이 있다. 그러나 나는 이런 단순한 기존의 시각화 기법으로 두려움이 현저하게 개선된 경우는 거의 보지 못했다. 시각화 기법이 성공하려면 먼저 고도의 집중력이 요구된다. 그런데 청중 앞에만 서면 주체 못할 정도로 불안감이 생기는 사람에게 고도의 집중력을 발휘하는 것은 대체 얼마나 어려운 일이겠는가. 그러나 일단 토크파워 훈련을 통해 집중력을 키운 후, 시각화 기법을 도입하면 그 효과는 매우 커질 것이다. 그러므로 토크파워 훈련을 따르는 것이 급선무이다.

통제력 키우기

수많은 시선에도 끄떡 않는 연사가 되려면, 우선 자신의 자율신경계를 통제할 수 있어야 한다. 물론 자율신경계에서 보내는 신호를 모두 차단해서는 안 된다. 청중들 앞에 섰을 때, 자율신경계에서 분비되는 적당한 아드레날린은 오히려 활력소가 되기 때문이다. 그러나 문제는 과다한 아드레날린 분비로 인해 투쟁도피반응이 일어날 경우, 대뇌피질의 기능이 정지될 수도 있다는 것이다.

그렇다면 자율신경계에서 반드시 필요한 자극만 받아들임과 동시에, 대뇌피질의 기능도 활성화시키려면 어떻게 해야 할까? 그 해답은 다음 장에 나오는 토크파워 프로그램의 호흡법에서 찾을 수 있다. 이 호흡법을 통해 투쟁도피반응의 속도를 조절할 수 있다.

또한 자율신경계를 조절하려면 자신의 내면으로 주의를 돌리는 법을 배워야 한다. 즉, 개인적인 대화를 위해서는 한두 명뿐인 상대방에게 주의를 기울이는 게 좋지만, 다수의 사람들 앞에서의 성공적인 발표를 하기 위해선 수많은 청중보다는 자신의 내면으로 주의를 돌려야 한다는 것이다.

사람들은 대개 요가, 명상, 무술 등을 통해 자신의 내면을 갈고닦는다. 그러나 이러한 방법은 말을 하면서 진행되는 것이 아니기 때문에, 청중 앞에 서서 자신의 내면에 집중하는 데 응용하기엔 적절하지 않다. 일단 말을 해야 하는 상황에서는 말을 막힘 없이, 조리 있게 하면서 내면에 집중해야 하므로 특별한 훈련이 필요하다. 그래서 나는 6장부터 내면에 주의를 기울인 상태에서 말을 하기 위한 토크파워 프로그램을 소개하고 있다. 이 기법을 연습하다 보면 좌뇌와 우뇌에 동시에 자극이 가는 방향으로 새로운 신경망이 형성된다. 영국의 병리학자 마이클 허친슨(Michael Hutchinson)에 따르면, 양쪽 뇌의 활동이 동시에 일어나면 각각의 기능이 효율적으로 결합되어, 특별한 정신적 능력을 발휘할 수 있다고 한다.

사람들 자체가 공포인가?

이제 나는 사람들 앞에서 말을 해야 하는 모든 모임을 피할 지경까지 이르렀습니다. 몇 년 전, 나는 내가 설계한 프로젝트에 대해 간단한 발표를 해야 했는데, 단상 밑에 그 지역 고위급 공무원들이 많이 모여 있었습니다. 그래서 너무 긴장한 나머지, 첫 문장부터 목소리가 떨리더니 몸이 굳어지고, 급기야 할 말을 까맣게 잊어버리고 말았지요. 굉장히 당황스러웠어요. 간신히 발표를 끝내긴 했지만, 내가 말한 걸 그들이 전혀 이해하지 못했을 거라는 생각이 밀려와 괴로웠습니다. 내 인생 최악의 경험이었지요.

— 조지, 토목기사

사람들이 공포로 다가오는가? 사람들이 많은 장소는 무서운가? 친한 친구나 가족들 몇 명이 모인 자리가 아니면 입을 열고 싶지 않은가?

그러나 실패할 거라고 절망 쪽에만 주사위를 던진다면, 성공적인 연설은 영원히 할 수 없다. 5장의 공포클리닉에 희망을 걸자. 사람들 앞에만 서면 공포에 질려버리는 사람들을 위해 특별히 고안된 것이니, 이제는 희망 대신 절망을 버릴 때다. 그보다 먼저 체계적인 호흡연습을 통해, 본 프로그램을 시작하기까지 몸과 마음을 단단히 가다듬자.

CHAPTER 04

복식호흡이 곧 생명이다

심호흡만이 최선이 아니다

예전에는 불가능할 거라고 생각했지만, 나는 드디어 두려움을 극복했어요. 꾸준히 호흡연습을 하며, 토크파워 프로그램을 따라한 덕분이죠. 이제 발표를 할 때마다 상태가 점점 호전되고 있답니다.

— 필립, 사회사업가

토크파워 워크숍을 통해 나는 무대공포증을 가진 많은 사람들을 만났다. 그런데 그들 중 98%가 정확한 호흡법을 알지 못하고 있었다. 생명을 이어가기 위한 가장 기본적 활동인 호흡에 대해 잘못 알고 있다니, 그저 놀라울 따름이었다.

올바른 방법으로 호흡을 하지 않으면 어떤 일이 일어날까? 물론 생명에는 지장이 없을지도 모른다. 그러나 무대공포증을 갖고 있는 사람이라면 문제가 달라진다. 그런 사람들은 우선 앉아서 자신이 말할 차례를 기다리는 동안 신경이 과민해진다. 복부가 아닌 가슴을 이용해 숨을 쉬다 보니, 과호흡을 하게 되어 자동적으로 신체가 긴장 상태에 빠지게 되는 것이다. 이 상태에서는 과도한 양의 이산화탄소가 배출되고, 역으로 혈액 내의 이산화탄소는 고갈되므로 불안감만 더 커질 뿐이다.

왜 심장 박동이 빨라지는가?

혈액 내의 이산화탄소가 고갈되면, 다량의 혈당을 비롯해 아드레날린까지 혈액 속으로 스며든다. 몸을 움직여 운동을 할 때는 반드시 아드레날린이 필요하지만, 격렬한 육체적 활동이 수반되지 않은 상태에서의 아드레날린은 오히려 불안감을 유발한다. 그래서 말할 차례를 기다리는 동안 아드레날린과 당이 다량으로 생성되면 심장이 급하게 뛰고, 몸이 긴장되며, 연설장에서 뛰쳐나가고 싶은 생각까지 드는 것이다. 이러한 이산화탄소 고갈 현상은 자동적으로 투쟁도피반응을 불러온다. 하지만 이제 곧 말해야 할 차례! 그 장소에서 도피하기에는 너무 늦었다.

공포심은 왜 생기는가?

나는 자리에 앉아서 말할 차례를 기다리고 있었습니다. 하지만 너무 긴장해서인지 갑자기 속이 울렁거렸고, 심장은 가슴 밖으로 튀어나올 것처럼 마구 뛰었습니다. 마치 함정에 빠져서 어떻게 해야 할지 막막한 느낌이었어요. 바로 그때 엄청난 공포감이 엄습해 왔습니다. 그 순간의 나는 더 이상 평소의 유능하고 분별력 있다고 남들에게 인정받던 사람이 아니었어요. 내 인격은 온데간데없이 사라졌고, 유머감각과 자신감도 잃어버렸죠. 대신, 나 혼자 고립되었다는 느낌만 남았습니다.

— 데이비드, 증권사 직원

흉식호흡이 계속되고, 심장 박동이 빨라지면 악순환이 반복된다. 즉, 과호흡으로 인해 불안해지고, 불안감으로 인해 과호흡은 더욱더 심해진다. 그러면 꼭 덫에 걸려 옴짝달싹도 할 수 없는 상태에 빠진 것처럼 느껴지며, 동시에 자신이 너무 무기력하다는 생각까지 들어 공포가 엄습해 오는 것이다.

이런 식으로 뇌의 활동이 평정을 잃으면, 생각의 흐름마저 마비되기 십상이다.

이런 상태로 앉아 자신이 말할 차례를 기다리는 것은 그야말로 고문이나 다름없다.

《과호흡 증후군 *Hyperventilation Syndrome*》이라는 다이나 브래들리의 책을 통해, 위의 데이비드의 경우를 임상적으로 알아보자.

인간은 끔찍할 정도의 궁지에 몰리게 되면 불안감이 커져 과호흡이 일어난다. 그 결과 호흡기에 지장이 와 무섭고 불쾌하다는 느낌이 드는 것이다. 이때는 신경 세포만 영향을 받는 게 아니라, 이산화탄소의 수치가 낮아져 근육 세포도 함께 자극을 받는다. 이로 인해 혈관이 수축된다. 그리고 심장과 맥박은 빠르게 뛰어 심계항진(가슴이 두근거리는 현상—역주)과 흉통이 나타나 공포감에 휩싸이게 된다. 뿐만 아니라 뇌로 공급되는 산소도 50% 정도 줄어들어, 생각하고 집중하는 능력이 급격히 저하된다. 이렇게 되면 심지어 가장 중요한 사항마저 기억하지 못하게 되기도 한다.

이처럼 과호흡 하나만으로도 신체의 모든 조직이 영향을 받아, 당혹스러울 만큼 여러 증상이 한꺼번에 나타나는 것이다.

올바른 호흡법

이제 우리는 가슴으로 호흡하면 오히려 불안감이 더욱 커진다는 사실을 알게 되었다. 따라서 지금부터 횡격막(포유류의 배와 가슴 사이에 있는 근육성의 막. 수축·이완에 의하여 폐의 호흡 작용을 돕는다—역주)으로 천천히 호흡하는 방법을 통해 마음을 진정시켜 보자.

나는 갖가지 연구를 거듭한 끝에 횡격막으로 호흡하는 아주 효과적인 방법을 생각해 냈다. 배를 안팎으로 움직여서 숨을 쉬되, 가슴은 움직이지 않는 방법이 바로 그것이다. 이를 '복식호흡' 또는 '횡격막호흡' 이라고 한다.

처음으로 이 방법을 시도했을 때, 워크숍에 참가한 모든 사람들이 올바른 방법으로 숨을 쉬기까지는 10분이면 충분했다. 그리곤 실로 놀라운 일이 벌어졌다. 모두들 아주 침착해졌고, 긴장도 많이 풀렸던 것이다. 하지만 사람들은 곧 다음과 같은 질문을 던졌다. "나는 한 번도 이렇게 호흡을 해본 적이 없어요. 이거 제대로 된 방법이긴 한 거죠? 공기를 충분히 들이마시지 못하는 것 같아요." 그렇다! 나쁜 습관을 고친다는 것은 이토록 어려운 일이다. 하지만 마음만 먹으면 충분히 가능하다.

결국에는 모든 사람들이 올바른 호흡법을 터득하게 되었다. 최근 몇 년 동안 복부 근육을 전혀 움직이지 않았던 사람도 있었지만, 대체적으로 사람들은 복식호흡이 의외로 편안하게 느껴진다고 말했다. 마침내 그들은 올바른 호흡법을 통해, 자신이 말할 차례를 기다리는 동안 찾아오던 심한 불안감으로부터 어느 정도 자유로워질 수 있었다.

심호흡과 얕은 호흡

사람들이 호흡법에 대해 잘못 알고 있는 정보 중 대표적인 것은 무조건 심호흡은 좋고 얕은 호흡은 나쁘다는 것이다. 물론 심호흡이 잘못된 방법이라는 것은 아니다. 심호흡을 하든, 얕은 호흡을 하든, 숨이 차서 헐떡거리든, 숨을 간신히 쉬든 상관없이 언제든지 올바른 방법으로만 호흡을 하면 된다. 올바른 호흡임을 판가름하는 기준은 배를 안팎으로 움직이는지의 여부에 달려 있다.

그러나 때로는 흉식호흡이 올바른 호흡일 때도 있다. 이를테면, 조깅이나 춤처럼 온몸을 사용해 심폐활동을 활발히 해야 하는 경우가 그렇다. 반면, 대체적으로 신체를 격렬히 움직일 필요가 없는 상태에서는 복식호흡이 효과적일 뿐만 아니라, 말하기 전과 말하는 동안의 공포를 떨쳐버릴 수 있는 가장 확실한 호흡법이다.

복부를 움직이는 방법

다음 동작을 따라하면서 복부 근육이 어떻게 움직이는지 느껴보자.

1. 의자에 앉아서 양쪽 발바닥을 완전히 바닥에 댄다.
2. 한 손을 배 위에 올려놓고, 다른 손은 가슴 위에 올려놓는다.
3. 천천히 다섯을 세면서 부드럽게 배를 안쪽으로 당긴다(이 동작 도중에는 가급적이면 가슴을 움직이지 말아야 한다.).
4. 셋을 세면서 배를 안쪽으로 당긴 자세로 가만히 있는다.
5. 다섯을 세면서 다시 배를 천천히 밀어낸다(이때도 가슴은 움직이지 않는다.).
6. 같은 동작을 세 번 반복하면서, 복부 근육이 긴장되고 이완되는 것을 손으로 느껴본다.

숨쉬기 방법에 덧붙여

위에서 제대로 호흡을 하려면 복부가 어떻게 움직여야 하는지를 알아보았다. 이제는 언제 어떻게 숨을 쉬어야 하는지 살펴보자.

1. 코 밑에 손을 놓고, 손 위로 숨을 크게 내쉰다. 그런 다음 복부 근육을 이완한다. 이 동작을 세 번 반복한다.
2. 바람이 드나드는 게 느껴지는가? 배를 이완했을 때에는 콧속으로 바람이 들어올 것이다. 이것이 바로 코를 이용해 올바르게 숨쉬는 방법이다.

복부 수축과 코호흡법의 결합

1. 코로 숨을 내쉬면서 동시에 배를 천천히 안으로 당긴다.

2. 셋을 세면서 그 자세를 유지하고 있는다.

3. 이번에는 복부 근육을 이완하고, 숨을 조금만 들이마신다(가슴이 움직일 정도로 숨을 많이 들이마시지 않도록 주의한다. 이는 횡격막을 이용해 숨을 내쉬고 들이마시는 일을 한 것이다.).

4. 이런 방법으로 계속하여 열 번 정도 호흡하면서, 매번 복부 근육을 당긴 상태로 셋을 셀 때까지 그 자세를 유지한다.

5. 숨을 열 번 쉬고 난 후에는 잠시 자신의 기분이 어떤지 느껴본다.

※ 복식호흡은 심호흡도 얕은 호흡도 아니다. 복식호흡은 말 그대로 가슴 근육이 아닌 복부 근육을 이용해 숨을 쉬는 것이다.

※ 항상 숨을 내쉬는 것으로 호흡법을 시작해야 한다. 그리고 들이마실 때는 숨을 조금만 들이마시도록 한다. 너무 깊게 호흡할 필요는 없다. 숨차다는 느낌이 오면, 일단 멈춘 다음 숨을 한 번 크게 들이마신다. 그런 다음 천천히 복식호흡을 다시 시작한다.

횡격막의 역할

복식호흡을 계속 하다 보면, 배가 약간 수축됐다는 느낌이 들 것이다. 이런 현상은 흉곽 아래의 근육층인 횡격막을 통해 공기가 폐로 들어갔다 나오기 때문이다. 흉곽 아래쪽에서부터 활 모양으로 구부러진 횡격막 바로 위에는 폐가 자리잡고 있다. 복부 근육을 바람통으로 이용하여, 횡격막을 위아래로 움직이면서 폐에 공기가 들어갔다 나와야 올바른 호흡이 이루어지는 것이다. 숨을 들이마시면 복부가 팽창하는데, 그 이유는 흡입한 공기가 들어갈 공간을 만들기 위해 횡격막이 아래쪽으로 내려가기 때문이다. 그래서 복식호흡을 횡격막호흡이라고도 부르는 것이다.

횡격막호흡은 과호흡 시 나타나는 증상을 극복하는 데 아주 좋은 방법이다. 왜냐하면 과호흡을 하면 복부의 팽창과 수축을 느끼지 못하기 때문이다. 그저 숨을 들이마시고 내쉴 때마다 가슴이 올라갔다 내려가는 식으로 움직일 뿐이다.

그러나 횡경막호흡을 하고 나면, 심신이 아주 차분해졌다는 느낌을 받을 것이다. 혹시라도 그렇지 않다면, 올바른 방법으로 하지 않은 것이니, 다음 내용을 주의 깊게 읽어보자.

복식호흡 제대로 하기

1. 복식호흡을 하게 되면, 처음에는 충분한 양의 공기를 들이마시지 못하는 것 같다고 생각될지도 모른다. 그러나 걱정할 필요는 없다. 예전처럼 가슴을 이용해 숨을 크게 들이마시던 때와는 다르기 때문이다. 계속 연습하다 보면, 예전보다 숨을 더 적게 들이마셔도 편안한 느낌을 받을 것이다. 즉, 숨을 적게 들이마시면서도 필요한 양의 공기를 충분히 마실 수 있다는 것이다.

2. 이런 복식호흡이 곧바로 익숙해지지 않는 이유는 여태까지 잘못된 호흡법으로 숨을 쉬었기 때문이다.

3. 몇몇 사람들은 복식호흡을 하고 나면 매우 피곤할 뿐만 아니라 졸음이 온다고도 한다. 그 이유는 가슴으로 호흡을 했을 때는 아드레날린이 혈액 속으로 유입되어 (투쟁도피반응을 유발하면서) 신체가 활동적이고 긴장된 상태로 접어들었지만, 복부로 호흡을 하면 아드레날린의 생성이 감소되어 피로감이 느껴지기 때문이다.

4. 복식호흡할 때 몸이 나른하고 머리가 어지럽다면, 올바른 방법으로 하지 않았기 때문이다. 혹시 가슴을 많이 움직이고 있는 것은 아닌지 주의할 필요가 있다. 이를 바로잡으려면 배를 안으로 많이 당기지 말고, 밀어낼 때도 부드럽

게 밀어내야 한다.

5. 복식호흡 연습을 할 때는 항상 숨을 내쉬면서 시작하되, 천천히 열 번 정도는 연달아 해야 한다.

복식호흡을 언제 해야 하는가?

"항상 배로 숨을 쉬어야 합니까?" 복식호흡을 통해 마음이 차분해지고 진정되었다고 말하는 사람들도 이런 질문을 자주 한다. 하지만 급히 어디를 가거나 바쁠 때, 또는 조깅이나 운동을 할 때를 떠올려보자. 분명 이런 상황에서는 복부 근육의 움직임을 느낄 새가 없을 것이다. 따라서 이때는 제대로 된 복식호흡을 하기 힘들다. 그러나 앉아서 휴식을 취하거나 TV를 시청할 때, 일 중간에 잠시 쉴 때, 저녁을 먹기 전에, 영화를 볼 때, 비행기를 탔을 때 등의 경우에는 가급적이면 복식호흡을 하도록 노력하자.

그리고 수면을 취하는 도중 아드레날린 분비를 줄이고 싶다면, 취침 전에 10~50번 정도 천천히 복식호흡을 해보자.

그 밖의 효과

나는 중요한 발표가 있을 때마다 크게 긴장하곤 했어요. 그러나 복식호흡을 배우고부턴 점차 불안감이 줄어들었어요. 내가 그 자리에서 복식호흡을 하고 있다는 것을 아무도 모른다는 사실이 신기하기까지 해요. 이제는 더 이상 내 생각을 말로 표현하는 것에 부담을 느끼지도 않고, 모든 청중들의 질문에 척척 대답할 수 있는 자신감까지 생겼어요.

— 로즈마리, 세일즈 매니저

일상생활에서 규칙적으로 복식호흡을 하면, 더 오래 더 건강하게 살 수 있다.

잘못된 호흡으로 인해 아드레날린이 과다하게 분비되면 신체의 면역체계가 손상될 수 있다. 그러나 올바른 복식호흡을 통해 아드레날린의 양을 조절하고 감소시키면, 우리 몸의 면역체계는 더욱 강해진다. 따라서 우리 몸을 각종 질병, 감염, 잡다한 세균의 습격으로부터 보호할 수 있다. 뿐만 아니라, 만성적인 불안과 불면증에 시달리는 사람들이라면 반드시 복식호흡을 할 것을 권한다.

호흡과 자율신경계

이제 올바른 호흡법을 배웠으니, 이러한 호흡 활동이 투쟁도피반응과 어떤 관계에 있는지 알아보도록 하자.

전혀 불안해 할 것 없어. 꿀릴 것도 없어.
심호흡을 한 다음, 앞에 있는 사람들이 모두 쇠사슬에 묶인 죄수라고 생각해 봐.

호흡 활동은 자율신경계의 지배를 받아 이루어진다. 자율신경계는 교감신경계와 부교감신경계로 구성되어 있다. 교감신경계는 심장박동을 강화시키고, 극도의 스트레스 상태에서 가슴이 두근거리는 등의 신체적인 흥분 상태를 조절한다(투쟁도피반응). 반면, 부교감신경계는 억제기능을 담당하며, 흥분 및 심장박동의 강도와 속도를 저하시켜 준다(이완반응). 즉, 교감신경계는 주로 투쟁도피반응에서 드러나듯이 신체가 강도 높은 근육활동을 하도록 긴장을 주고, 부교감신경계는 심장박동수를 줄이고 소화활동을 촉진하는 등, 주로 신체의 휴식과 관련된 기능을 담당하고 있다.

불안한 반응을 멈춘다

무대공포증이 있는 사람들은 자리에서 일어나기 전부터 두려움을 느낀다. 이는 교감신경계가 두려움에 대해 반응하며 활동을 시작하는 것이라고 볼 수 있다. 반면, 부교감신경계가 활성화되면, 불안한 반응이 억제되어 침착해진다.

두 신경계 모두 자율신경계의 일부라고 얘기했던 것을 기억하는가? 그런데 사실, 이 두 신경계가 완전히 자율적이며 무의식적인 건 아니다. 즉, 무의식적인 과정이라고 추정되는 것 중 일부는 사람의 의식적인 노력을 통해 변화시킬 수 있다.

따라서 복식호흡을 토대로 숨쉬는 방식을 조절하면, 부교감신경계(이완반응)가 활성화되고, 침착함을 되찾을 수 있다. 이런 이유로 복식호흡은 신경을 안정시키는 데 최선의 방법이라 할 수 있는 것이다.

이제 연설장이나 회의실에서 차례를 기다리며 조용히 앉아 있는 동안, 배를 이용해 천천히 숨을 들이마셨다 내쉬어 보자. 이처럼 의자에 앉아서 말할 차례를 기다리는 동안 복식호흡을 하면 분명 불안감을 줄일 수 있다. 하지만 자리에서 일어날 때가 되면, 이제껏 유지했던 침착함이 산산조각이 날 수도 있다. 그러므로 연단을 향해 침착하게 걸어가는 방법까지 배워야 한다. 이는 6장에서 다룰 것이다.

CHAPTER 05

스피치공포증을 물리치는 공포클리닉!

이젠 공포심에서 헤어날 때

사람들 앞에서 발표를 할 일이 있으면 나는 며칠 전부터 신경성 위장병에 걸립니다. 청중이 10명이든, 50명이든 상관없이 사람들 앞에만 서면 가슴이 두근거려요. 목소리는 거의 속삭이는 수준으로 기어들어가고, 다리가 덜덜덜 떨립니다. 이 때문에 병원 치료까지 받았으나, 별 효과가 없었어요.

— 말라, 부은행장

사람들 앞에 섰을 때 유난히 공포증이 심한 사람들은 본격적인 토크파워 프로그램에 들어가기 전에, 먼저 다음 공포클리닉의 도움부터 받아야 한다.

- 교대로 하는 코호흡법
- 내면인식 연습
- 생각 막힘 방지 연습

공포클리닉이 필요한 증상

다음 증상 중 한 가지라도 해당된다면, 공포클리닉의 도움을 받아보자.

- 억제하기 힘들 정도로 심장이 빨리 뛴다.

- 말하는 도중 기절할 것 같아 걱정스럽다.
- 과호흡이 심하다.
- 사람들 앞에 서면 질식할 것 같다.
- 사람들 앞에서 심한 모욕감과 창피감을 느낀다.
- 갑자기 방향감각을 상실한다.
- 생각과 말이 막히고 중요한 게 기억나지 않는다.
- 목소리가 갈라지고 힘이 없다.
- 갑자기 현기증을 느낀다.
- 걷잡을 수 없을 정도로 말이 빨라진다.
- 사람들 앞에서 말해야 하는 모든 상황을 피하고 싶다.

※ 이 공포클리닉 프로그램을을 통해 공포심을 완전히 제거하려면 약 2~3주 정도의 시간이 걸린다. 하루에
   10~20분간 꾸준히 연습하면, 정식 토크파워 프로그램을 시작하기에 무리가 없을 것이다.

아, 오늘은 너무 운수 좋은 날이야. 이제 기조연설을 안 해도 되니까.

교대로 하는 코호흡법

이 호흡법은 정통 요가에서 차용한 방법으로, 말 그대로 양쪽 코를 번갈아 사용하며 천천히 숨을 들이마시는 방법이다. 넷을 세면서 숨을 들이마시고, 여덟을 세면서 숨을 내쉰다. 내쉬는 시간이 너무 길게 느껴진다면, 조절도 가능하다.

※ 교대로 하는 코호흡법은 사람들 앞에서 하기에는 적절치 않다. 그러니 발표를 하기 전, 혼자 있을 때나 화장실 같은 장소에서 연습해 보자. 단, 매일 해야만 효과를 볼 수 있다.

연습 : 교대로 하는 코호흡법

의자에 앉아 다음 단계를 순서대로 따른다.

1. 의자에 앉아 신체의 오른쪽과 왼쪽이 완전히 균형을 이루도록 한다.
2. 배를 안으로 당기면서, 약간의 힘을 주어 숨을 내쉰다.
3. 오른쪽 엄지손가락으로 오른쪽 코를 막는다. 이 상태에서 왼쪽 코를 통해 숨을 들이마시며 넷을 센다.
4. 엄지와 검지로 양쪽 코를 모두 막는다. 이어서 넷을 센다.
5. 오른쪽 코에서 손을 떼고 여덟을 세며 숨을 내쉰다. 이어서 오른쪽 코를 통해 숨을 들이마시며 넷을 센다.
6. 엄지손가락과 검지손가락으로 양쪽 코를 모두 막는다. 이어서 넷을 센다. 왼쪽 코에서 손을 떼고 여덟을 세며 숨을 내쉰다. 이어서 왼쪽 코로 숨을 들이마시며 넷을 센다. 다음으로 양쪽 코를 모두 막고 넷을 센다. 오른쪽 코만 열고 숨을 내쉰다.

이처럼 아주 간단한 방법이다. 처음에는 이 호흡법을 다섯 번 연달아 연습한다. 그리고 다음에는 열 번으로 늘린다. 여기서 말하는 한 번이란 오른쪽과 왼쪽을 번

갈아 가며 숨을 들이마시고 내쉬는 과정을 뜻한다.

열 번을 마친 후에, 잠시 앉아서 어떤 기분이 드는지 느껴보자. 이런 식으로 교대로 한쪽 코만을 이용해 숨을 쉬고 나면, 불안에 떨고 있는 심신이 어느 정도 안정될 것이다.

내면인식 연습

내면인식 연습의 목적은 연사 자신의 내면에 주의를 모음으로써 침착성과 집중력을 기르는 것이다. 이 방법을 따르다 보면 말을 할 때 언어적 사고 대신 현재의 느낌과 인식에 초점을 맞추게 되어, 무의식적으로 찾아오는 부정적인 생각까지 떨쳐버릴 수 있다.

첫째 날(5～10분)

남들의 방해를 받지 않는 조용한 방안에서 시작하도록 한다. 상당한 주의력과 집중력이 필요하기 때문이다. 우선 10분 후에 멈추도록 타이머를 맞춰 놓는다. 그리고 볼펜이나 연필처럼 약간의 무게가 나가며 손에 쉽게 잡히는 물건을 준비한다.

1. 테이블 위에 볼펜을 올려놓는다. 서 있는 상태에서 오른손으로 볼펜을 집어 들고, 손을 저울 삼아 볼펜의 무게를 느껴본다. 단, 볼펜은 느슨하게 잡아야 하며, 손을 흔들거나 손에 힘을 주어서는 안 된다.
2. 다섯을 세면서 오른손에서 왼손으로 볼펜을 천천히 옮긴다. 이때 손에 있는 볼펜의 무게에 주의를 모은다. 이때도 볼펜을 지나치게 힘주어 잡지 않도록 한다. 이런 식으로 오른손에서 왼손으로 볼펜이 왔다 갔다 하는 동작을 다섯 번 반복한다. 그리고 나서 볼펜을 다시 테이블 위에 천천히 놓는다. 볼펜을

손에서 놓을 때까지 무게를 느껴야 한다.

3. 앉아서 휴식을 취한다. 눈을 감고 천천히 열까지 세며 긴장을 모두 푼다. 이어서, 10분의 타이머가 멈출 때까지 위의 연습을 반복한다. 이 시간이 너무 길게 느껴지면, 처음에는 5분 정도만 하고 점차적으로 시간을 늘리도록 한다.

둘째 날(10분)

1. 다시 조용한 방안에서 타이머를 10분으로 맞춰 놓고, 전날에 했던 훈련을 그대로 한다.

2. 그런 후에 앉아서 천천히 열을 세며 쉰다.

3. 볼펜을 들고 방의 맞은편을 정면으로 쳐다보면서 아주 천천히 걸어간다. 이때도 줄곧 볼펜의 무게에 집중한다. 그런 다음 볼펜을 내려놓고 앉아서 쉬며, 눈을 감고 천천히 열을 센다.

4. 볼펜을 다시 들고 그 무게에 집중한다. 다시 제자리로 천천히 걸어와 볼펜을 내려놓고 앉아 쉬면서 눈을 감은 채로 열을 센다. 10분 동안 타이머가 울릴 때까지 이를 반복한다.

셋째 날

1. 모든 조건은 그대로, 대신 볼펜보다 무게가 많거나 적은 다른 두 개의 물건을 더 준비한다(굳이 무게를 재지 않아도 된다. 단지 세 개의 물건이 무게가 각기 다르다는 것이 느껴지면 된다.).

2. 일어서서 각 물건을 한번에 하나씩 천천히 들면서 무게를 느껴본다. 그런 다음 다시 내려놓는다. 세 물건의 무게 차이가 어떤지 와 닿는가? 이때 되도록 이면 몸의 긴장을 풀되, 긴장감이 느껴지는지를 의식적으로 인식하도록 한다. 한 물건을 내려놓고 다음 물건을 집어들기 전에는 긴장을 풀도록 한다.

3. 차례로 각 물건을 집어 든 후에, 앉아서 눈을 감고 천천히 열까지 센다. 그런

후 자리에서 일어나 각 물건별로 첫날 했던 대로 물건을 양손에 교대로 옮기는 연습을 5~10분간 한다.

넷째 날

1. 셋째 날에 했던 연습으로 시작해서 전 과정을 반복한 후, 앉아서 천천히 열을 세면서 휴식을 취한다.

2. 일어나서 물건을 집어들고 방안을 걷는다. 항상 물건의 무게를 느끼도록 한다. 제자리로 돌아와 쉰 후에, 다음 물건을 집어들고 방안을 걷는다. 모든 동작 후에는 반드시 휴식을 취한다. 모든 동작을 10분간 반복한다.

다섯째 날

이제부터는 4장에서 배운 복식호흡을 열 번 한 후에 연습을 시작한다.

1. 볼펜 하나를 준비한다. 그리고 외우고 있는 자장가가 있으면 그 노래를 떠올려 본다(자장가가 떠오르지 않는다면, 다른 노래나 시도 좋다.).

2. 일어서서 볼펜을 집어들면서 그 무게에 집중한다. 곧바로 정면을 보며 노래나 시를 낮게 암송한다. 단, 볼펜을 힘주어 잡지 말고 떨어뜨리지 않을 정도로만 잡는다. 노래나 시가 끝날 때까지 그대로 볼펜을 잡고 서서 그 무게를 느낀다. 혹시라도 잡념이 생기면, 즉시 손에 들고 있는 볼펜의 무게로 주의를 돌린다.

3. 앉아서 휴식을 취한다. 눈을 감고 열까지 센다. 10분 동안 설정한 타이머가 울릴 때까지 이 연습을 반복한다.

여섯째 날

복식호흡을 열 번 한다.

1. 위의 다섯째 날 동작을 그대로 실시한다. 그리고 나서 볼펜을 그대로 잡고 방 안을 왕복하며 노래나 시를 암송한다.
2. 그 다음 볼펜을 내려놓고 열까지 센다. 다시 볼펜을 집어들고 시나 노래를 암송하며 방안을 걸어다닌다. 절대 서두를 필요는 없다. 노래나 시를 암송하며 걸을 때, 항상 손에 든 볼펜의 무게를 느끼도록 한다. 되도록이면 천천히 걷는 것이 좋다.

일곱째 날
복식호흡을 열 번 한다.

1. 일어선다. 셋째 날처럼 무게가 각기 다른 세 개의 물건을 준비한다. 노래나 시를 암송하는 도중, 한 번에 하나씩 들면서 그 무게를 느껴본다. 각각의 물건을 가지고 10분 동안 반복한다.
2. 세 물건을 각각 한번에 하나씩 들고 방 맞은편으로 걸어간다. 물론 각각의 물건들의 무게에 어떤 차이가 있는지 느껴본다. 다시 돌아오기 전에 쉰다. 이를 10분 동안 반복한다.

생각 막힘 방지 연습

나는 일을 할 때, 사람들을 앞에 두고 말을 해야 한다는 게 너무 싫었어요. 사람들 앞에만 서면 아무 생각도 나지 않았거든요. 그래서 매일 아침 눈을 뜰 때마다 새로운 걱정거리들이 떠올랐죠. 침대에서 일어나는 것이 너무 힘들어 하루하루를 간신히 버텼습니다.

— 폴, 보험 설계사

불났나봐! 와우, 신난다! 집이 불에 타고 있어. 그럼 아마 내 성인식도 취소될 거야.

무대공포증을 가지고 있는 사람들의 가장 큰 고통은 청중이 자신을 바라보고 있으면 생각이 꽉 막혀 버린다는 것이다. 이런 류의 고통은 보통 어렸을 때 자신보다 '힘센' 사람들이 자신의 말을 가로막으며 참견하거나, 창피를 주거나, 이의를 제기하거나, 비난하던 기억으로 인해 생겼을 가능성이 크다. 그리고 학창 시절, 큰소리로 자신의 의견을 말해서 혼난 경험 역시 간과할 수 없다. 또한 부모님, 선생님, 형제자매가 자신의 감정과 의견을 무시하고, 관심을 가져 주지 않아서 생기는 경우도 있다.

간혹 부모나 교사가 아이에게 "이 문제 답은 뭐지? 얼른 답을 말해! 왜? 몰라?"라고 독촉하듯 물을 경우에도 생각이 막히는 현상이 나타난다. 아이는 이런 말들을 "너는 무슨 문제가 있는 거니? 너 바보 아냐?"라는 말로 받아들일 가능성이 크다.

이렇게 어린아이에게 부담 섞인 강요를 하면, 아이는 겁을 먹어 몸이 얼어붙거나 일시적으로 사고기능이 마비될 수 있다. 그 결과, 아이는 자신보다 권위 있다고 생각되는 사람들 앞에 서면, 분명하게 말하거나 생각할 수 있는 능력을 상실한다. 이 상태는 성인이 되어서도 지속된다. 물론 이들도 일대일로 만난 자리에서는 아무 문제없이 생각하고 말한다. 하지만 막상 다른 사람들이 자신을 쳐다보고 평가하는 상황에서는 극심한 불안감을 느껴 생각이 막히고, 행동이 부자연스러워지는 것이다.

생각 막힘 방지 연습 A

이제 다음 지시대로 연습을 해보자. 사람들 앞에 섰을 때의 집중력을 높이기 위한 신경망을 개발하는 데 아주 좋은 방법이다. 이 신경망이 형성되면, 청중으로 인해 일어나는 감정적인 동요를 줄일 수 있어, 청중들이 앞에 앉아 날카로운 눈길을 보내도 전혀 문제가 없다. 사람들이 아무리 연사를 바라보고 평가한다 해도, 자유롭게 생각의 틀을 형성할 수 있다.

1. 의자 두 개를 준비해 50cm 정도 떨어진 상태로 마주 보게 배치한다.
2. 휴지통을 한쪽 의자 위에 올려놓는다.
3. 휴지통 위에 큰 공을 올려 놓는다(사람 얼굴과 비슷하게 보이게 하려면 공 위에 눈, 코, 입을 그리거나 붙인다.).
4. 휴지통이 놓여 있는 의자와 마주보고 앉는다.
5. 다음 문장의 빈칸을 채운다.
   "오늘 저는 여러분들께 ＿＿＿＿＿＿＿＿＿＿＿＿＿＿＿＿에 대해 말씀드리겠습니다." 그리고 다음과 같이 각 어절 사이마다 손으로 무릎을 치면서, 이 문장을 크게 말한다.
   "오늘(손으로 무릎을 한 번 친다.) 저는(친다.) 여러분들께(친다.) ＿＿＿＿＿ ＿＿＿＿＿＿＿＿＿에(친다.) 대해(친다.) 말씀드리겠습니다(친다.)."
6. 그와 동시에 공이 사람의 머리라고 생각하고, 이마 정도의 위치라 할 수 있는 공의 윗부분을 본다(눈 정도의 위치는 피하도록 한다.).

7. 5번처럼 각 어절 사이를 손으로 치면서, 그 문장을 두 번 반복해서 말한다.

8. 한 번 더 그 문장을 반복한다. 그리고 사람의 이마로 가정한 공의 윗부분을 보며, 그것이 문장을 적어놓은 칠판이라고 생각하려 노력한다(물론 실제로 글자를 볼 수는 없겠지만, 이런 노력을 통해 집중력을 키울 수 있다.).

9. 이 과정을 처음부터 끝까지 반복한다.

10. 전체 과정을 연속적으로 다섯 번 연습하는데, 이렇게 하루에 두 번씩 2주 동안 계속한다.

생각 막힘 방지 연습 B

이 연습을 통해 우리는 좌뇌와 우뇌의 활동인 언어적 기능과 감정적 기능을 혼합적으로 조절할 수 있다. 앞의 '생각 막힘 방지 연습 A'를 한 후, 바로 이 연습을 해보자. 이 연습 역시 집중력을 높여주며, 말하는 도중 자신의 기분 상태까지 감지할 수 있게 해줄 것이다.

1. 의자 두 개를 준비해 50cm 정도 떨어진 상태로 마주 보게 한다.

2. 휴지통을 한쪽 의자 위에 올려놓는다.

3. 휴지통 위에 큰 공을 올려 놓는다(사람 얼굴과 더 비슷하게 만들려면 공 위에 눈, 코, 입을 그린다.).

4. 휴지통이 놓여 있는 의자와 마주보고 앉는다.

5. 양손을 무릎 위에 올려놓고 다음과 같은 말한다. "오늘 저는 여러분들께 _____에 대해 말씀드리겠습니다."

6. 손을 무릎 위로 조금 들어올린 후, 손의 무게를 느끼며 "오늘"이라고 말한다.

7. 다시 손을 무릎에 천천히 갖다 놓으면서 "저는"이라고 말한다.

8. 다시 손을 조금 올리고 "여러분들께"라고 말한다.

9. 다음과 같이 전체적으로 이 과정을 반복한다. "오늘(손을 올린다.) 저는(내린다.)

여러분들께(올린다.) _____ 에(내린다.)
대해(올린다.) 말씀드리겠습니다(내린다.)."

10. 이렇게 해오면서, 공의 윗부분을 사람의 이마라고 생각한다. 그리고 말을 하지 않을 때는 손의 무게를 느끼려고 노력한다.

11. 이 과정을 처음부터 끝까지 전체적으로 한 번 더 반복한다.

본격적으로 토크파워 프로그램을 시작하기 위해 이제껏 준비연습을 해왔다. 아마도 다음과 같이 상태가 호전되었을 것이다.

· 대체적으로 차분해진다.
· 심장박동 속도가 느려진다.
· 걸을 때 체중이 느껴진다.
· 급하게 움직이고 싶은 충동을 억제할 수 있다.

아직 이런 상태에 접어들지 못했다면, 반드시 공포클리닉 연습을 반복해서 실행해야 한다. 그리고 다음 표를 이용해 스스로 평가를 내려보자.

공포클리닉 스케줄

자가 평가 : 침착 — 불안

날 짜	느 낌	시 간 (시작한 시간 / 끝난 시간)	평 가
예	회의적이었다.	7:30~7:50	매우 어려웠다.
1			
2			
3			
4			
5			
6			
7			
8			
9			
10			

Part Two
토크파워 프로그램

스타니슬라브스키로부터 배운다 | 이것이 토크파워!−토크파워 공식

"오는 길에 재미있는 일이 있었어요" −도입문과 조크

지금 말하지 않으면 영원히 후회할 것이다!−주제문과 메시지 문장

그저, 진솔하게 이야기하자−배경 템플릿 | 말하고 싶은 게 뭐야?−메뉴, 요점, 클라이맥스

이번에는 청중들이 말할 차례다−질의응답 시간 | 마지막으로 박수를 받을 차례−결론

불안해 할 것 없어. 그냥 청중을 똑바로 쳐다보고,
"제 말 좀 들어주세요."라고 애원하라구.

CHAPTER 06

스타니슬라브스키로부터 배운다

멋진 연사가 되기 위한 지름길

내게 무슨 일이 일어났는지, 어떤 사정이 있는지 사람들은 신경도 쓰지 않아요. 간밤에 감기가 걸렸을 수도 있고, 숙취 때문에 고생했을 수도 있는데 말이죠. 어쩌면 아내와 싸워서 잠 한숨 못 잤을 수도 있죠. 그러나 내 상태가 어떠하든 나는 최고만을 요구하는 관객을 만족시키기 위해 훌륭한 연기를 해야 합니다. 목소리, 얼굴 표정, 신체 등 내 모든 것이 관객을 위해 움직여야 합니다. 이것이 바로 연기자에게 필요한 기술이죠.

— 호세 페레러, 연기자

이 책에서 소개하는 토크파워 프로그램은 백여 년 전에 모스크바예술극장을 설립한 러시아의 위대한 연극감독 스타니슬라브스키(Stanislavski)의 가르침을 토대로 하고 나의 연기 경험으로 얻은 기술들을 녹여 만들었다.

직업이 직업인 만큼, 그는 배우들의 내면을 훈련시키는 방법에 매우 관심이 많았다. 피상적인 성격 묘사를 통한 기존의 연기법으로는 인간 내면의 깊이와 위엄을 그려내기는 힘들다는 것이 그의 생각이었다.

따라서 적어도 배우라면 자신이 맡은 등장인물의 내면까지 인식할 수 있을 정도로 긴장완화 훈련을 강화해야 한다고 그는 주장했다. 즉, 자신이 맡은 역할이 지닌 '내면의 진실'까지 표현할 수 있도록, 배우의 신체와 정신을 길들이고 변화시켜야 한다고 생각했던 것이다. 그렇게 해야만 배우가 연기하는 등장인물 자체의 육체적·감정적·심리적·정신적인 특징을 통해 '내면의 진실'을 그대로 드러낼 수 있다는 것이다. 또한, 그는 배우가 무대에서 자신의 개인적인 문제나 청중들로 인해 방해를 받지 않도록 배우들의 심리 상태를 조절하는 방법을 고안했다.

스타니슬라브스키를 알게 되다

나는 1978년 연설 관련 실습수업을 들은 적이 있다. 수업 도중 나는 무의식적으로 주위를 둘러보았다. 그런데 대부분의 학생들은 다들 덜덜 떨고 있었다. 지나치게 불안해 하는 모습들이었다. 그때, 문득 한 가지 생각이 떠올랐다. 스타니슬라브스키가 지나치게 수줍음을 타고 마냥 서툴기만 하던 신인배우들을 세련된 배우로 변화시키는 데 성공했다는 것! 이를 응용하면 대중 앞에서 말하길 두려워하는 사람도 변화시킬 수 있겠다는 생각! 그 가능성에 상당한 흥미가 끌린 나는 곧 연설 프로그램 연구에 심혈을 기울이기 시작했다.

나는 스타니슬라브스키의 훈련방법 중 핵심 내용을 뽑아서 일반인들이 연설이나 발표를 하는 데 적용할 수 있도록 다양한 연습방법을 만들었다. 단순히 연기자들이 등장인물을 연기하기 위해 받는 훈련을 연구하는 것만으로는 그의 방법에 어떤 특징이 있는지 제대로 이해하기는 힘들었다. 실제로 적용해 봐야 했다. 그만큼 관객 앞에서 완성된 연기를 보이기까지는 내가 생각했던 것보다 훨씬 더 복잡한 절차와 노력이 필요했던 것이다.

무대 위의 연기자를 자세히 관찰해 보면, 연기자에게는 연기력뿐만 아니라 '행동기술'도 필요함을 알 수 있다. 연기력은 연기자가 등장인물의 감정적이고 육체적인 특징을 나타내는 데 필요한 기술이다. 반면, 행동기술은 연기자가 연기를 할 때 집중력과 자신감을 갖고 자유롭게 움직이며, 유창하게 말을 하는 것과 관련된 기술이다. 나 역시 수년 간 배우로 일해 왔지만, 연기력과는 다른 행동기술이란 개념이 매우 생소하게 느껴졌다.

행동기술이란 무엇인가?

수영이나 자전거 타기와 같은 특정 기술을 터득하려면, 그러한 기술을 배우는데 필요한 신경망을 머릿속에 새로이 개발해야 한다. 이는 음계를 따라 피아노 건반을 치는 것처럼, 특정한 순서대로 특정 동작을 계속 반복하면 가능한 일이다. 이런 반복 동작을 통해 뇌 속에는 새로운 신경망이 뚫리게 된다. 이 신경망은 화학물질을 생산하고, 전기적 신호를 만들어 내며, 특정 기술을 자동적으로 수행하는 단계까지 가도록 자극을 준다. 따라서 연설기술도 행동기술에 속하는 것이므로, 다음과 같은 질문을 할 수 있다. '연기자가 반복적인 훈련을 통해 무대 위에서 연기에 몰입하듯이, 연사도 특정 동작을 반복적으로 행하면, 무대 위에서 자신을 통제하고 집중하는 데 필요한 신경망을 개발할 수 있지 않을까?'

이론 개발에 들어가다

청중의 일원으로서 의자에 앉아 있다가, 연설을 하기 위해 자리에서 일어나 무대로 걸어갈 때는 스피치공포증 및 무대공포증이 있는 사람뿐만 아니라, 모든 사람들이 심리적인 부담감을 느낀다. 경험이 많은 연사조차도 연설하기 전이나 연설을 처음 시작하는 2~3분간은 불안한 반응을 보이게 마련이다.

그래서 나는 연기자를 훈련시키는 스타니슬라브스키의 방식을 토대로, 연사를 위한 단계별 훈련방법을 구상했다. 그리고 연설 장소에서 연설을 하기까지의 과정을 '앉아 있기', '일어서기', '연단으로 걸어가기'의 세 단계로 구분했다.

어떻게 하면 연사가 청중에게 신경을 끊고 자신의 연설 내용에만 집중하게 할 수 있을까? 이에 고민이 미친 나는 한 단계에서 다음 단계로 전환될 때, 연사가 자신의 내면을 인식하도록 훈련하는 방법을 개발해 냈다. 이 방법을 이용해 많은 사람들이 연단으로 걸어갈 때부터 시작해 청중 앞에 설 때까지 계속 자신에게 집중할 수 있었다.

　나는 내가 고안해 낸 이 같은 체계적인 훈련법을 사람들이 언제라도 되뇌일 수 있도록 주문 형식으로 만들었다. 워크숍 참가자들과 나는 이 지시사항을 '동작전환 주문(Transitional Mantra)'이라고 불렀다.

　자, 그럼 이제부터 앉아 있다가 연단으로 걸어가는 과정까지 각 단계별로 연습을 해보겠다. 침착함을 유지한 채로 자리에 앉아서 말할 차례를 기다리다 차분하게 일어서서 연단으로 걸어갈 수 있도록 심신을 조절하면 된다. 이 연습 막바지쯤에는 동작전환 주문이 이어질 것이다. 사람들 앞에 나갈 일이 있다면 반드시 이 연습을 하자.

앉아 있기

　토크파워 프로그램을 따라 연설 연습을 하려면 먼저 내면으로 주의를 돌리는 법을 익혀야 한다. 이는 스피치공포증을 극복하기 위한 연설 연습법의 기초이며, 각 단계를 실행할 때마다 빠지지 않는 과정이다. 이 훈련을 꾸준히 하면, 청중들의 강렬한 시선을 받더라도 자신의 내면으로 주의를 돌려 연설에 대한 집중력을 키울 수 있다.

연습 : 내면인식 상태에서 앉아 있기

　의자 두 개를 준비한다.

1. 조용한 방에서 의자에 앉는다(이 책은 허벅지 위에 올려놓는다.). 양손에 각각 볼펜 하나씩을 든 채로 무릎 위에 손을 올려 놓는다. 횟수를 세며 천천히 다섯 번 복식호흡을 한다(배를 안으로 당기고 코를 통해 숨을 내쉰다. 이어서 숨을 조금만

들이마시면서 배를 이완시킨다.).

2. 볼펜을 든 채로 손을 무릎에서 5cm 정도 위로 올린 후 그 자세로 정지한다. 되도록 손의 긴장을 풀고 손바닥은 위를 보아야 한다. 볼펜의 무게를 느끼며 손에 주의를 집중한 상태로 천천히 셋을 센다.

3. 손바닥을 위로 향하게 한 채로 다시 무릎 위에 손을 내려놓고, 복식호흡을 세 번 한다. 다시, 볼펜을 들고 무릎에서 5cm 정도 손을 올린다. 이 자세로 복식 호흡을 다섯 번 한다. 숨쉴 때마다 볼펜의 무게를 느낀다.

4. 손을 무릎 위로 다시 가져온다. 그리고 이번에는 엉덩이 쪽으로 주의를 돌려 보자. 앉은 상태로 엉덩이의 왼쪽과 오른쪽이 균형을 이루고 있는지를 느껴 본다(눈을 감았다가 천천히 눈을 떠보자. 이때 눈의 초점이 흐려져 있음을 느낄 것이 다. 이는 신체의 균형과 같은 내면의 감각에 초점을 맞출 때, 우뇌가 활성화되어 일어 나는 현상이다. 따라서 새로운 지시 사항을 읽을 때마다 매번 초점을 다시 맞추어야 한다.).

5. 눈을 감은 채, 자신의 머리에 주의를 집중한다. 정확하게 왼쪽과 오른쪽 어깨 사이에 머리가 중심을 자리잡고 있는지 느껴본다. 부드럽게 숨을 내쉬고, 눈 을 뜬다.

6. 다시 의자에 기댄 등 쪽에 주의를 집중한다. 부드럽게 숨을 내쉬고 긴장을 푼 다. 발, 신발, 바닥에도 주의를 집중한다. 한 번 더 숨을 내쉬고 긴장을 푼다. 현재의 기분이 처음 시작했을 때의 기분과 어떻게 다른지 비교해 본다. 그리 고 주의를 서서히 몸 아래쪽으로 이동시키면서 그 기분을 느껴본다.

7. 이처럼 내면인식 상태에서 복식호흡을 다섯 번 더 한다.

※ 이 연습을 반복하다 보면 무대 또는 연단을 향해 가뿐하게 일어날 수 있을 것이다.

안 돼! 취임연설까지 립싱크로 할 수는 없어!

의자에서 나오기

자신의 순서가 되어 이름이 불리면 의자가 쓰러질 정도로 황급히 뛰쳐나오는 연사들이 많다. 이는 매우 위험한 일이다. 이제까지 연습한 내면인식과 복식호흡이 모두 도로아미타불이 될 수 있기 때문이다.

'다음번에는 서두르지 말아야지.' 라는 다짐만으로는 이를 고치기 힘들다. 적절한 훈련을 받지 않은 상태라면, 자신이 호명되는 소리를 듣는 즉시 투쟁도피반응이 활성화되기 때문이다. 그러면 이때 생성된 엄청난 양의 아드레날린으로 인해 심장박동이 더 빨라져, 자신도 모르게 움직임을 서두르게 되는 것이다.

그러나 이제 다음 연습을 통해 천천히 일어나 연단 쪽으로도 차분하게 걸어가자. 이 연습을 꾸준히 하면 우뇌가 활성화되고, 좌뇌의 활동은 더디어진다(좌뇌는 통제력을 잃게 하며, 부정적이고 불안한 생각이 들게 하는 역기능을 가지고 있다.). 그렇게 되면 이젠 걷잡을 수 없이 찾아오던 불안감과 부정적인 생각을 가라앉힐 수 있을 것이다. 옆에 있는 의자 위에 이 책을 펼쳐놓고 연습을 하자.

연습 : 일어서기

1. 타이머를 5분 후에 울리게 맞춰 놓는다. 의자에 앉아, 양손에 각각 볼펜 하나
   씩을 잡는다. 손의 긴장을 풀고 손바닥을 위로 한 채 무릎 위에 손을 올려놓
   는다.
2. 복식호흡을 천천히 다섯 번 한다.
3. 다음과 같이 크게 말한다. "나는 의자에 앉아 있다. 내 몸이 완벽하게 균형을
   이루고 있다(몸의 균형을 느낀다.)."
4. 무릎에서 3cm 정도 손을 올리면서 말한다. "나는 내 손의 무게를 느낀다."
5. 손을 옆구리에 서서히 갖다대면서 말한다. "손을 옆구리로 천천히 가져가고
   있다." 그리고 일어서면서 말한다. "나는 천천히 일어선다."

연습 : 연단으로 걸어가기

6. 이제 의자 앞에 서 있을 것이다. 한쪽 발로 천천히 한 걸음 내딛는다. 다른 한
   발도 한 걸음 내딛는다. 한 걸음을 더 내딛어, 두 발이 30cm 정도 떨어진 상
   태에서 평행을 이루도록 한다. 멈추고 나서 손에 있는 볼펜의 무게를 느낀다.
7. 타이머가 울릴 때까지 6단계까지 계속 반복하며 방 안을 걷는다.

연습 : 느리게 걷기

이제 멈추지 않고 쭉 걸어가는 연습을 해보자. 이는 청중의 시선을 받으며 연단
으로 걸어갈 때, 흐트러짐 없는 자세로 집중력을 유지하기 위한 방법이다.

8. 한 걸음 내딛는다. 손에 있는 볼펜의 무게에 집중한다. 다시 한 걸음 내딛는
   다. 또다시 볼펜의 무게에 집중한다. 방 안을 계속 걸으면서, 한 걸음씩 내딛

을 때마다 손에 주의를 집중한다. 50걸음 정도 걷는다.

9. 다시 의자에 앉아서 복식호흡을 열 번 한다.

진짜로 부정적인 생각을 떨쳐버릴 수 있을까?

토크파워 프로그램을 이해하는 데 매우 중요하므로, 앞서 언급했던 좌뇌와 우뇌의 기능에 대해 다시 얘기하겠다. 위에서 제시한 대로 느린 동작으로 걷는 연습을 하다 보면, 언어적 사고를 하지 않으면서도 자연스럽게 단상으로 걸어나갈 수 있다. 이를테면, '내 말은 너무 지루하게 들릴 거야. 난 망신을 당할지도 몰라.' 와 같은 부정적이고 불안한 생각을 떨쳐버릴 수 있다.

오랫동안 토크파워 워크숍 참가자들을 관찰해 온 결과, 내면에 초점을 맞추면서 손(또는 신체의 다른 부분)의 무게에 집중할 때, 우뇌의 활동이 왕성해짐을 알 수 있었다. 언어적 사고는 좌뇌의 활동으로 인해 생긴다. 그러므로 우뇌가 활성화되어야만 급격한 심장박동의 원인 중의 하나라 할 수 있는 부정적인 언어적 사고를 떨쳐버릴 수 있다. 그래서인지 대부분의 참가자들은 이 연습을 하다 보면 얼마 지나지 않아 몸과 마음이 침착해진다는 사실에 매우 놀라곤 했다. 이 방법에 익숙해진 사람들은 로봇처럼 굳은 표정을 버리고, 차분하게 걸음을 옮길 수 있게 되었다.

연설 직전에 주문을 외우자 : 동작전환 주문

연설하기 전 의자에 앉아 있거나, 일어서거나, 연단으로 걸어가는 등의 단계별 이동을 할 때의 지시사항을 담은 것이 바로 동작전환 주문이다. 청중석에 앉아 있다가 연단에 서게 되기까지의 특정한 단계로 이행할 때 주문을 외우듯이 말을 함과 동시에, 주문이 제시하고 있는 동작을 그대로 따라하면 된다. 이 훈련을 처음 할 때는 모든 행동이 느린 로봇의 움직임처럼 어색하게 느껴질 수도 있다.

먼저 의자 몇 개를 갖다 놓고, 마룻바닥에는 종이 한 장(연단이라고 치자.)을 깔아 놓는다.

1. 의자에 앉아서 양손에 각각 볼펜 한 자루를 잡는다. 무릎 위에 볼펜을 잡은 양손을 올려놓고, 손바닥은 위를 향하도록 한다.

2. 복식호흡을 다섯 번 한다.

3. 큰소리로 말한다. "나는 의자에 앉아 있다. 내 몸이 완전히 균형을 이루고 있음을 느낀다."(실제로 몸의 균형을 느껴본다.)

4. 무릎에서 3cm 정도 손을 올리면서, 말한다. "나는 내 손을 느낀다."

5. 손을 옆구리로 가져오면서 말한다. "나는 손을 옆구리로 천천히 가져온다."

6. "나는 천천히 일어난다. 한 걸음을 내딛었다 멈춘다. 손의 무게가 느껴질 때까지 기다린다."라고 말한다. 일어나서 의자 앞에서 10cm가 넘지 않도록 작게 한 걸음 내딛는다. 멈춘다. 이때 중력이 손을 아래로 잡아끌어 손이 약간 무거워진다는 느낌을 받을 때까지, 제자리에서 기다린다. 그런 다음, 손의 무게감에 주의를 집중하면서 연단 쪽으로 천천히 걸어간다.

7. 연단으로 걸어가면서 말한다. "나는 연단 쪽으로 천천히 걸어간다. 내 손의 무게를 느낀다." 그리고 손의 무게를 계속 느끼면서 연단에 도착한다. 천천히 돌아서서 청중 쪽을 바라보며 말한다. "나는 천천히 돌아선다. 청중을 바라본다. 그리고 멈춘다." 그런 다음, 계속 말을 한다. "나는 지금 청중의 얼굴이나 머리를 똑바로 바라보고 있다. 나는 두 발을 편안하게 벌린 채 서 있다. 내 손의 무게를 느낀다."

※ 실제로 연설장에서 연습할 때는 소리가 들리지 않게 혼잣말로 연습한다.

청중 앞에서 자신을 통제하기

처음에 청중 앞에 섰을 때, 관제탑에서 나오는 조명등처럼 머리를 오른쪽에서 왼쪽으로 움직이는 사람들이 있다. 이는 청중들에게 매우 부자연스러운 행동으로 비춰진다. 게다가 이처럼 긴장한 상태로 처음 연단에 선 사람들은, 바로 이때부터 말을 시작해야 할 것이라는 부담감을 느낄 것이다. 그러므로 청중 앞에 서서 말을 시작하기 전에는 몇 초간 침묵을 유지하면서 가능한 한 가만히 서서 청중의 얼굴을 똑바로 바라보는 게 좋다. 미소를 짓는 것도 좋지만, 반드시 필요한 건 아니다. 청중들이 모두 연사 자신과 연설내용에 집중하기를 바란다면, 움직이기보다는 가만히 있는 게 최상의 방법이다.

기억하자. 연단에 섰다고 해서 곧바로 말을 시작해서는 안 된다. 중요한 부분을 놓치고 말할 우려가 있다. 새로운 사람을 만난 자리에서 자신을 소개하거나 악수를 하는 과정을 건너뛰고, 곧바로 대화를 시작한다고 상상해 보자. 청중 앞에 섰을 때도 다짜고짜로 입을 열면 오히려 더 어색할 것이다.

이제 연설이 진행되면서 점차 마음의 안정을 찾을 때쯤이면, 가끔씩 천천히 머리를 움직여 자연스럽게 좌우로 청중을 바라보면 된다. 언제 청중 전체를 훑어볼 지는 연사가 언제 자연스러워지고 편안해지는가에 달려 있다.

청중과의 첫 눈맞춤

연설에 들어가기 전 반드시 청중과 눈을 마주쳐야 할까? 그렇지 않다. 지금까지 연습을 단계별로 한 후 막 청중 앞에 설 때에는 내면인식 상태에 있으므로 눈의 초점이 맞지 않는 게 당연하다. 또 수많은 청중들 중 특정한 사람에게 초점을 맞추려고 하면 눈에 더욱 긴장이 오게 마련이다.

게다가 눈부터 마주치면 할 말에 집중하기가 힘들고, 사람들의 시선, 청중과의

거리, 빨라진 심장박동, 실제 상황 등에서 오는 충격에 적응하는 데 방해가 된다. 이 모든 것에 익숙해지려면, 30초에서 2분 혹은 그 이상의 시간이 걸린다.

청중에게 적응하기

다음 단계는 청중의 존재를 받아들이고, 청중에게 익숙해져 편안한 관계를 유지하는 일이다. 처음 청중을 보았을 때 곧바로 말을 하는 것을 지양한 채 잠시 가만히 서 있기만 하면, 자동적으로 가능한 일이다. 말을 하기 전 발가락을 세 번 오므리기만 하면 된다. 이는 무엇보다도 중요한 일이니 절대로 건너뛰어서는 안 된다.

어디를 바라볼까?

연설을 하면서 어디를 바라보고 있어야 할까? 답은 간단하다. 청중의 얼굴을 똑바로 바라보면 된다. 이마나 머리를 봐도 된다. 그러나 머리보다 너무 높은 곳을 보거나, 바닥을 보듯이 너무 낮은 곳을 볼 필요는 없다. 청중은 연사의 눈을 보고, 연사가 청중의 얼굴을 보고 있는 상태라면, 청중의 입장에서는 연사의 눈을 똑바로 마주하는 것 같은 느낌을 받게 된다. 그러므로 굳이 눈을 맞출 필요가 없다. 영화를 볼 때를 생각해 보자. 우리는 스크린 속의 연기자에게 친근감을 느끼면서, 웃고, 울고, 놀라기도 하지만, 어떤 배우와도 애써 눈을 마주치려 하지는 않는다. 이와 마찬가지로, 청중들에게 연사와의 교감을 느끼게 하고 싶다는 이유로 애써 청중의 눈을 바라볼 필요는 없다. 단지 얼굴보다 너무 위쪽이나 아래쪽만 보지 않으면 된다.

2~3분이 지났을 즈음, 청중 앞에서 마음이 안정된 상태인데다 연설도 막힘 없이 진행되고 있다면, 집중력에 방해가 되지 않는 선에서 청중의 눈을 바라봐도 무방하다. 이때부터는 그냥 자신이 편한 대로 행동하면 된다.

그러나 청중의 얼굴을 바라볼 때, 한 사람에게 시선을 지나치게 오랫동안 고정시키지는 말자. 특정 청중의 눈만 계속 뚫어지게 쳐다보는 것은, 그 사람에게 "당신은 저를 좋아하십니까? 제 연설이 맘에 드십니까?"라고 물으며 추궁하는 것과 같다. 애써 청중의 지지를 구하지는 말자. 단지 청중은 연사가 리더십을 발휘해 자신들을 이끌어가길 바랄 뿐이다. 그러니 청중을 이끌어 주기만 하면 된다!

자신을 통제한 상태에서 제자리로 돌아가기

방금 연설의 마지막 내용을 말하고, "감사합니다."라는 간단한 표현으로 청중에게 인사까지 마쳤다고 치자. 이제 연설이 끝났다. 그렇다면 어떻게 해야 침착하고 자연스럽게 제자리로 돌아갈 수 있을까?

연설이 끝났을 때 모욕감이나 창피함을 느낀 적이 있는가? 그렇다면 차분하고 당당하게 제자리로 돌아오는 것 역시 연단으로 올라갈 때와 마찬가지로 중요하다. 이때도 천천히 움직여야 한다. 이제 연습을 해보자.

연습 : 제자리로 돌아오기
1. 제자리로 천천히 돌아오면서 말한다. "나는 지금 내 손의 무게를 느끼면서 제자리로 천천히 돌아오는 중이다."
2. 자리에 앉는다.
3. 앉은 상태에서 복식호흡을 다섯 번 하고, 자신의 기분이 어떤지 느껴본다.

CHAPTER 07

이것이 토크파워!

토크파워 공식

물리학이 추구하는 것은 관찰된 사실을 결합할 수 있는 가장 단순한 사고 체계다.
— 앨버트 아인슈타인

7장부터는 토크파워 공식을 이용해서 공포심을 떨쳐버리고 청중을 효율적으로 설득할 수 있는 연설문을 작성하는 방법을 제시할 것이다.

토크파워 공식은 순서와 기능에 따라 연설문을 8개 항목으로 나누고 있다. 각 항목을 다루는 방법은 할당된 시간에 따라 조금씩 달라지지만, 5분 동안의 발표를 준비하든, 2일간의 세미나를 준비하든, 토크파워 공식을 따른다면 시간과 노력을 아낄 수 있을 것이다. 토크파워 공식은 단순하게 연설 내용의 목록만을 나열한 일반적인 개요표와는 다르다. 왜냐하면 스피치공포증을 없애 주고 연설 자체에 활기를 불어넣는 여러 가지 요소를 지니고 있기 때문이다.

언어학자인 에릭 렌넨버그(Eric Lennenberg)는 "하나의 문장은 모자이크와 비슷하다."고 주장했다. "각 조각을 차례대로 끼워 넣기 전에, 먼저 완성된 전체 그림을 머릿속에 그려야 한다." 이처럼 연설이란 것도 각각의 부분들이 모여서 이루어진 것이다. 따라서 각각의 조각을 맞추어 '연설'이란 결과물을 창조하려면, 먼저 연설의 전체적인 내용을 미리 머릿속에 떠올려야 한다.

이런 원리에 입각해서 토크파워 공식은 연사의 기본적인 생각(메시지 문장)을 제시할 적당한 시점을 정해 주고, 어지럽게 널려 있는 정보를 효율적으로 분류해서

신이시여, 제발 제가 그 시합에서 지게 하시어, 소감 발표를 하는 일이 없도록 해주십시오.

요점을 명확히 밝히는 방법(요점 항목)을 제시해 준다. 그러다 보면 전체적으로 어떤 내용을 넣어서 연설문을 작성해야 하는지도 상세히 알 수 있다.

다음 장부터 토크파워 공식을 각 항목별로 단계적으로 소개할 것이다. 각 항목마다 자세한 설명이 나오고, 몇 가지 사례가 제시될 것이다.

연설 경험이 전무한 연사에게 새로이 연설 자리가 주어진다는 것은, 미지의 바다를 향해 위험한 항해를 하는 것과 같다. 토크파워 공식의 장점이 바로 여기에 있다. 이 공식을 익히면, 생소한 발표나 연설이라도 모두 어렵지 않게 끝마칠 수 있다. 각 연설의 내용이나 주제가 다르더라도 상관없다. 일단, 여기에서 제시된 지침을 익혀서 연설 내용을 구성하자.

	항 목	내 용	단어 수 & 시간
서론	1. 도입문	조크나 가벼운 일화 등으로 시작한다(50자 이상 400자 이하).	서론 부분은 약 500자로 구성되거나, 잠시 멈추는 시간을 포함해 2분 정도의 시간으로 이루어진다.
	2. 주제문	연설의 주제를 담은 문장 : "오늘 저는 여러분들께 ~에 대해 말씀드리겠습니다." (50자 이하)	
	3. 메시지 문장	가장 중요하고 핵심적인 생각을 담은 문장으로 다음과 같은 형식으로 표현한다. "저는 ~라고 생각합니다." (50자 이하)	
본론	4. 배경	연사 자신이나 조직이 연설의 주제와 어떤 관계에 있는지 설명한다(250자).	250자, 1분
	5. 메뉴	주제를 다루기 쉽게 여러 부분으로 나눈다. "~에 대해 말씀드리면서, 제가 다룰 사항은 ~입니다.	50~130자, 15~30초
	6. 요점	메뉴에 나오는 각 요점을 상세히 다룬다.	750자, 3분
	7. 클라이맥스	마지막으로 가장 중요한 요점을 다룬다.	250자, 1분
결론	8. 결론	요점을 요약한다.	250자, 1분
	※ 중간에 잠시 멈추는 시간까지 포함해 약 250재(한글 기준으로 연설문 작성시 띄어쓰기는 고려하지 않는다—역자 주)를 말하는 데 1분 정도가 소요된다.		총 7분

난 비록 면접에서는 떨어졌지만, 필기시험 점수는 잘 나오지 않을까?

견본 연설문

　다음은 토크파워 공식을 이용한 8분간의 연설용 원고이다. 물론 이 공식은 연설 시간이 얼마인지에 상관없이 모든 연설에 적용 가능하다. 그리고 연설의 내용을 더욱 알차게 꾸미고 싶다면 여러 가지 인용구, 조크, 스토리, 객관적인 조사자료 등을 덧붙일 수 있다.

　　※ 견본 연설문의 특정 부분에는 밑줄이 그어져 있다. 이는 모든 연설문 작성에 있어서 기본적으로 적용되는 '템플릿' 이다. 템플릿은 한 대목에서 다음 대목으로 넘어가는 첫마디나 마지막 마디, 또는 연결어들로서, 연설의 일관성과 논리성을 유지하는 역할을 하고 있다.

도입문

　어떤 사람들은 여유 시간이 생기면 조용히 산책하는 것을 좋아합니다.
　또 어떤 사람들은 주말에 기차를 타고 여행을 떠나고 싶어합니다.

그러나 제게는 집을 꾸미는 것만큼 즐거운 일이 없습니다.(멈춘다.)

주제문

오늘 저는 여러분들께 주택 리모델링에 대해 말씀드리겠습니다.(멈춘다.)

메시지 문장

제가 제시하는 방법대로 주택을 개조했을 때쯤이면 여러분 모두 깔끔하게 단장된 집을 보고 큰 만족을 느낄 수 있으리라 믿습니다.(멈춘다.)

배 경

저는 20년 전쯤 처음으로 주택건설에 관심을 갖게 되었습니다. 당시 저는 회사의 관리자로, 사무실에서 근무하고 있었습니다. 한편 제 친구인 마크는 대학에서 철학을 전공했지만, 졸업 후 전공과는 무관하게 가정용 주택 건설 사업에 뛰어들었습니다. 저는 이때 건축이라는 것은 독특한 언어와 기술이 존재하는 매력적인 세계라는 사실을 알게 되었습니다. 예를 들자면, 저녁에 모여 친구들끼리 카드게임을 할 때면, 마크의 입에서는 항상 배관기술, 측량기구, 건축재료, 구리와 알루미늄 배선 등에 대한 이야기가 줄줄 흘러나왔습니다. 그래서 저는 독특한 발상만 있으면 상상치 못할 정도로 획기적이고 새로운 결과물을 낳는 건축이라는 분야에 흥미가 생기기 시작했습니다. 또한 제가 아직 가지지 못한 마크만의 탁월한 능력이 부럽기도 했습니다. 그 결과 저는 상상력과 실용성으로 똘똘 뭉쳐진 건축이란 분야를 공부하게 되었습니다. 현재 저는 사무실에서 근무를 하고 있지만, 그동안이 분야에 대해 많은 것을 배웠습니다. 집을 리모델링해서 아름답게 꾸미는 것은 사무실에서 느끼는 스트레스를 풀고 기분을 전환하는 데 아주 그만이 아닐까 생각합니다.(멈춘다.)

메 뉴

주택 리모델링과 관련해서 다음과 같이 네 가지 사항을 다루려고 합니다.

1. 프로젝트 시안 짜기
2. 공간과 자재 구상하기
3. 발생 가능한 장애 예측해서 대비하기
4. 리모델링 기술 적용하기

※ 여기서는 두 번째 요점만 상세히 다루기로 하겠다.

요점 2 : 공간과 자재 구상하기

어떤 일부터, 어떤 방법으로 진행해야 할지에 대한 개념이 바로 서 있지 않으면 공간과 자재에 관한 계획을 세우는 일이 매우 힘들 뿐만 아니라, 시간도 많이 지체될 수 있습니다. 저는 아내와 함께 서로가 만족할 만한 설계도를 짜는 데 많은 시간을 보내다가 이러한 사실을 깨달았습니다. 처음에 우리가 지하실을 개조해서 작업실로 만들기로 계획을 세울 때만 해도 그렇게 복잡한 일이 많을 줄 미처 몰랐던 것입니다.

이를테면, 서로에게 수납공간, 목욕탕, 작업공간, 휴게실 등이 각각 얼마나 큰 비중을 차지하는지를 감안하지 못했던 것입니다. 뿐만 아니라, 나중에 재판매 가치를 높이려면 예산을 어느 정도 선에서 써야 하는지도 미처 계산에 넣지 못했습니다.

그래서 우리는 다시 목표를 분명히 정해서 새로 설계도를 그려야 했습니다. 또한 벽과 문의 도안을 그리는 데도 많은 시간이 걸렸습니다. 그래서 좀더 시간과 노력을 덜 들일 수 있는 획기적인 방법이 없을까 하고 고민을 했습니다. 그러던 중, 마침내 저는 컴퓨터로 보조설계를 해주고, 예상되는 재료의 목록을 뽑아 주는 소프트웨어 프로그램이 있다는 것을 발견했습니다. 이로 인해 우리는 보다 짧은 시간에 의견의 일치를 볼 수 있었고, 쉽게 다음 단계에 착수할 수 있었습니다.

현재 일이 계획대로 아주 순조롭게 진행되고 있어, 우리는 아주 만족스럽습니다.(멈춘다.)

질의응답 시간

마치기 전에, 질문하실 분 있습니까?(멈춘다.)

결 론

마지막으로 여러분들께도 건축 리모델링을 통해 집을 아름답게 꾸며보실 것을 제안하려 합니다. 집에서 새로운 용도의 물건을 만들거나, 집을 개조하는 것이 얼마나 큰 즐거움인지 알게 되면 여러분도 놀랄 것입니다. 전혀 사용하지 않던 공간이나 오래 되어서 낡아버린 공간을 새로이 꾸며서 다양한 용도의 공간으로 만들다 보면 큰 만족감을 느낄 거라고 자신 있게 말할 수 있습니다.

오늘 저는 여러분들께 주택 리모델링에 대해 말씀드리면서 프로젝트 시안 짜는 방법, 공간과 자재 구상 방법, 발생 가능한 장애를 예측해서 대비하는 방법, 리모델링 기술 적용방법 등에 대해 이야기했습니다.

하지만 그보다 더 중요한 것은 마지막 못을 박고 나서, 깨끗하고 아름답게 개조된 새로운 집을 바라볼 때 느끼게 될 큰 기쁨이 아닐까 합니다. (멈춘다.) 감사합니다.

할 말은 많고 시간은 적다?

꿈속의 일이 현실에서 나타나는 경우가 종종 있습니다. 한번은 이런 꿈을 꾼 적이 있습니다. 사무실로 들어갔는데 캐비닛 속 서류들이 엉망이 되어 바닥에 흩어

저 있었습니다. 나는 곧 법정에 들어가야 하기 때문에 특정 서류가 당장 필요했는데, 어디에 있는지 도저히 찾을 수가 없었습니다. 마음만 점점 급해졌죠. 실제로 최종 변론이나 연설, 발표를 준비해야 할 때마다 이런 조급함이 생깁니다.

— 제이슨, 변호사

사람들은 할당된 시간에 맞추어 정확하게 연설자료를 편집하는 것이 너무 어렵다고들 한다. 그래서인지 이들은 10분밖에 안 주어진 연설임에도 불구하고, 몇 시간 동안 이야기해도 시간이 모자랄 분량의 자료들을 모을 때도 있다. 따라서, 자신에게 할당된 시간에 맞게 자료를 줄여서 알찬 내용으로 편집하는 기술도 익혀야 한다.

토크파워 단어 예산서

이제부터 주어진 연설시간에 맞추어 연설자료를 작성할 수 있도록, 필요한 정보를 제대로 선택하고 구성하는 방법을 제시하겠다.

대부분의 발표나 연설에는 시간 제한이 있다. 하지만 보통 1분 동안 약 250자 정도가 사용되므로, 연설 시간이 얼마인지 알기만 하면, 글자 수를 계산함으로써 어느 정도의 분량이 필요할지 가늠할 수 있다. 예를 들어, 10분이 주어졌다면, 잠시 말을 멈추는 시간을 포함해 2,500자 이하의 분량이면 된다.

일단 이 규칙에 익숙해진다면, 늘 다니던 길을 걷는 것처럼 연설문을 손쉽게 작성할 수 있을 것이다. 또한 연설문을 작성하는 데 드는 시간 역시 절약할 수 있다.

손님접대 경험이 많은 집주인은 우선 손님의 수를 파악해서 메뉴와 음식재료 등을 결정한다. 발표를 할 때도 이처럼 미리 계획표가 필요하다. 10분간의 연설을 계획하고 있다면, 다음과 같이 미리 시간에 대한 계획을 짜야 한다.

토크파워 단어 예산서		글자수	시간(분 단위)
서 론	1) 도입문 2) 주제문 3) 메시지 문장(멈춘다)	380 (멈추는 시간 포함)	$1\frac{1}{2}$
본 론	4) 배경 5) 메뉴 6) 요점(3~5개의 소제목) 7) 클라이맥스	2,100	1 $\frac{1}{2}$ 5 1
결 론	8) 결론	250	1
합 계		2,730	10

서 론

주어진 연설시간이 아무리 길다 해도 서론 부분의 도입문, 주제문, 메시지 문장 등의 항목은 잠시 멈추는 시간까지 포함해서 전체적으로 2분을 초과해서는 안 된다.

본 론

배경, 메뉴, 요점 항목에서는 전체적 시간 제한에 걸리지 않는 한도 내에서 원하는 만큼 그 양을 늘릴 수 있다. 특히 요점 항목은 연설 내용 중에 가장 변동성이 크다. 어떤 요점은 1분이 채 안 걸리며, 어떤 요점은 훨씬 더 오랜 시간을 필요로 할 수도 있다. 클라이맥스는 마지막 요점이라 할 수 있는데, 다른 요점들보다 더 극적인 요소를 갖추어야 한다(요점 항목은 11장에서 자세히 다룰 것이다).

걱정하지 마세요, 아빠. 말 대신 꽃으로 마음을 전하세요.

결 론

결론은 연설의 주요 요점을 요약하는 부분으로, 전체 연설시간에 상관없이 결론에는 1분 정도를 할당하면 된다. 미숙한 연사들은 결론을 대강 얼버무리고 황급히 연설을 끝맺기도 한다. 이는 출구를 막 지나자마자 과속으로 차선을 침범하면서 목적지에 필사적으로 도착하려는 자동차와 같다.

문화평론가들은 300쪽이 넘는 소설이나 두 시간짜리 영화를 단 한 문장으로 요약하기도 한다. 이와 마찬가지로 연설을 마칠 때도 1분 안에 연설의 전체적인 내용을 요약해야 한다.

멈춤으로써 말을 디자인한다

> 논리적인 멈춤이 없는 연설은 청중들이 이해하기가 힘들고, 심리적인 멈춤이 없
> 는 연설은 생명력이 느껴지지 않는다.
>
> — 스타니슬라브스키

토크파워 공식을 따라 연설을 하게 되면, 연사의 모습과 목소리 모두가 특정한 스타일을 갖게 된다. 지금껏 우리는 토크파워 공식을 통해 연설 자체를 여러 항목으로 분류한 후, 전략상 말을 잠시 멈추도록 연설문을 구성하는 방법을 알아보았다. 이렇게 연설 중간에 말을 잠시 멈춤으로써 연설도 시나 에세이처럼 '디자인'을 갖추게 되는 것이다. 한 편의 글이 제목, 여백, 글씨, 점, 공간 등으로 디자인되어 있듯이, 연설도 극적인 효과를 위해 침묵과 소리의 대비가 이루어져야 한다.

이 '디자인'을 잘 가미해서 연설 도중 잠시 침묵이 흐르도록 하면, 청중들의 입장에서는 연사의 말을 이해하고 곰곰이 생각할 수 있는 시간을 벌 수 있다. 그리고 말의 디자인은 연설에 활기찬 리듬감을 불어넣는 역할도 한다. 이 리듬감 덕에 연사와 청중은 말 없이도 함께 공감할 수 있는 시간을 가질 수 있다. 이를테면 다음과 같다.

- 연사 : 며칠 전 연설을 하기 위해 자료를 찾고 있을 때, 매우 이상한 전화를 받았습니다.(잠시 멈춘다.)
- 청중 : (몸을 앞으로 당기면서, 더 집중해서 듣게 된다.)
- 연사 : 바로 자신이 외계인에 의해 납치되었다는 어떤 남자의 전화였습니다.

이렇게 하면 즉각적으로 청중의 시선이 연사에게로 쏠리게 된다. 반면, 말을 멈추지 않고 바로 이어갔다고 생각해 보자.

― 연사 : 며칠 전 연설을 하기 위해 자료를 찾고 있을 때, 매우 이상한 전화를 받았습니다. 자신이 외계인에 의해 납치되었다는 어떤 남자의 전화였습니다.

어떤가? 극적인 효과가 훨씬 떨어지지 않는가?

이처럼 연설 도중 말을 잠시 멈추면, 극적인 긴장이 더해지고 연사의 카리스마도 강해진다. 그러나 유명 연사들 중에는 말은 잘하지만 사람들에게 힘 있는 연설자라는 이미지를 주지 못하는 사람도 있다. 그들은 처음부터 끝까지 쉬지 않고 말을 줄줄 이어간다. 이런 경우에는 연설 전체가 단색의 기다란 실타래를 푸는 것처럼 아무런 변화 없이 무미건조해질 수 있다.

아무리 연사가 다양한 억양을 섞어가면서 흥미를 끄는 목소리로 연설을 한다고 해도, 적절한 곳에서 말을 멈추지 않으면 설득력 있는 연사라는 이미지를 심어줄 수 없다. 시간이 지날수록 청중의 관심은 점점 사라지게 마련이다. 나는 이런 연설을

긴장 풀어. 우린 네 친구잖아. 넌 잘할 수 있을 거야.

수없이 들어보았다. 연설 도중 적절한 위치에서 10번이나 15번 정도만 짧게 말을 멈추었어도, 형식적인 박수 대신 우레와 같은 기립 박수를 받을 수 있었을 텐데 말이다.

침묵을 깨고 입을 열어야 할 때

연사가 연단에 서는 순간 장내는 갑자기 조용해진다. 이제 침묵을 깨고 자연스럽게 말하는 법을 배워 보자. 다음 두 개의 단문, 즉 토크파워 공식의 두 번째와 세 번째 항목인 주제문과 메시지 문장을 가지고 연습을 해보자.

- 주제문 : (멈춘다.) "오늘 저는 여러분들께 ＿＿＿＿＿＿＿＿＿＿＿에 대해 말씀드리겠습니다."
- 메시지 문장 : (멈춘다.) "저는 ＿＿＿＿＿＿＿＿＿＿＿＿＿＿라고 생각합니다." (멈춘다.)

보 기

(멈춘다.) "오늘 저는 여러분들께 스트레스 관리법에 대해 말씀드리겠습니다."

(멈춘다.) "저는 모든 사람들이 제가 제시하는 스트레스 관리법을 통해 큰 효과를 볼 수 있을 거라고 생각합니다." (멈춘다.)

※ 위의 예를 본보기로, 종이나 카드 위에 두 개의 문장을 작성해 보자. 그리고 앞으로 연습할 때, 이것을 사용하도록 하자.

말을 멈추는 방법

발표나 연설을 할 때는 잠시 말을 멈추는 게 좋지만, 실제 대화에서는 말을 멈출 필요가 없다. 그래서인지 대부분의 사람들은 말을 하는 도중 잠시 멈추는 데 익숙하지 않다. 이들의 두뇌는 대화체 문장에 익숙하게 길들여져 있기 때문이다. 그리고 혹자들은 도중에 말을 멈추면 부자연스럽고 거만하게 보일 거라 생각한다. 그래서인지 이들은 연단에 섰을 때 심장 박동이 빨라지는 데다 자제력까지 잃어 고삐 풀린 망아지처럼 말이 빨라진다. 적절한 곳에서 말을 멈추는가 아닌가에 따라 산만한 연설이 될 수도 있고, 청중이 즐겁게 들을 수 있는 연설이 될 수도 있다. 기억하자. 말을 잠깐 멈추고 청중들과 함께 여유를 누릴 줄 아는 연사만이 마음에서 우러나온 박수를 받을 수 있다.

그렇다면 자연스럽게 말을 멈추려면 어떻게 해야 할까? 어렵지 않다. 말을 멈추고 나서 즉시 발가락을 세 번 오므리면 된다. 이 방법은 말을 멈추어야 하는 정확한 시간을 책정하기에도 좋다.

다음 예를 살펴보자.

(발가락을 오므린다, 오므린다, 오므린다.)
오늘 저는 여러분들께 제 애견 버나드에 대해 말씀드리겠습니다.
(발가락을 오므린다, 오므린다, 오므린다.)
제게는 버나드가 둘도 없는 산책 친구라고 할 수 있습니다.
(발가락을 오므린다, 오므린다, 오므린다.)

발가락을 오므리면서 위의 내용을 큰소리로 말해 보자. 약간 우스꽝스러워 보일 수도 있지만, 계속 연습하다 보면 분명 효과가 있을 것이다.

몇 달 전, 나는 한 대기업에서 개최하는 이틀간의 세미나에 참가했다. 그곳에서 한 참가자가 난처한 기색을 보이며 말했다. "저는 성격이 워낙 급해서 도저히 중간에 말을 멈출 수 없을 것 같아요. 저는 말도 빨리 하고, 걷는 것도 빨리 걷고, 먹는 것도 빨리 먹고, 생각도 빨리 하고, 심지어 잠도 빨리 들어요. 그게 쉽게 바뀔까요?"

나는 잠시 생각한 후, 다음과 같이 말했다. "만약 마틴 루터 킹 목사님이 '나에게는 꿈이 있습니다.' 라고 중간에 쉬지 않고 빠르게 말했다면, 우리가 그의 모습을 어떻게 기억하고 있을까요?"

마틴 루터 킹은 흑인 인권 운동사에 길이 남을 연설에서 "나에게는… 꿈이… 있습니다…"라고 중간에 멈추면서 말을 했다. 그래서 우리는 아직까지 연사로서 그가 가지고 있는 기적적인 힘을 느낄 수 있는 것이다.

그후, 그 참가자는 말하는 도중 발가락을 오므리면서 말을 멈추는 방법을 통해 속도를 늦출 수 있었다. 연설이 끝나자 사람들은 그에게 기립박수를 보냈으며, 이에 그도 큰 감동을 받은 듯했다.

오늘… 저는… 여러분들께

적절한 속도로 말을 하고 적절한 곳에서 잠시 말을 멈추기 위해서는 각 문장 사이마다 발가락을 오므려야 할 뿐만 아니라, 각 문장의 처음 두세 어절 사이에서도 말을 멈추는 게 좋다. 그러면 다음과 같을 것이다.

오늘(멈춘다.) 저는(멈춘다.) 여러분들께(멈춘다.) 제 애견 버나드에 대해 말씀드리겠습니다.

(발가락을 오므린다, 오므린, 오므린다.)

제게는(멈춘다.) 버나드가(멈춘다.) 둘도 없는 산책 친구라고 할 수 있습니다.

(발가락을 오므린다, 오므린, 오므린다.)

"저는" 이라고 말하자!

사람들 앞에 섰을 때, 자신감이 부족한 사람들은 "저는…"이라고 분명하게 말하지 않고, "전…"이라고 줄임말을 쓰며 얼버무리는 경향이 있다. 그러나 유능한 연사가 되려면 이제 "저는…"이라고 또박또박 자신 있게 말할 수 있어야 한다. 다시 따라해 보자.

오늘(멈춘다.) 저는(멈춘다.) 여러분들께(멈춘다.) 제 애견 버나드에 대해 말씀드리겠습니다.
(발가락을 오므린다, 오므린, 오므린다.)
제게는(멈춘다.) 버나드가(멈춘다.) 둘도 없는 산책 친구라고 할 수 있습니다.
(발가락을 오므린다, 오므린, 오므린다.)

다음 문장을 크게 말하되, 반드시 첫부분을 "저는"이라고 또박또박 소리내자.

- "저는 매우 유능한 사람입니다."
- "저는 여러분 모두가 제 이야기에 귀를 기울였으면 합니다."
- "저는 여러분들께 아주 재미있는 이야기를 할 것입니다."
- "저는 제 자신을 자랑스럽게 여깁니다."
- "저는 제 모습이 무척 마음에 듭니다."

물론 이런 연습이 처음에는 어색할 것이다. 하지만 우리는 자신의 장점을 소리내어 말함으로써 자신감을 키울 필요가 있다. 자신의 장점과 자신의 존재에 대해 거리낌 없이 이야기할 수 있을 때까지 몇 번이고 반복해서 읽자. "전"과 같은 말은 세상에 존재하지 않는다고 생각하자.

때로 사람들은 "오늘전여러분들께~에대해말씀드리겠습니다."라고 쉬지 않고 말하기도 한다. 그런 사람들은 매일 아침마다 거울을 볼 때, 필히 자신감을 심어주는 위의 말들을 수십 번 반복해야 한다.

말의 페이스 찾기

말을 천천히 시작하고, 편하게 이어가며, 도중에 잠시 멈추고, 말이 빨라지려는 충동을 억제할 수 있다면 이미 연설은 절반쯤 성공했다고 볼 수 있다. 이렇게 해야만 연사 자신에게도 가장 자연스럽고, 청중이 듣기에도 가장 편안한 말의 속도와 리듬을 지킬 수 있다. 말의 페이스는 달리기를 할 때의 보폭과 똑같다. 결승선에 빨리 진입해야 한다는 두려움과 강박감보다는 자연스런 속도와 리듬으로 달리기를 해야만 부담없는 마음으로 결승선에 빠르게 진입할 수 있다. 따라서 연설을 할 때도 자신의 속도와 리듬을 적절하게 유지해야 즐겁게 말할 수 있다.

이름은 분명하게!

발표를 할 때 이름이나 제목, 약어 등을 중얼거리듯 말하거나 대충 얼버무려서, 또는 실수로 빠뜨려 청중이 알아듣지 못하는 경우가 많다. 이는 경험이 많은 발표자들도 마찬가지다. 그래서 나는 워크숍 참가자들에게 사람, 장소, 사물의 이름을 천천히, 그리고 명확하게 말하라고 계속해서 일깨워 주고 있다.

사람들이 연설 때 참고하려고 쓴 원고를 보면 대개 이름이나 약어들은 밑줄을 그어 놓았거나 굵은 활자로 쓴 경우가 많다. 그만큼 중요한 요소이기 때문이다. 따라서 실제로 연설을 할 때도 각별한 주의를 기울여야 한다. 특히, 말은 글보다 빨리 지나가기 때문에 더 많은 주의가 필요하다. 이제, 연설이 끝나고 나면 동료들에게 여러분이 언급한 이름을 모두 알아들었는지 물어보자.

연설문을 보면서 말해도 되는가?

"연설문을 보고 읽으면 책을 읽는 것처럼 부자연스럽고 딱딱하게 들리지 않을까요?" 많은 사람들이 이런 질문을 한다. 하지만 얼굴을 들어 청중을 보고 나서 다시 연설문을 볼 수 있도록 연습하면, 얼마든지 자연스러운 연설을 할 수 있다.

그러나 대다수의 사람들은 연설할 때 연설문을 보는 건 부자연스러워 보일 뿐만 아니라, 프로답지 못한 행동이라는 생각을 갖고 있다. 그래서 연설문을 보지 않고 오로지 기억력만으로 연설을 하려는 사람들이 있다. 그러나 이는 잘못된 생각이다. 이런 극단적인 방법을 쓰게 되면, 오히려 청중 앞에서 말을 한다는 것 자체에 위험 부담을 느끼고 말할 자리를 무작정 피하게만 될 뿐이다. 그 많은 사람들 앞에서 그 많은 내용을 기억해 낸다는 것은 너무도 어려운 일이기 때문이다.

그러나 생각해 보자. 미리 작성한 연설문을 보면서 자신 있게 말하는 것이 훨씬 더 낫지 않을까? 연설문을 보지 않기로 결심했다는 이유로, 두서 없이 이야기하며 불안함과 난처함을 무릅쓰는 것이야말로 어리석은 행동이 아닐까? 일단 마음의 안정을 찾아야 자신감도 생긴다. 앞에 든든하게 작성된 연설문이 놓여 있다면 얼마나 안심이 되겠는가?

물론 연설문을 보지 않으면서도 긴 연설을 훌륭하고 재미있게 이끌어가는 연사도 있을 것이다. 그리고 이에 대해 부러움을 느끼는 사람들도 많을 것이다. 하지만 아마 이런 전문적인 연사들은 지난 5년간 같은 연설을 100번 정도는 했으리란 것을 잊지 말자.

어디까지 읽었는지 잊어버렸다면?

종종 불안감에 떠는 연사들은 연설 도중 원고를 어디까지 읽었는지 모를까 봐 두려워한다. 어떤 사람들은 읽을 부분을 다시 찾는 데 몇 초의 시간이 걸리기도 한다. 그런데 이것이 연설을 하는 데 있어 불규칙한 리듬을 만들어 넴으로써 오히려 긍정적인 역할을 할 수도 있다. 말을 할 때의 리듬이 계속 일정하면 듣는 사람 입장에서는 단조롭고 지루하게 마련이다. 그래서 불규칙적인 리듬은 오히려 청중을 위한 배려가 될 수 있는 것이다.

일단 연설문을 보지 말고 도입문, 주제문, 메시지 문장을 말하는 연습을 해보자. 주제문과 메시지 문장은 항상 거의 비슷한 단어로 시작하거나 끝맺는다. 때문에 원고에서 잠시 눈을 떼고 청중을 보는 일이 그리 어렵지는 않을 것이다. 만약 원고에서 눈을 뗀다는 것 자체에 불안감을 느낀다면, 내내 원고를 보면서 연설을 해도 좋다. 연습을 하면 할수록 연설 내용에 익숙해져서 원고에서 눈을 떼는 시간이 점점 길어질 것이다. 그러면 덤으로 자신감까지 얻을 수 있다.

청중은 연설문을 읽지 않고, 귀로 듣는다

일부 대학생들은 '논문은 쪽수가 많을수록 더 좋은 점수를 받는다.' 고 생각하며 가급적이면 논문을 길게 쓰려고 한다. 그러다 보니 교수들 역시 방대한 양의 논문을 뒤적이며 계속적으로 반복되는 적절치 못한 내용을 대강 훑어보고 이를 통과시켜 주는 일이 비일비재하다.

간혹 연설을 하는 사람들 역시 학위논문을 쓰듯이 장황한 연설문을 작성하려고 한다. 그런 원고를 읽다 보면 청중은 자연스레 딴전을 피우게 된다. 청중은 조금이라도 알아듣지 못하거나 지루한 내용이 나오면 금방 딴생각을 한다. 이때 아마도 청중들은 연설에는 신경을 안 쓰고, 곧 나올 저녁식사에 대해 생각하거나 주말 계획을 세우거나 천장에 붙어 있는 타일의 개수를 세고 있을 것이다. 그래서 연설문의 체계를 잡아줄 토크파워 공식이 필요한 것이다.

토크파워 공식을 따르다 보면, 청중이 처음부터 끝까지 귀 기울일 수 있는 흥미로운 연설문을 작성할 수 있다. 먼저 청중들은 연설문을 눈으로 읽는 게 아니라

귀로 듣는다는 사실을 염두에 두어야 한다. 장황하고 추상적인 내용을 늘어놓는 것은 바람직하지 못하다.

처음에는 당분간 자신이 작성한 연설문을 보면서 연설을 하자. 그러다 보면 서론, 본론, 결론 부분을 어떻게 구성하고 어떻게 이야기를 풀어나가야 할지 감이 잡힐 것이다. 그리하여 결국에는 연설문 없이도 연설을 진행할 수 있는 단계까지 갈 수 있다. 일단 토크파워 공식을 이용해 연설문을 작성하고 리허설 테크닉을 이용하여 연습을 하다 보면, 원고 없이 즉석에서 하는 연설보다 더 좋은 평가를 받을 수 있을 것이다.

훌륭한 연사란?

톨스토이는 《안나 카레니나 Anna Karenina》란 책에서 "행복한 가정은 행복한 이유가 비슷하지만, 불행한 가정은 그 불행의 이유가 다양하다."라고 말했다. 이와 비슷한 원칙이 훌륭한 연사와 그렇지 않은 연사에게도 적용된다. 연설을 망치는 연사에게는 여러 가지 이유가 있으나, 훌륭한 연사는 공통적인 특징을 가지고 있기 때문이다.

훌륭한 연사는 청중의 주목을 끄는 카리스마가 있으며, 생각과 말투가 명확하고 논리적이다. 모든 연설내용은 주제와 긴밀히 연결되어 있고, 청중들의 지적 능력을 초과하지 않는 범위 내에서 청중들이 알아야 할 점을 정확히 일러 준다.

또한 훌륭한 연사는 요점을 구체적으로 설명해 줄 만한 일화와 사례를 써가며 청중을 즐겁게 해준다. 이런 방법으로 연사는 청중을 이야기에 끌어들여, 청중들로 하여금 연설 내용에 대해 곰곰이 생각하게 만든다. 그리고 자신은 매우 생각이 깊은 사람이라는 이미지를 청중에게 심어줘 쉽게 사람들의 호감을 얻는다. 이 때문에 연설 한 번을 듣고도 감탄의 눈물을 흘리는 사람들이 생기는 것이다.

자신의 모습을 볼 필요는 없다

오랫동안 화술전문가들은 비디오로 자신의 모습을 보며 훈련을 하라고 가르쳐 왔다. 이는 기본적인 연설기술을 익힌, 즉 경험이 많은 연사에게는 아주 좋은 방법이 될 수 있다.

그러나 나는 연설을 처음 시작하는 사람이나 스피치공포증이 있는 사람들에게는 이 방법을 추천해 주지 않는다. 화면에 나타난 자신의 모습을 보면 오히려 창피하거나 당황스러울 수도 있기 때문이다. 아무리 훌륭한 배우라 해도 카메라가 자신을 지켜보고 있다는 것을 지나치게 신경쓰면 연기에 몰입하기가 힘들다.

카메라가 앞에 있다는 이유로 자신의 외모에 신경을 쓰면, 토크파워 프로그램의 기본적인 단계들을 제대로 수행하기 힘들다. 이 프로그램은 연사들이 자신이 말하는 내용에 주의를 돌리고 자신을 비난하거나 평가하지 못하도록 하는 내면인식 과정에 초점을 두고 있다. 따라서 연사로서는 자신의 외적인 이미지(청중이 자신을 어떻게 인식하는지에 대한 생각을 포함)를 의식하지 않는 게 좋다.

운전대를 처음 잡는 사람처럼 경험이 없거나 두려움에 떠는 연사들에게는 자신의 신심을 통제하고 집중하는 기술이 필요하다. 화면에 나타난 자신의 모습을 보며 이런저런 장단점을 파악하는 것만으로는 다양한 연설기술을 쉽게 배울 수 없다. 청중과의 관계나 마음속에 일고 있는 충동은 직접 느껴봐야 한다.

연단에 서 있을 때

본격적인 리허설에 들어가기 전에 마지막으로 알아두어야 할 것이 있다. 연설을 할 때, 연단 위에 손을 올려놓는 것까지는 괜찮지만, 손이나 발로 체중을 유지하기 위해 연단에 몸을 기대는 행동은 삼가야 한다. 즉, 항상 몸이 균형을 이루도록 두 발로 똑바로 서서 자신의 몸을 지탱해야 한다.

그럼, 이제 편안하게 단상에 서서 적절한 속도로 말을 할 수 있도록 내면을 가다 듬어 보자.

리허설(동작전환 주문)

의자를 몇 개 세워놓고 바닥에 종이 한 장을 깔아서 그것을 연단이라고 가정하 자. 그리고 '…' 표시가 있는 부분에서는 반드시 말을 잠시 동안 멈춘다는 것을 유념하자.

1. 의자에 앉아서 양손에 볼펜을 하나씩 들고, 손바닥을 위로 한 채 손을 무릎 위에 올려놓는다.
2. 복식호흡을 다섯 번 한다.
3. 다음과 같이 크게 말한다. "나는 의자에 앉아 있다… 내 몸이 완벽하게 균형 을 이루고 있음을 느낀다." (실제로 몸의 균형감을 느껴본다.)
4. 무릎에서 3cm 정도 위로 손을 들어올린다. 이때 "나는 내 손을 느낀다."라고 말하면서 자신의 내면을 느낀다.
5. "나는 내 옆구리로 손을 천천히 가져오고 있다."라고 말한다.
6. "나는 천천히 일어난다… 나는 한 걸음을 내딛고 멈춘다… 내 손을 느낀다." 라고 말한다. 그런 다음 일어나서 10cm 정도 작게 한 걸음 내딛는다. 그리고 "나는 내 손을 느낄 때까지 기다린다."라고 말한다. 그리고 자신의 내면을 느 껴본다.
7. "나는 연단으로 천천히 걸어간다. 나는 내 손을 느낀다."라고 말하면서 연단 이라고 지정해 놓은 곳까지 걸어간다. 단, 이때는 항상 손의 무게를 느껴야 한다. 그리고 "나는 천천히 돌아선다… 청중을 바라본다… 멈춘다."라고 말 한 후, "나는 똑바로 앞을 바라본다… 나는 편하게 두 발을 벌리고 서 있다." 라고 말한다. 그리고 나서 다시 "나는 내 손을 느낀다."라고 말한다.

8. 발가락을 오므린다… 오므린다… 오므린다!

9. 빈칸을 채워서 주제문을 말한다.

   "오늘… 저는… 여러분들께… _____에 대해
   말씀드리겠습니다."

10. 발가락을 오므린다, 오므린다, 오므린다.

11. 빈칸을 채워서 메시지 문장을 말한다.

    "저는 _____라고 생각합니다."

12. 발가락을 오므린다, 오므린다, 오므린다. 그리고 발가락을 느껴본다!

13. "나는 천천히 제자리로 돌아간다… 나는 내 손을 느낀다."라고 말한다. (제
    자리로 돌아온다.)

14. 의자에 앉아서 복식호흡을 다섯 번 한다.

15. 볼펜 없이, 전체적으로 한 번 더 반복한다. 그리고 앞으로도 자주 나올 것이
    니까, 반드시 금방 사용한 동작전환 주문을 그대로 외워둔다.

CHAPTER 08

"오는 길에 재미있는 일이 있었어요"

도입문과 조크

> 사람들 앞에서 말하는 것이 가장 큰 공포인 사람에게 고인을 위한 추도 연설을 부탁한다면, 그는 아마 고인이 되고 싶을 것이다.
>
> — 제리 세인펠드, 코미디언

코미디언 제리의 말이 남의 일 같지 않은가? 그렇다면, 지금부터 두 눈을 똑바로 뜨고 집중하자. 이제 발표를 해야 한다는 얘기를 처음 들을 때 생기는 모든 혼란과 동요를 물리칠 수 있을 것이다.

먼저 토크파워 공식 중 서론 부분, 즉 도입부를 살펴보자.

도입부(서론)

토크파워 공식의 도입부는 다음의 세 항목으로 나누어져 있다.

1. 도입문
2. 주제문
3. 메시지 문장

각 항목은 모두 특정한 목적을 지니고 있다. 연설을 하기 위해 연사가 청중 앞

서 론 (도입부)	**1) 도입문** 2) 주제문 3) 메시지 문장
본 론	4) 배경 5) 메뉴 6) 요점 　요점 A 　요점 B 　요점 C 　요점 D 7) 클라이맥스
결 론	8) 결론

에 얼굴을 막 드러냈다고 치자. 청중은 연사를 바라보면서 나이, 성별, 신장, 체중, 옷차림, 목소리, 억양 등에 대해 나름대로 판단을 하고, 다른 사람과 닮지는 않았는지까지도 주의 깊게 살핀다. 그래서 여기에 신경 쓰느라 청중에게는 도입부에서 연사가 하는 복잡한 말이 귀에 잘 들어오지 않을 수도 있다. 이는 연사가 연단에 선 후 처음 3초에서 60초 동안에 일어나는 일이므로, 복잡하고 긴 문장으로 연설을 시작하는 것은 좋은 방법이 아니다.

　그렇다면 어떤 방법으로 청중의 귀를 사로잡아야 할까? 이제 연설이 본격적으로 시작되기 전에 조크(joke), 동서 도입(The East-West Introduction), 간단한 질문, 충격적인 발언, 인용구, 시 등의 도입문으로 청중과의 서먹함을 없애는 방법을 알아보자.

조크란?

사람들은 남에게 실례가 되거나 분위기를 망치는 정도가 아니라면 누구나 조크를 즐긴다. 편안하게 대화를 나누는 자리에서도 조크는 빠지지 않는다. 이처럼 조크를 통해 우리는 쌍방간에 적대감을 없애고, 긴장을 누그러뜨리고, 타인의 마음을 열 수도 있다.

텍사스의 한 대학에서는 사람들이 돈을 기부하도록 설득하는 내용으로 연설 실험을 했다. 그 결과, 연설의 도입문에 조크를 쓰니까 두 배나 많은 기부금이 들어왔다고 한다.

유난히 재미있게 들었던 조크가 있는가? 아마도 그것은 내용이 구체적이며, 논리적으로 연결되어 있고, 이해하기도 쉬웠을 것이다. 그러나 사람들이 포복절도할 정도의 조크를 찾기 위해 몇 시간씩 허비할 필요는 없다. 그저 사람들의 입에서 흐뭇한 미소가 지어질 정도면 충분하다. 단, 조크로 연설을 시작하려면, 그 내용이 다음에 이어지는 연설 주제와 자연스럽게 연결되어야 한다.

연설 도입문으로서의 조크

연설 도입부에 소개할 조크나 일화는 80~250자 정도의 분량에, 정곡을 찌르는 내용을 담고 있어야 하며, 힘 있고 명료하게 끝을 맺어야 한다. 또한, 청중이 이를 듣고 머릿속에 그 상황을 구체적으로 떠올릴 수 있어야 하며, 이론적이거나 철학적인 요소가 가미된 내용은 가급적 피해야 한다.

일단 사용할 조크를 골랐으면, 조크에 등장하는 인물이나 장소에 구체적인 이름을 붙여서 이야기를 재미있게 꾸며야 한다. 이를테면, 조크 속 주인공에게 연사나 청중들이 잘 알고 있거나 친근하게 느낄 수 있는 사람이나 귀여운 동물들의 이름을 붙이는 것도 좋다. 장소도 이왕이면 청중들에게 익숙한 곳일수록 주목을 끌

이건 너무 불공평해! 당신은 청소를 하는데, 왜 나만 연설을 해야 하지?

기 쉽다.

"제 이웃에 사는 홍길동 씨는 이혼소송 전문 변호사인데, 서울역 광장에서 우연히 패소한 사건의 의뢰인과 마주쳤습니다. …"

누구든지 이 문장을 들으면, 그 상황을 즉시 머릿속에 그릴 수 있을 것이다. 그러나 마땅하게 떠오르는 조크가 없다면, 애써 조크를 이용할 필요는 없다. 조크 외에도 연설을 시작하는 방법은 많다.

조크를 어떻게 던질 것인가?

많은 사람들이 어떻게 도입부를 열어야 할지 몰라 고민한다. 앞서도 말했듯이 쓸 만한 조크가 없다면 애써 조크를 이용할 필요는 없지만, 이왕이면 자신이 잘 알고 있는 좋은 조크를 이용하는 것이 좋다.

그럼, 이제부터 연습을 시작해 보자. 먼저 125쪽에서 조크 한 가지를 선택한다. 그 조크를 소리내서 두 번 정도 읽는다. 그런 다음 글을 보지 말고 그 내용을 떠올려보자. 그리고 쉽게 눈에 들어오도록 종이에 그 조크의 내용을 한 줄씩 띄어서 크게 쓴다.

조크 연습하기(동작전환 주문)

바닥 위에 종이 한 장을 깐 다음 이를 연단이라 치자. 그리고 그 앞에 의자 몇 개를 갖다 놓는다.

1. 의자 중 하나에 앉아 한 손에 볼펜을 들고, 다른 한 손에는 조크 내용이 적힌 종이를 든다. 그러고 나서 양손바닥이 위로 향하게 하고 무릎 위에 손을 올려 놓는다. 그 상태에서 복식호흡을 다섯 번 한다.

2. 다음과 같이 크게 말한다. "나는 지금 의자에 앉아 있다… 내 몸이 완벽하게 균형을 이루고 있음을 느낀다." (몸의 균형을 느낀다.) "나는 내 손을 느낀다." 손을 무릎에서 3cm 정도 들어올린다.

3. "나는 내 옆구리로 손을 천천히 가져오고 있다."라고 말한다.

4. "나는 천천히 일어난다… 나는 작게 한 걸음 내딛었다가 멈춘다… 내 손의 무게를 느낀다."라고 말한다(자신의 내면을 느껴본다. 그리고 일어나서, 의자 앞에서 10cm 정도 작게 한 걸음 내딛는다. 그런 다음 손의 무게가 느껴질 때까지 기다린다.).

5. "나는 연단으로 천천히 걸어간다… 나는 내 손을 느낀다."라고 말하면서 연단이라고 지정해 놓은 곳까지 걸어간다. 단, 이때 항상 손의 무게를 느껴야 한다. 그리고 "나는 천천히 돌아선다… 청중을 바라본다… 멈춘다… 나는 똑바로 청중을 바라본다… 나는 두 다리를 약간 벌리고 편하게 서 있다… 나는 내 손을 느낀다."라고 말하면서 이를 그대로 행동으로 옮긴다. 발가락을 세 번 오므린다.

6. 평상시의 목소리로 조크 내용을 읽는다. 너무 작거나 지나치게 큰소리는 피한다. 단, 처음의 두세 단어 사이에는 말을 멈춘다는 것을 기억하자.

7. 조크를 다 읽은 후에는 "나는 내 자리로 돌아간다… 내 손을 느낀다."라고 말한다.
8. 조용히 앉아서 복식호흡을 열 번 한다. 자신의 기분이 어떤지 느껴본다.

다음에는 볼펜을 이용하지 말고 손의 무게를 가늠해 보자. 그리고 이 모든 단계를 그대로 반복하면서 중력이 자신의 손을 아래로 끌어당기고 있음을 천천히 느껴보자. 다음으로 종이를 보지 말고 조크 내용을 두 번 더 반복한다.

중간에 조크 내용이 기억나지 않을 때는 말을 멈추고 기다리면서 손에 집중한다. 그리고 다시 처음부터 조크를 시작하지 말고, 반드시 그만둔 부분부터 조크를 기억해 내서 시작한다.

여러 가지 조크

연설이나 모임을 자주 갖는 사람이라면 자신만의 조크전집을 준비해 두는 것도 좋다. 신문이나 인터넷, 주위 사람들에게서 도움을 얻어서 자료를 모으면 된다. 그중 어떤 조크든 하나를 골라서, 미리 동료나 가족에게 얘기해서 반응을 살펴보는 것도 좋은 방법이다. 매일매일 새로운 조크거리를 찾아보자. 한 달 정도가 지나면, 예전보다 편안하고 유창하게 조크를 하고 있음에 놀랄지도 모른다.

다음은 몇 가지 조크를 모아둔 것이다.

— 오랫동안 회사를 다니고 있던 그레이스는 이번에도 승진을 하지 못했습니다. 그래서 그녀는 상사인 하비에게 따지러 갔습니다.

하지만 하비는 이력이 화려한 타부서 여직원의 이력서를 꺼내어 보여주면서 말했습니다. "이것 좀 봐, 그레이스." 그레이스가 보기에도 대단한 이력을 가진 여자였습니다. "당신은 내가 왜 이 여자를 승진시켰다고 생각하오?"라고 물었습니다.

이에 그레이스가 뭐라고 했는지 아십니까?

"글쎄요, 이제부터는 능력을 보고 승진시키기로 하셨나 보죠."

– 정신과 의사인 친구를 만나려고 대기실에서 기다리고 있었습니다. 그런데 맞은편에서 한 남자가 모자를 벗어서 손가락으로 공중에 빙빙 돌리고 있는 것이었습니다. 그 모습을 보고 저는 의아해졌습니다. "실례합니다만, 지금 무엇을 하고 계십니까?" 그러자 그 남자는 웃으면서 다음과 같이 말했습니다. "호랑이를 내쫓는 가루약이 이 모자 안에 있어요. 이걸 사방에 뿌려 호랑이들을 내쫓고 있는 중이지요." "하지만 이 근방 어디에도 호랑이가 없는데요?" 제가 반문하자 그 남자는 잘난 체하며 대답했습니다. "그것 보세요. 이 가루약이 효과가 있잖아요."

– 밀턴은 아침잠이 아주 많습니다. 그래서 밀턴의 어머니는 매일 아침마다 밀턴을 학교로 보내기 위해 그와 씨름해야 합니다.

어느 날 아침 8시, 어머니는 밀턴의 방에 들어가, 아직도 깊은 잠에 들어 있는 그를 흔들어 깨웠습니다. "얘, 일어나! 학교에 늦겠다."

그러자 그는 감긴 눈을 뜨지 못하며 말했습니다. "엄마, 저 학교 가기 싫어요. 그냥 더 자게 내버려두세요!"

어머니는 이불을 걷어내며 말했습니다. "밀턴, 우리 얘기 좀 하자. 도대체 왜 그렇게 학교 가기가 싫은 거니?"

그러자 밀턴이 말했습니다. "엄마, 저는 학교에서 인기가 없어요. 아이들은 저를 싫어하고, 선생들도 저를 비웃어요. 그러니 제발 저더러 학교에 가라고 하지 마세요." 이에 그녀는 기가 막힌다는 듯이 말했습니다.

"밀턴, 너는 이제 55살이야. 그리고 학교 교장 아니냐? 늦기 전에 얼른 침대에서 일어나!"

동서 도입

조크로 연설을 시작하는 데 익숙치 못한 사람들이나 적절한 조크가 생각나지 않는 사람들을 위해 내가 개발한 기법이 있다. 나는 이를 '동서 도입(The East-West Introduction)'이라 부른다. 이 방법은 연설의 주제와 관련된 두세 가지의 간단한 일반적 사실을 도입부에서 청중에게 얘기하는 것이다. 단, 주제를 옹호하는 내용, 주제에 대한 설명이나 상술이 들어가는 내용은 바람직하지 않다. 몇 가지 예를 들겠다.

짧은 동서 도입의 예

- 도입문 : 몇몇 경영자들은 지분 투자를 전문적으로 다룹니다. 반면 채권에 관해 전문적 지식을 갖고 있는 경영자들도 있습니다.

  (발가락을 세 번 오므린 후, 멈춘다.)
- 주제문 : 오늘(멈춘다.) 저는(멈춘다.) 여러분들께(멈춘다.) 성공적인 투자 전략에 대해 말씀드리겠습니다.

긴 동서 도입의 예

- 도입문 : 지난 달, 오피스 데포는 30억 달러의 주식 상호보유를 통해 바이킹 오피스를 매입하기로 합의했습니다.

  같은 날, 네이션와이드 상호보험회사는 얼라이드 그룹에 대해 1,590억 달러 규모의 적대적인 공개매수를 발표했습니다.

  동시에, 딜라즈 사는 머컨타일을 29억 달러에 사들였습니다.

  (발가락을 세 번 오므린 후, 멈춘다.)
- 주제문 : 오늘 저는 여러분들께 안전한 기업합병 방법에 대해 말씀드리겠습니다.

동서 도입의 변형

- 도입문 : 예술의 전당에서 파바로티의 음악을 듣고, 아이들의 손을 잡고 디즈
  니랜드에 가고, 아프리카 평원을 걸어보고, 라스베이거스에서 큰돈을 버는 것
  처럼, 이것은 여러분이 적어도 일생 동안 한번쯤 꼭 하고 싶어했던 일입니다.
  (발가락을 세 번 오므린 후, 멈춘다.)
- 주제문 : 오늘 저는 여러분들께 프랑스 파리로의 여행에 대해 말씀드리겠습니다.

질문으로 이루어진 도입문

질문을 이용해 연설을 시작할 수도 있다. 즉, 질문을 던짐과 동시에 청중들에게
약간의 생각할 시간을 주고 난 후, 연사가 곧바로 대답을 하는 방식을 말한다. 그러
나 이때 그 질문은 청중의 주의를 곧바로 끌 수 있을 만큼 강력한 것이어야 한다.

충격적인 발언 도입

다음과 같이 충격적인 발언을 도입해서 연설을 시작할 수도 있다.

- 도입문 : 작가 토마스 맥구완은 다음과 같은 말을 했습니다. "나의 고등학교
  시절 이야기를 듣는다면, 모두들 내가 그때 아주 방탕한 생활을 했다고 생각
  할지도 모르겠다. 그러나 만약 그때 술집 쇼걸이 나를 구해주지 않았다면 아
  마 나는 후에 범죄자가 되었을 수도 있다." (발가락을 세 번 오므린 후, 멈춘다.)
- 주제문 : 오늘 저는 여러분들께 어떻게 작가가 되었는지에 대해 말씀드리겠
  습니다.

- 도입문 : 많은 사람들이 이혼, 가정폭력, 외도, 자녀문제 등으로 가정에서 마

음의 상처를 입곤 합니다.

(발가락을 세 번 오므린 후, 멈춘다.)

— 주제문 : 오늘 저는 여러분들께 가족 간의 갈등과 마찰을 줄이는 방법에 대해
말씀드리겠습니다.

인용구 이용하기

유명인의 말, 신문 기사, 사설, 영화나 연극의 유명 대사를 인용해서 도입부를
세련되게 진행할 수도 있다. 대체적으로 이런 인용구는 짧을수록 좋다. 가급적이
면 너무 많은 정보, 설명, 비평을 담은 내용은 피해야 한다.

— 도입문 : 어느 신문기자가 다이아몬드를 좋아하는 비트리스 릴리에게 질문을
했습니다. "다이아몬드가 더러워지면 어떻게 깨끗이 하죠?" 그녀가 대답했
습니다. "다이아몬드를 깨끗이 한다구요? 그럴 필요 있나요? 다이아몬드가
더러워지면, 나는 그냥 내다버려요."

(발가락을 세 번 오므린 후, 멈춘다.)

— 주제문 : 오늘 저는 여러분들께 뉴욕의 한 다이아몬드 지역에 대해 말씀드리
겠습니다.

— 도입문 : 샘 레븐슨은 다음과 같이 말했습니다. "어리석은 행동은 유전적인
것이다. 자신의 아이를 보면 그 사실을 금방 알 수 있을 것이다."

(발가락을 세 번 오므린 후, 멈춘다.)

— 주제문 : 오늘 저는 여러분들께 어떻게 하면 십대 아이들에게 바람직한 부모
역할을 할 수 있는지 말씀드리겠습니다.

시 이용하기

시구도 도입부에서 유용하게 쓰일 수 있다. 하지만 시를 고를 때 너무 추상적이거나 어려운 시를 골라서는 안 된다. 다음 예처럼 청중이 쉽게 이해할 수 있는 간단한 시구를 골라 보자.

– 도입문 :

"어제는 역사의 한 페이지,

내일은 미지의 세계,

오늘은 선물입니다.

그렇기에 우리는 오늘을 선물이라 부릅니다." (멈춘다.)

– 주제문 : 오늘 저는 여러분들께 현재의 삶에 최선을 다하는 방법에 대해 말씀드릴 것입니다.

※ 조크, 재미있는 일화, 동서 도입, 충격적인 발언, 질문이나 인용구 등 어느 것을 도입 문장으로 이용하든, 연설의 전체 분량에 상관없이 250자를 초과하지 않는 게 좋다. 또한, 연설 첫부분에 도입문을 넣지 않고 곧바로 본론으로 들어가려면 주제문으로 시작하는 게 좋다.

도입문을 소개하는 말은 안 된다

연설을 세련된 방법으로 시작하려면, 무엇보다도 도입문이 명확하고 뚜렷해야 한다. 이를 위해서는 조용히 발가락을 세 번 오므린 후에, 미리 정해 놓은 방법대로 연설을 시작하면 된다. 그러나 다음과 같은 말로 시작하는 것은 절대 금물이다. 왜냐하면 도입문에 대한 정보를 미리 흘리고 있기 때문이다.

- "저는 ~에 대해 잠시 한마디만 하겠습니다."
- "여러분에게 재미있는 이야기를 하나 해드리겠습니다."
- "여기 오는 길에 오늘 무엇을 말해야 할지 몰라 고민 좀 했습니다. 그래서…."

하지만 사람들에게 감사의 말을 전해야 하거나, 시작할 때 의무적으로 해야 하는 말이 있다면 도입문 전에 해도 무방하다. 그런 다음, 세 번 발가락을 오므린 후에 곧바로 도입문을 시작하면 될 것이다.

도입문 연습하기

※ 연설문을 작성할 때 도입문은 가장 마지막에 작성하는 게 바람직하다. 도입문은 연설문을 꾸미는 액세서리와 같은 것이다. 따라서 연설문을 장식할 완벽한 조크나 이야기를 찾느라, 연설의 주요 부분을 전개하는 일을 미룰 필요가 없다.

도입문 작성하기

1. 카드나 종이에 도입문을 쓰되, 읽기 쉽도록 한 줄씩 띄어서 쓴다.
2. 문장이나 어절 사이에 잠시 멈추어야 할 부분에 반드시 '멈춘다.' 라고 쓰자. 마지막 어절까지 쓴 후에는 '발가락을 세 번 오므린다.' 라고 쓴다.

리허설(동작전환 주문)

바닥에 종이 한 장을 깔고 그것을 연단이라 생각한다. 의자 몇 개를 갖다 놓는다.

1. 의자에 앉아서 한 손에는 볼펜 하나를 들고, 다른 손에는 도입문을 쓴 종이를 든다. 손바닥을 위로 향하게 하고, 무릎 위에 양손을 올려놓는다.
2. 복식호흡을 다섯 번 한다.

3. 다음과 같이 크게 말한다. "나는 의자에 앉아 있다… 내 몸이 완벽하게 균형을 이루고 있음을 느낀다." (몸의 균형을 직접 느낀다.)

4. "나는 내 손을 느낀다."라고 말하며 3cm 정도 손을 무릎에서 들어올린다.

5. "나는 내 옆구리로 손을 천천히 가져오고 있다."라고 말한다.

6. "나는 천천히 일어난다… 나는 한 걸음을 내딛었다가 멈춘다… 다시 내 손을 느낄 때까지 기다린다."라고 말한다. 자신의 내면을 느낄 수 있는가? 일어나서, 의자 앞에서 10cm 정도 한 걸음 내딛는다.

7. "나는 연단으로 걸어간다… 나는 내 손을 느낀다."라고 크게 말한다. 그리고 나서 연단이라고 지정해 놓은 곳까지 걸어간다. 항상 손의 무게감을 느껴야 한다. 그런 다음 "나는 천천히 돌아선다… 청중을 바라본다… 멈춘다… 나는 똑바로 앞을 바라본다… 나는 두 발을 편하게 벌리고 서 있다…나는 내 손을 느낀다."라고 크게 말한다.

8. 발가락을 세 번 오므린다

9. 종이에 적힌 도입문을 읽는다. (발가락을 세 번 오므린다.)

10. "나는 제자리로 천천히 돌아온다… 나는 내 손을 느낀다."라고 말한다.

11. 앉아서 복식호흡을 다섯 번 한다.

12. 이번에는 볼펜을 이용하지 않고 전체 연습 과정을 한 번 더 반복한다. 반드시 손의 무게감을 느끼도록 노력한다.

※일단 연단 쪽으로 걸어가면서부터는, 호흡을 올바르게 하고 있는지에 대해서는 신경 쓸 필요 없다.

이제 여러분은 충분히 다음 단계로 넘어갈 수 있는 준비가 되었다. 다음 장에서는 주제문과 메시지 문장에 대해 다룰 것이며, 이 항목들은 연설의 도입 부분을 완성하는 단계라 할 수 있다. 이제부터 매 장이 끝날 때마다 자가진단을 해 보자.

경과 기록표

날 짜	시 간	강 점	약 점	느 낌	침착함/불안함 (1~10)

CHAPTER 09

지금 말하지 않으면 영원히 후회할 것이다!

주제문과 메시지 문장

말은 중요하다!

— 로버트 토리첼리, 미 상원의원

우리는 앞장에서 연설의 도입부 중 도입문을 매끄럽게 진행하는 법을 알아보았다. 이제 도입부 내의 다른 항목인 '주제문'과 '메시지 문장'을 구성하는 방법을 알아보자.

서 론 (도입부)	1) 도입문 **2) 주제문** **3) 메시지 문장**
본 론	4) 배경 5) 메뉴 6) 요점 　　요점 A 　　요점 B 　　요점 C 　　요점 D 7) 클라이맥스
결 론	8) 결론

주제문의 역할

"오늘 저는 여러분들께 ~에 대해 말씀드리겠습니다."

주제문의 역할은 연설의 주제를 명확하게 소개하는 것이며, 항상 도입문의 마지막에 나와야 한다. 일단 "오늘 저는 여러분들께 ~에 대해 말씀드리겠습니다." 라고 말해 보자. 그러면 마음이 어느 정도 가라앉고, 해야 할 말이 머릿속에 뚜렷하게 떠오른다. 이처럼 주제문을 입밖에 내어 말한다는 자체는 청중뿐만 아니라 연사가 연설 내용에 집중하는 데도 도움이 된다.

주제문의 예

- 도입문(조크) : 제 이웃에 사는 빌은 컴퓨터 판매원인데, 그는 어느 고객으로부터 자신이 점심을 먹으러 자주 들르는 식당에 대한 질문을 받았습니다.

"그 집 음식은 형편없어요. 튀김요리는 전혀 바삭하지 않고, 까맣게 탄 빵이 나오기도 해요. 초콜릿 케이크는 너무 달아요. 그리고 무엇보다도 나쁜 점은 음식의 양이 너무 적다는 거예요."

"그런데도 당신은 왜 그 식당에 자주 가는 거죠?" 놀란 고객의 말에 빌이 대답했습니다.

"제 아내가 거기 요리사거든요."

(멈춘 후, 발가락을 세 번 오므린다.)

- 주제문 : <u>오늘 저는 여러분들께</u> 좋은 식당을 고르는 방법<u>에 대해 말씀드리겠습니다.</u>

주제문은 책의 제목처럼 군더더기가 없고 간결할수록 의미전달이 명확해진다. 그럼 여기서 올바른 주제문과 잘못된 주제문의 사례를 살펴보자.

올바른 주제문

- 오늘 저는 여러분들께 남아메리카행 이민에 대해 말씀드리겠습니다.
- 오늘 저는 여러분들께 지구 온난화에 대해 말씀드리겠습니다.
- 오늘 저는 여러분들께 우리 회사에서 새로 도입한 회계 절차에 대해 말씀드리겠습니다.
- 오늘 저는 여러분들께 동물구조 봉사활동에 대해 말씀드리겠습니다.

잘못된 주제문

- 오늘 제가 여러분들께 말씀드릴 주제는 그다지 획기적이라 할 순 없습니다. 왜냐하면 지난 목요일에 존스 씨가 미리 개략적으로 말했기 때문입니다. 그래서 여러분은 오늘 제가 말하려는 내용에 대해 이미 알고 계실지도 모릅니다. 어쨌든 남아메리타 대륙으로 이민을 가는 문제는 아직도 큰 논란거리로 남아 있습니다.
- 오늘 저는 여러분들께 우리 생태계가 얼마나 심각하게 파괴되어 있는지에 대해 말씀드리겠습니다. 이는 우리의 아이들과 그 다음 세대가 위험에 처하지 않게 하기 위해 반드시 집고 넘어가야 할 문제입니다. 왜냐하면, 현재 우리는 지구 온난화에 대해 너무나 무관심하기 때문입니다.
- 여러분도 모두 알다시피, 이번에 도입된 새로운 회계 절차는 너무 복잡하고 어려워, 이해하는 데 많은 시간과 비용이 든다고 생각하는 사람들이 많습니다. 하지만 저는 도입 과정에서 마찰을 최소한으로 줄여야 한다고 보기에 여러분께 상세히 설명해 드리겠습니다.
- 오늘 저는 매년 시행되고 있는 동물구조 봉사기금운동에 여러분 모두가 동참하기를 바라는 마음으로 이 자리에 섰습니다. 기금이 모아지면 길가에 버려진 불쌍한 동물들도 구할 수 있고, 집 없는 동물들에게 집을 마련해 줄 수도 있습니다.

좋은 쪽으로 생각하렴. 혹시 아니? 운 좋게도 연설장에 아무도 나타나지 않을 수도 있잖아.

잘못된 주제문들에는 어떤 공통점이 있는가? 모두 길이가 길고, 복잡하며, 너무 많은 정보를 담고 있다. 하지만 청중으로서는 서론에서 특정 부분의 말을 듣지 못할 경우 집중력이 떨어지므로, 반드시 연사가 말하는 바로 그 순간에 주제문을 모두 이해할 수 있어야 한다. 그러므로 주제문은 간단명료해야 한다.

조크로부터 주제문 이끌어내기

연설을 시작할 때 도입문으로 조크를 이용한다면, 다음과 같이 주제문과 연결이 잘 되는 내용을 선택해야 한다.

도입문

젊은 영국인 작가 조나단이 처음으로 미국에서 강연을 하게 되었습니다. 강연 전날, 그는 불안에 떨며 강연기획자 아널드에게 말했습니다. "나는 말을 너무 못해요. 내 강연이 끝나기도 전에 사람들이 모두 자리를 뜨면 어떡하죠?"

온화한 얼굴로 아널드는 조나단을 격려했습니다. "그런 생각은 하지 마세요. 분명 당신은 훌륭한 강연을 하실 겁니다. 때문에 모두들 의자에 접착제를 붙인 것처럼 가만히 앉아 있을 겁니다."

바로 이때, 조나단은 "잠깐만요!"라고 소리를 질렀습니다. "의자에 접착제를 붙인다구요? 그것 참 좋은 생각이네요. 정말 그렇게 해도 될까요?"

가능한 주제문

· 오늘 저는 여러분들께 성공적인 연설법에 대해 말씀드리겠습니다.
· 오늘 저는 여러분들께 신경불안을 극복하는 방법에 대해 말씀드리겠습니다.
· 오늘 연설의 주제는 순회강연에 대한 것입니다.
· 오늘밤 저는 여러분들께 영문학 작가의 세계에 대해 말씀드리겠습니다.
· 저는 오늘 이 자리에서 기획자와 저자의 관계에 대해 말씀드리겠습니다.

일단 연설의 주제와 조크가 정해졌다면, 조크로부터 주제문을 이끌어 내는 일은 의외로 쉽다. 다음에 나오는 조크를 이용해 직접 주제문을 만들어 보자.

도입문

지난주, 제 이웃인 맥스웰이 극장에 갔는데, 앞자리에 앉은 남자가 팔로 개를 껴안고 함께 영화를 보고 있었다고 합니다. 그런데 그 개는 정말로 영화를 즐겁게 보고 있는 것 같았답니다. 재미있는 부분에서는 웃고, 악한이 나오면 으르렁거렸으니까요. 그래서 맥스웰은 그 남자의 어깨를 툭 치며 말했습니다. "이렇게 영리한 개가 있다니 정말 놀랍군요."

그 남자가 돌아보며 답했습니다. "저도 놀랄 때가 있답니다. 이 개는 유독 책을 싫어하거든요!"

가능한 주제문

다음 템플릿을 이용하여, 위의 조크에서 4가지 주제문을 만들어 보자.

- 오늘 저는 여러분들께 _____에 대해 말씀드리겠습니다.
- 오늘 연설의 주제는 _____ 입니다.
- 오늘밤 저는 여러분들께 _____에 대해 말씀드리려 합니다.
- 저는 오늘 이 자리에서 _____에 대해 말씀드리겠습니다.

위의 템플릿으로 완성할 수 있는 주제문에는 다음과 같은 것들이 있을 것이다.

- 오늘 저는 여러분들께 제 애완견 브루스에 대해 말씀드리겠습니다.
- 오늘 연설의 주제는 동물의 지능에 관한 것입니다.
- 오늘밤 저는 여러분들께 인간의 친구로서 애완동물의 역할에 대해 말씀드리려 합니다.
- 저는 오늘 이 자리에서 동물 거세의 중요성에 대해 말씀드리겠습니다.

이처럼 한 가지 조크로부터 이끌어 낼 수 있는 주제문은 다양하다. 연설의 주제에 맞게끔 조크를 선택하기만 하면 된다. 단, 주제문은 짧아야 한다.

메시지 문장의 역할

메시지 문장은 주제문에 이어서 나오며, 연설문의 서론 부분에서 세 번째 항목에 해당한다.

- 주제문 : 오늘 저는 여러분들께 최소의 비용으로 좋은 집을 마련하는 방법에 대해 말씀드리겠습니다. (발가락을 세 번 오므린다.)
- 메시지 문장 : 저는 거액을 들이지 않고도 좋은 집을 구할 수 있다고 생각합니다. (발가락을 세 번 오므린다.)

메시지 문장의 역할은 주제에 대한 자신의 견해를 밝히는 것이다. 보통 메시지 문장은 "저는 ~라고 생각합니다", "저는 ~라고 느낍니다", "저는 ~라고 믿습니다", "저는 ~라고 봅니다" 등의 템플릿으로 이루어진다. 이외에도 자신의 의견을 나타내는 표현이라면 무엇이든 좋다.

메시지 문장은 주제에 대한 연사의 핵심 생각이며, 발표의 내용을 떠받드는 주춧돌 역할을 한다. 메시지 문장을 통해 연사는 청중들이 자신의 제안에 따르도록 동기를 유발하거나 설득할 수 있다.

메시지 문장은 보통 짧은 문장으로 이루어지지만, 다음과 같은 뉘앙스는 피하는 것이 좋다.

- 주제를 설명한다.
- 주제를 옹호한다.
- 예를 든다.
- 불필요한 말을 덧붙인다.
- 무리한 방법으로 자신의 개인적 의견을 관철시키려 한다.

메시지 문장의 예

　다음과 같이 조크에 이어지는 주제문을 만든 후, 메시지 문장이 어떻게 만들어지는지 알아보자.

- 도입문 : 뉴욕 주에 사는 익명의 한 납세자가 올버니에 있는 주 감사원 사무실에 편지 한 통을 보냈습니다. 그런데 이 편지에는 25달러가 동봉되어 있었으며, 다음과 같은 글이 적혀 있었습니다. "10년 전에 소득세 25달러를 내지 않아, 그 이후부터 잠을 잘 수가 없었습니다. 이 돈을 내고 나서도 깊이 잠들지 못한다면, 그때는 10년 동안의 이자도 보내겠습니다." (멈춘 후, 발가락을 세 번 오므린다.)
- 주제문 : 오늘 저는 여러분들께 새로운 소득세 정책에 대해 이야기할 것입니다. (멈춘 후, 발가락을 세 번 오므린다.)
- 메시지 문장 : 저는 최근 발표된 연방소득세 인하정책이 국가재정 확보에 최선의 방법은 아니라고 생각합니다. (발가락을 세 번 오므린다.)

- 도입문 : 제 대학 룸메이트인 병문이는 어버이날을 맞아 어머니에게 앵무새 한 마리를 선물로 보냈습니다. 그리고 몇 주 후에 어머니를 찾아갔습니다.
　"어머니, 제가 보낸 앵무새 마음에 드셨어요?"
　"그럼, 물론이지. 친구들에게 자랑까지 했는 걸. 내가 앵무새를 좋아한다는 사실을 아들이 아직도 기억하고 있다고."
　"정말로 앵무새를 좋아하셨어요? 그런 말씀 처음 듣는 걸요."
　의아한 표정으로 묻는 아들에게 어머니는 입가에 미소를 띠며 말했습니다.
　"응, 사실 처음엔 앵무새가 너무 작고 힘줄 투성이라고 생각했어. 그런데 나중에 탕을 먹어 보니까 아주 맛있었단다."

이 말에 병문이는 의자에서 뛰쳐나와 펄쩍 뛰었습니다.

"오, 맙소사! 그럼, 그 앵무새로 탕을 끓이셨단 말씀이세요? 그 새는 7개국 언어를 할 수 있다구요, 어머니!"

그러자 어머니가 되물었습니다.

"그럼 내가 냄비를 꺼내고, 당근을 썰고 있는 모습을 보고서도, 왜 그 앵무새는 한 마디도 하지 않았지?" (발가락을 세 번 오므린다.)

— 주제문 : 오늘 저는 여러분들께 노인들에게 동물을 선물하자는 일부 사람들의 의견에 대해 말씀드리겠습니다. (발가락을 세 번 오므린다.)

— 메시지 문장 : 저는 노인들을 위한 선물로 동물은 그리 좋지 않다고 봅니다. (발가락을 세 번 오므린다.)

메시지 문장을 쓰는 목적

메시지 문장은 다음과 같은 이유 때문에 항상 도입 부분에 나온다.

- 도입 부분에서 연사의 입장을 밝히면 청중의 신뢰를 더 확실히 얻을 수 있다.
- 메시지 문장은 여러 가지 요점들을 서로 연결시켜 하나로 묶어준다.
- 메시지 문장은 연사의 의견 전개에 있어 일관성을 유지해 준다.
- 메시지 문장은 청중들의 오해의 소지를 줄이거나 없애는 데 도움이 된다.
- 메시지 문장은 연설 주제에 대한 연사의 열정을 전달해 준다.
- 연사가 자신의 개인적인 신념을 공개적으로 밝히면, 연설 내내 자신의 견해에 대해 청중의 긍정적인 반응을 유도할 수 있다.
- 앞으로 전개될 연설의 방향을 알릴 수 있어, 연사가 원하는 방향대로 청중들이 따라올 가능성이 크다.

우리 집 규칙은 아주 간단합니다. 아버지만 말씀하시고, 나머진 듣기만 하거든요.

개인적인 의견은 설득력이 크다

어떤 사람들은 "저는 ~라고 생각합니다."라는 표현을 쓰면, 말을 망설이고 있는 듯한 인상을 주는 것 같다고 말한다. 그래서 이들은 도표나 그래프, 객관적인 통계 수치를 바탕으로 하는 사실들만 얘기하려 한다. 개인적인 의견을 말한다는 것 자체가 자신의 신뢰도를 떨어뜨린다고 생각하기 때문이다. 하지만 충분히 입증된 사실이 있을 때, 그와 관련된 연사의 입장을 밝히면 오히려 청중들을 설득하기가 더 쉬워진다.

이제 연설문을 작성할 때 도입문과 주제문, 그리고 메시지 문장이 서로 어떻게 연결되어 있는지 알아보자. 여기에 다섯 개의 다른 메시지 문장을 이끌어 낼 수 있는 조크와 주제문이 있다(물론 연설문 하나에는 하나의 메시지 문장만 있다는 사실을 기억하자.).

- 도입문 : 모두들 아시겠지만, 저희 사장님은 아주 수완 좋은 사업가로 소문난 분이십니다. 어느 날, 수줍음을 많이 타는 듯한 얼굴로 한 젊은 보험설계사가 저희 사장님 사무실로 들어왔습니다. 그 젊은이는 사장님 책상 앞으로 머뭇머뭇거리며 다가가더니 모기만한 소리로 "저기, 보험 드실 생각 별로 없으시죠?"라고 말했습니다.

이에 사장님은 "그렇소!"라고 퉁명스럽게 대답했습니다. 이에 당황한 듯이 젊은이는 "저도 그러실 거라 생각했어요."라고 풀이 죽은 듯이 말하고는, 문쪽으로 발길을 돌렸습니다. 그런데 그때 사장님이 "잠깐만 기다려요!"라고 소리쳤습니다. "나는 이제까지 수많은 보험설계사를 접해 봤지만, 당신이 가장 최악이오. 당신에게는 자신감이 필요하오. 당신에게 할 수 있다는 자신감을 심어주기 위해서 내가 2억 원짜리 보험에 들어주겠소." 이렇게 말한 후 사장님은 계약서에 서명을 했습니다.

"자네는 좀더 훌륭한 영업 기술을 배워야 하지 않겠는가?"

그러자 그 젊은이가 대답했습니다.

"저는 거의 모든 타입의 고객에게 딱 맞는 방법을 알고 있습니다. 제가 방금 쓴 방법은 사장님 같은 분들에게 가장 잘 들어맞는 방법이죠." (발가락을 세번 오므린다.)

- 주제문 : 오늘 저는 여러분들께 성공적인 영업활동 방법에 대해 말씀드리겠습니다. (발가락을 세 번 오므린다.)

가능한 메시지 문장

위의 도입문에서 주제를 뒷받침할 만한 메시지 문장을 다음과 같이 다섯 가지 정도 뽑아 보았다. 각 메시지 문장을 간단히 분석해 보자.

1. "저는 성공적으로 영업활동을 하려면 여러 가지 판매기법을 써야 한다고 봅

니다."

> …⟶ 성공적인 판매로 이어질 수 있는 다양한 판매 기법에는 어떤 것이 있는지에 대해 이야기하고 있다.

2. "저는 아주 숙달된 영업사원이라 할지라도 항상 새로운 판매방법을 배워야 한다고 생각합니다."

> …⟶ 새로운 판매방법에 초점을 맞춤으로써, 경험이 풍부한 영업사원이라 할지라도 과거에 사용하던 기법에만 안주하지 말고, 항상 새롭고 다양한 판매 기법을 시도하라고 설득하고 있다.

3. "저는 훌륭한 영업사원이 되려면 자신감 이상의 것이 필요하다는 생각에 동의합니다."

> …⟶ 훌륭한 영업사원이 되기 위한 심리적·육체적 조건 및 그밖의 다른 다양한 필요조건에 대해 이야기하고 있다. 따라서 판매기법보다는 훌륭한 영업사원이 되기 위한 자격에 대해 강조하는 연설이 될 것이다.

4. "저는 아주 노련한 영업사원이라 할지라도 젊은 영업사원들이 쓰는 판매기법에 진지하게 귀를 기울여야 한다고 봅니다."

> …⟶ 나이와 경험이 많은 영업사원들이 젊고 새로운 경쟁자들의 기법, 열정, 에너지에 주목하도록 만들 것이다.

5. "영업을 하는 데 있어서 적절한 방법을 쓴다면 아주 까다로운 고객도 설득할 수 있다고 저는 확신합니다."

> …⟶ 설득하기 어려운 고객을 다루는 방법에 대해 이야기하고 있다. 따라서 까다로운 고객에게 제품을 판매하는 일과 이런 고객들에게 성공적으로 적용했던 여러 방법에 대해 살펴볼 것이다.

잘못된 메시지 문장

1. "저는 성공적으로 영업활동을 하려면 여러 가지 판매기법을 써야 한다고 보

는데, 왜냐하면 다양한 고객들에게 전통적인 방법만을 똑같이 사용할 수 없
다는 사실이 입증되었기 때문입니다."

⋯ 메시지 문장에서는 절대로 '왜냐하면' 이라는 어휘를 쓰지 말아야 한다.
메시지 문장에서는 특정한 이유에 대해 설명하는 말은 쓰지 말아야 한다.

2. "저는 어느 정도 실적이 좋은 영업사원이라 할지라도 항상 새로운 판매방법
을 배우려고 노력하는 게 더 좋을 듯하다고 생각합니다."

⋯ 이 문장은 자신의 입장을 강하게 내세우지 않아 자신감이 없으며, 머뭇거
린다는 인상을 준다. 메시지 문장에서는 자신의 입장을 직접적으로 단호
하고 명확하게 표현해야 한다.

3. "저는 까다로운 고객들의 경우에는 인간적으로 유대관계를 잘 맺어야 세일
즈가 성공적으로 이루어질 거라고 생각하는데, 이런 사실은 까다로운 고객에
게 우리가 관심을 보이고 양질의 서비스를 제공해서 만족시켰을 경우, 결국
그 고객은 우리의 최우수 고객이 되었다는 경험을 통해서도 알 수 있습니다.

⋯ '이런 사실은' 이라는 표현이 나오기 전까지만 괜찮았다. 그러나 여기에 다
른 메시지가 덧붙여져서, 앞에 나온 문장의 영향력과 힘이 약해져 버렸다.

– 메시지 A : 까다로운 고객과는 인간적인 유대관계를 맺어야 한다.
– 메시지 B : 까다로운 고객도 최우수 고객이 될 수 있다.

A와 B 중에 하나만 메시지 문장으로 써야 한다. 그런 다음, 나머지 하나는 본론
에서 논의하면 될 것이다.

미흡하더라도 없는 것보다는 낫다

연설 준비과정 초기에는 메시지 문장을 어떻게 정해야 할지 갈피를 잡기가 힘
들 것이다. 그러나 나중에 바꿀 수 있다는 전제 하에 미흡하더라도 미리 메시지

문장을 정해 놓는 것이 좋다. 일단 메시지 문장을 정해 놓아야만 연설의 방향이 확실히 서고 자료 조사도 더 쉬워지기 때문이다. 확고한 자신의 견해 없이 주제에 대해 조사를 시작하면, 단순히 널려 있는 정보를 모으는 것에 그치고 만다. 그 결과, 자신에게 필요한 정보가 무엇이며 주제와 무관한 정보가 무엇인지 결정할 기준이 애매모호해질 수 있다. 일단 메시지 문장을 정해 놓은 상태에서 자료 조사를 하다가, 그 과정에서 원래 메시지 문장에 수정을 가하면 될 것이다.

하루 동안 전남 목포에서 강원도 주문진까지 자동차로 여행을 한다고 가정해 보자. 그렇다면 우선 지도를 구하고, 목적지가 주문진이라는 사실을 염두에 두면서 자세한 계획을 세우는 게 현명한 일이 아닐까?

하지만 수많은 사람들은 발표를 할 때 여러 가지 개요와 도표, 부제, 통계 수치, 객관적 문서, 연구자료, 슬라이드, 파워포인트 등을 난잡하게 써서 자신의 목적지를 흐려버리는 경우가 있다. 이를 듣는 청중들은 얼마나 혼란스럽고 지겨울 것인가?

연설문을 작성할 때도 마찬가지다. 일단 주제문과 메시지 문장을 명확히 정해야만 청중에게 연사로서의 입장과 목적지를 제대로 전달할 수 있다.

연설을 준비하면서 문제가 생기면 대부분의 사람들은 연설 주제가 너무 어렵기 때문이라고 생각한다. 하지만 이보다는 자료조사를 하기 전에 자신의 입장을 분명히 정하지 않았기 때문일 가능성이 더 크다. 그러다 보면 자료준비를 할 때 혼란스러울 뿐만 아니라, 시간낭비도 커진다. 그래서 미리 연설의 방향을 잡아 줄 메시지 문장이 필요한 것이다.

메시지 문장 말하기 연습

다음은 토크파워 워크숍에서 자주 등장하는 화젯거리들이다. 특별히 자료조사가 복잡하지 않을 듯한 주제를 하나 선택하자.

스포츠	다이어트	원예	자녀교육	예술
창업	부동산	인터넷	애완동물	문화의 다양성
출판	정치	요리	경제	휴가
심리학	여행	패션	세계 평화	투자

1. 이제, 주제문을 써 보자.

   오늘 저는 여러분들께 _____에 대해
   말씀드리겠습니다.

2. 메시지 문장을 써 보자.

   저는 _____라고
   믿습니다.

메시지 문장 다듬기

이제 위에서 써 놓은 메시지 문장을 살펴보자.

A : 간결한 내용에 하나의 문장으로 이루어졌는가? 아니라면 간략하게 줄이거나 편집하자.

 - 주제문 : _____.
 - 메시지 문장 : _____.

B : 메시지 문장이 한 가지 메시지만 담고 있는가, 아니면 그 이상인가? 이를테면, "저는 규칙적으로 운동을 하면 몸의 긴장도 풀리고, 건강에도 좋다고 생각합니다."라는 문장은 두 개의 메시지를 담고 있다. 이럴 경우, "저는 규칙적으로 운동을 하면, 건강에 아주 좋다고 생각합니다."처럼 하나의 메시지만 전달하도록 하

자. 나머지 메시지는 본론에서 다루면 된다. 하나의 메시지만 들어가야 연단에 서서도 연설의 논리성을 이어가기가 쉽다. 또한 연설문을 준비하는 과정에서 혼동을 겪는 일도 줄어들 것이다.

　　－ 새로운 주제문 : _____.

　　－ 새로운 메시지 문장 : _____.

　　C : 메시지 문장이 주제문의 내용을 정확히 반영하고 있는가? 예를 들어, 다음 주제문과 메시지 문장을 살펴보자.

　　－ 주제문 : "오늘 저는 여러분들께 유럽 배낭여행에 대해 말씀드리겠습니다"

　　－ 메시지 문장 : "저는 이탈리아가 아름다운 나라라고 생각합니다."

　　이 메시지 문장은 무엇이 잘못되었는가? 주제문을 보자. 분명 주제문은 배낭여행에 대한 것인데, 메시지 문장에는 그 말이 빠져 있다. 연설의 주제와 관련된 핵심 단어는 분명 '배낭여행'이다. 따라서 이 연설의 메시지 문장에서도 배낭여행에 대한 이야기를 해야 한다.

　　예를 들어, "저는 배낭여행을 떠나기에 가장 좋은 나라는 이탈리아라고 생각합니다."라고 쓰면 될 것이다.

　　또 가능하다면, "오늘 저는 여러분들께 이탈리아라는 나라에 대해 말씀드리겠습니다."라고 주제문을 바꾸어 원래의 메시지 문장을 그대로 유지할 수도 있겠다. 이때는 '이탈리아'가 연설거리가 되는 것이다.

　　이처럼 주제문과 메시지 문장이 서로 잘 이어질 수 있도록 최종적으로 고쳐보자.

　　－ 새로운 주제문 : _____.

　　－ 새로운 메시지 문장 : _____.

메시지 문장에 연설의 목적을 담자

버니스는 회사가 불우아동들을 위한 여름 캠프를 후원하도록 설득하는 연설에서, "저는 아이들이 우리의 미래라고 생각합니다."라는 메시지 문장을 사용했다. 하지만 그녀는 연설을 마치고 나서, 이 표현이 너무 상투적이라는 사실을 깨달았다. 그래서 연설 목적을 직접적으로 뒷받침해 줄 수 있도록 다음과 같이 새로운 메시지 문장으로 바꾸었다. "저는 이 프로그램이 성공하려면, 우리 모두 금전적인 힘을 모아야 한다고 봅니다." 그리하여 다음번 연설에서 아주 좋은 반응을 얻었다. 메시지 문장을 바꾼 것 외에는 연설 내용 중 어디에도 손댈 필요가 없었던 것이다.

한편, 샐리는 지역 주민들이 모인 연설회를 위해 "저는 신호등이 운전자뿐만 아니라 보행자에게도 중요하다고 믿습니다."라는 메시지 문장을 준비했다. 물론 신호등은 중요하다. 누가 이 말에 이의를 제기하겠는가? 하지만 샐리가 말하고 싶었던 요지는 고장난 신호등을 보면 즉시 신고해서 수리해야 한다는 것이었다. 그래서 그녀는 메시지 문장을 "저는 고장난 신호등이 우리 지역 사람들에게 아주 위험하다고 생각합니다."라고 바꾸었고, 그 결과 그녀의 연설은 더욱 힘을 얻을 수 있었다. 그리고 이 메시지 문장은 청중들이 고장난 신호등을 신고하기 위해 상임감시위원회를 구성하도록 동기를 유발하는 데 결정적인 역할까지 했다.

모든 연사들은 분명한 목적을 가지고 연단에 선다. 그러한 연설의 목적은 연설 준비 초기 단계에서 미리 명확히 정해야 한다. 제한된 시간 안에 청중들을 설득하려면 미리 준비된 짜임새 있는 연설내용으로 승부해야 하기 때문이다. 연사 자신이 연설을 하는 목적을 명확히 인식하지 못하고 있다면, 연설의 목적과는 무관한 자료로 시간낭비를 할 수도 있다.

다음은 연설에서 자주 채택되는 연설 목적이다. 한 가지만 선택해서 연습해 보자.

가능한 연설의 목적

- 계약 체결
- 제품 판매
- 지시사항 전달
- 기부금 모집
- 정치적 지지 획득
- 자신에 대한 소개
- 투자 유치
- 소속 집단에 대한 설명
- 자신의 권고 및 제안에 동참 유도
- 자원봉사자 모집
- 승진 요청
- 절차 지도

이를 기초로 해서 다음과 같이 연설 목적을 한 문장으로 써보자. 단, 능동형의 문장으로 짤막하게 쓰는 것이 좋다.

- 나는 청중들이 돈을 **기부하기**를 원한다.
- 나는 청중들이 이 기술을 **배우기**를 원한다.
- 나는 청중들이 이 제품을 **사기**를 원한다.

목적을 다시 한 번 말해 보자

이제 연설 목적을 다음과 같은 형식을 써서 나타내 보자. 그리고 1분간, 청중들이 자신의 제안에 따라 행동하는 모습을 상상해 보자.

내가 연설을 하는 목적은 청중들이 _____을 하도록 만드는 것이다.

보 기

- 주제문 : 오늘 저는 여러분들께 자원봉사단체에 기부금을 내는 일에 대해 말씀드리겠습니다.

─ 메시지 문장 : 저는 자원봉사단체에 기부하는 것은 아주 고귀한 이웃사랑을 실천하는 일이라고 생각합니다. (내 목적은 청중들이 자원봉사단체에 돈을 기부하도록 유도하는 것이다.)

설득력 있는 메시지 문장인가?

자신이 쓴 메시지 문장을 다시 살펴보자.

─ 메시지 문장 : _____.

메시지 문장을 통해 연설의 목적이 무엇인지 단번에 알 수 있을 만큼 명확하고 힘이 있는가? 그렇지 않다면, 메시지 문장을 고쳐 보자. 단, 하나의 연설에는 하나의 메시지 문장만 담아야 한다는 점과 메시지 문장은 연설의 목적을 그대로 반영해야 한다는 규칙은 언제나 지켜야 한다.

─ 주제문 : _____.

─ 메세지 문장 : _____.

리허설(동작전환 주문)

여러분은 이제 연설 도입부 전체를 연습할 준비를 갖추었다. 먼저 카드나 종이를 두 장 준비하자. 그리고 첫 번째 카드에는 도입문을 적고, 두 번째 카드에는 주제문과 메시지 문장을 적자.

의자를 몇 개 갖다 놓고, 그 자리에 청중이 앉아 있다고 생각하자. 그중 한 의자에 앉아서 한 손에는 볼펜을 들고, 다른 한 손에는 카드를 든다.

1. 몸의 오른쪽과 왼쪽이 완벽하게 균형을 이루고 있는지를 느껴본다.
2. 복식호흡을 다섯 번 한다.
3. 다음을 크게 소리내어 말하면서 그대로 따라한다. "나는 의자에 앉아 있다…

내 몸이 완벽하게 균형을 이루고 있음을 느낀다... 나는 내 손을 느낀다... 손을 내 옆구리로 가져온다... 천천히 일어나 한 걸음을 내딛은 후에 멈춘다... (자신의 내면을 느끼면서) 나는 내 손을 느낄 때까지 기다린다... 연단으로 천천히 걸어간다... 나는 내 손을 느낀다... 천천히 앞을 돌아본다... 청중을 바라본다... 멈춘다... 나는 두 발을 편안하게 벌리고 서 있다... 나는 내 손을 느낀다."

※ 이 순간에는 반드시 가상의 청중 앞에 서 있다고 생각하자.

4. 발가락을 세 번 오므린다.

5. (맨 처음에 말을 할 때, 각 단어 사이에 말을 멈춘다는 사실을 떠올리며) 조크 등의 도입문을 말한다.

6. "오늘... 저는... 여러분들께... ~에 대해 말씀드리겠습니다." (발가락을 세 번 오므린다.)

7. "저는 ~라고 생각합니다." (멈춘 후 발가락을 세 번 오므린다.)

8. 제자리로 천천히 돌아가면서 "나는 제자리로 천천히 돌아간다... 나는 내 손을 느낀다."라고 크게 말한다.

9. 천천히 앉아서 복식호흡을 다섯 번 한다. 그리고 앉은 채로 조용히 1분간 지금 기분이 어떤지 느껴본다. 이번에는 손에 볼펜을 들지 말고, 전체 연습을 반복해 보자.

경과 기록표

날 짜	시 간	강 점	약 점	느 낌	침착함/불안함 (1~10)

CHAPTER 10

그저, 진솔하게 이야기하자

배경 템플릿

모든 위대한 연사들도 처음에는 형편없는 연사였다.

― 랄프 왈도 에머슨

고객담당 임원인 앨런은 항상 자신의 세일즈 발표에 만전을 기한다. 그러나 그 자신은 발표를 편안하게 한다지만, 정작 청중들이 보기에 그의 발표에는 생기가 없다. 그는 주위 사람들에게 따뜻하고 유머 감각이 있으며, 일대일로 만나면 호감이 가는 사람으로 알려져 있다. 하지만 자리에서 일어나 청중 앞에 서면, 어느새 그러한 개성은 사라지고 아무런 흥미도 끌지 못하는 무미건조한 사람으로 변한다.

도대체 그의 문제는 무엇일까? 청중들 앞에만 서면 걱정이 늘어가는 수많은 연사들과는 달리, 그에게서는 불안해 하는 모습을 전혀 찾아볼 수 없다. 그는 아주 프로답고, 사무적이다. 그렇다! 그는 지나치게 사무적이라는 데 문제가 있다. 그는 개인적인 이야기를 절대로 하지 않는다. 어떤 방식으로든 자신에 대해 언급하는 것을 피한다. 또한 그는 '저는' 또는 '나는' 이라는 어휘를 거의 사용하지 않는다. 대신, 그의 연설은 객관적 사실과 통계 수치로 가득 차 있으며, 그 자신의 주관은 별로 없다. 그 결과, 앨런은 연설이 너무나 형식적이라는 평가와 더불어 오히려 연설을 함으로써 그만의 매력을 잃고 있다는 혹평을 듣고 있다.

어떻게 해야 앨런은 그 자신의 개성을 충분히 살리면서 신뢰도를 유지할 수 있을까? 어떻게 해야 청중에게 평소처럼 그의 따뜻한 마음과 친근함을 전달할 수 있을까? 그 답을 토크파워 공식의 배경 항목에서 찾아보자.

서 론 (도입 부분)	1) 도입문 2) 주제문 3) 메시지 문장
본 론	**4) 배경** 5) 메뉴 6) 요점 　요점 A 　요점 B 　요점 C 　요점 D 7) 클라이맥스
결 론	8) 결론

배경이란?

　토크파워 공식에서 배경은 연설문의 네 번째 항목으로서, 메시지 문장 다음에 나오며, 왜 그 주제를 선택했는지와 관련된 배경을 설명해 준다. 따라서 배경과 직접적인 관련을 맺고 있는 항목은 주제문이다. 그러나 배경에는 상대방이 어떤 행동을 하도록 권유하거나 설득하는 내용이 담겨 있진 않다. 그리고 추상적인 내용이나 이론, 통계적인 수치를 내세우는 것도 배경 항목으로는 바람직하지 않다. 그저 연사 자신 및 조직이 연설 주제와 어떤 연결고리를 갖고 있는지를 설명하면 된다.

　본론의 시작과 함께 주제와 관련된 연사 자신의 스토리를 꺼내면 청중과의 거리감이 더욱 좁혀진다. 청중들은 연사의 개인적인 이야기를 듣고 싶어한다. 왜 청중은 연사에 대해 알고 싶어할까? 그 답은 간단하다. 인간이란 동물은 근본적으로 타인에게 흥미를 느끼기 때문이다. 특히, 다수의 주목을 끄는 사람들, 조직이나 단체의 지도자들, 권위 있는 인물 등의 개인적인 이야기에 더욱 흥미를 느낀다. 연설을 한다는 것 자체도 많은 사람들의 주목을 끄는 일이기 때문에 청중이 연사에 대해 흥미를 갖는 것은 지극히 당연한 일이다.

그렇다 해도 청중들에게 개인적인 스토리를 너무 깊숙이 이야기할 필요는 없다. 연사는 이미 그 자리의 '스타'이기 때문에 깊이 있는 이야기가 아니라 해도 청중의 흥미를 끌기 때문이다. 이는 연예인이 누구와 데이트를 하는지, 어디서 휴가를 보내는지에 대해 언론이 끊임없는 호기심을 보이는 것과 같다고 할 수 있다. 따지고 보면, 유명인사가 히말라야 산맥에서 심신수련을 했든, 파티장에서 밤새도록 춤을 췄든 우리에게는 그리 중요하지 않은데도 말이다.

배경 템플릿을 만든 배경

자신에 대해 한두 문장 이상은 말하기가 힘든 사람도 많다. 이런 사람들은 상대방 쪽에서 질문을 던지면 대답을 잘하는 편이지만, 혼자서 자신에 대해 이야기해야 하는 상황에서는 선뜻 말을 꺼내기가 힘들다고 한다.

몇 년 전 열린 어느 세미나에서 엔지니어 한 명을 만났다. 그는 자신에 대해 한 문장 이상 얘기하는 게 너무 힘든 모양이었다. 그래서 많은 사람들이 그에게서 짧은 대답이라도 듣기 위해 이런저런 질문을 해야 했다.

반면, 같은 세미나에 참석한 어떤 여성은 우리가 알고 싶어하는 것보다 더 많은 이야기를 꺼내곤 했다. "내가 댄스교습소를 연 이유는 남편이 바로 윗집에 사는 여자와 바람이 났기 때문입니다. 매일 밤 남편은 사라졌고, 나는 미칠 것만 같았어요. 그래서 일을 통해 나만의 시간을 갖기로 결심했죠." 그러고 나서도 그녀는 자신의 남편에 대한 얘기를 계속했다. 진정 '주부들도 자신만의 일을 가져야 한다.' 라는 주제로 진행된 연설이 맞는지 모두들 의문을 가질 정도였다. 이런 사람에게는 자신이 말할 주제에서 벗어나지 않도록 연설문을 체계적을 작성하는 기술이 필요하다.

그래서 나는 이들을 위해 사적인 이야기를 연설에 적절히 활용할 수 있는 배경 템플릿을 개발했다. 그것은 크게 성공을 거두었다. 이 템플릿을 통해 토크파워 워크숍의 모든 참가자들은 이야기를 즐겁게 듣게 됨과 동시에, 서로 친밀감을 느끼게 되었다. 우리는 보통 10분용 연설을 위해 250자 정도(또는 1분 정도)의 짧으면서도 명쾌한 이야기로 템플릿을 꾸몄다.

이름, 이름을 밝히자!

곧 나올 배경 템플릿의 빈칸을 채우기 전에, '특별한 것은 흥미롭지만, 흔한 것은 지루하다.' 라는 말을 마음속에 새겨 두자.

만일 자신이 여행한 장소에 대해 말할 예정이라면, 이왕이면 그 지명을 명확히 얘기해 주는 게 좋다. 예를 들어, "지난해, 우리는 여행을 많이 다녔습니다." 라는 내용보다는 "지난해 우리는 중국, 일본, 필리핀 등지로 여행을 많이 다녔습니다." 라는 내용이 훨씬 더 흥미롭다.

사람, 장소, 동물, 대학, 회사 등 어느 것을 언급하든, 가급적이면 이름이나 명칭을 명확히 밝히는 것이 좋다. 청중은 익숙한 이름이나 명칭을 들으면, 즉시 그것의 모습을 떠올린다. 그러다 보면, 친밀감이 더해져 쉽게 연설내용이 마음에 와 닿게 된다.

배경 템플릿 이용하기

배경 템플릿에는 다음과 같이 세 가지 종류가 있다. 연사 자신이 연설 내용과 개인적으로 어떤 연관성을 갖고 있는지를 설명하는 '개인적 배경 템플릿', 자신이 속한 조직과 연설내용과의 연관성을 밝히는 '조직적 배경 템플릿', 연설 주제의 역사적 내력을 밝히는 '역사적 배경 템플릿' 이 그것이다. 템플릿 안을 채울 때에는 반드시 이야기 속에 등장하는 사람과 사물, 장소 등의 명칭을 구체적으로 밝혀야 한다.

개인적 배경 템플릿

약 ___ 년 전, 저는 처음으로 _____에 관심을 갖게 되었습니다. 그 당시에 저는 _____였습니다. 저는 _____한 사실을 알게 되었습니다. (멈췄다가 발가락을 한 번 오므린다.) 그 예로 (멈춘다.) _____
_____.
그래서 저는 (멈춘다.) _____.
또한 저는 _____.
그 결과 (멈춘다.) _____.
현재 (멈춘다.) 저는_____.
(발가락을 세 번 오므린다.)

개인적 배경 연설문의 예

다음은 토크파워 워크숍에서 어느 참가자가 작성한 개인적 배경 템플릿을 옮긴 것이다. 약간의 변형이 있을 수 있지만, 대체적으로 굵은 글씨로 쓰인 단어들이 템플릿을 이루고 있다.

- **도입문** : 영국의 골프 평론가 헨리 롱허스트는 다음과 같은 말을 했습니다. "골프의 가장 큰 매력은 바로 클럽으로 공을 칠 때다. 풀 스윙, 리스트 액션, 마무리 동작까지 마친 후, 날아가는 공에 시선을 옮기면 찌르레기 떼가 지나가듯 '획' 하는 소리가 들린다. 그 소리의 짜릿함을 생각하면, 골프에 견줄 만한 스포츠가 없다."

- **주제문** : **오늘 저는 여러분들께** 취미생활로서의 골프의 매력**에 대해 말씀드리겠습니다.**

- **메시지 문장** : **저는** 골프가 가장 도전할 만한 가치가 있는 스포츠**라고 생각합니다.**

- **배경** : **약 30년 전, 저는 처음으로 골프에 흥미를 갖게 되었습니다. 그** 당시에 **저는** 아버지를 따라 자주 골프장에 갔었는데, 아버지는 골프를 무척 잘 치셨습니다. 저는 그런 아버지가 너무 멋있어 보였습니다. 아버지의 골프 치는 모습을 보며, 저는 골프가 매우 독특한 점이 많은 스포츠**라는 사실을 알게 되었습니다. 이를테면,** 저 멀리에 있는 작은 목표를 향해 자신의 발 밑을 보면서 작은 공을 쳐야 한다는 사실이 그러했습니다. **그래서 저도** 본격적으로 골프를 배우기 위해 클럽을 휘두르기 시작했습니다. 처음 열 번 정도 연습을 하는 동안에는 골프공을 헛치는 경우가 많았습니다. 그러나 열한 번째에는 공을 잔디 구역 아래로 100m 지점까지 쳤습니다. 그리고 열다섯 번째는 공을 정면으로 쳤습니다. 저는 그때 마치 신이 된 듯한 기분이 들었습니다. **그 결과** 저는 인격수양도 할 수 있었고, 인내심과 포용력까지 키울 수 있었습니다. 하지만 불행히도 골프 실력은 더 이상 향상되지 않았습니다. 그후, 몇 년 동안 저는 골프 관련 책을 읽고, 골프 비디오를 보고, TV의 골프 프로그램을 지켜봤습니다. 골프를 좋아하는 사람들과 모여 골프에 대한 이야기를 나누

기도 했습니다. **하지만 현재,** 저는 더 이상 골프를 치지 않습니다. 한창 자라나는 두 아이들 때문에 골프를 칠 여유가 없기 때문입니다. 그러나 저는 골프를 치는 상상을 자주 합니다. 상상 속에서는 실제보다 오히려 더 멋지게 칩니다. 저는 언젠가는 다시 골프를 칠 수 있을 거라는 희망을 갖고 있습니다. 설사 그럴 수 없다 하더라도 언제나 상상 속에서는 골프를 칠 것입니다.

조직적 배경 템플릿

특정한 상황의 연설에서는 개인적 배경을 설명하는 게 부적절할 때가 있다. 예를 들어, 경영자로서 회사에 대해 얘기할 때, 사적인 이야기만 하면 청중들의 반응이 좋지 않을 수 있다. 또는 특정한 주제에 대해 조직의 공식적인 입장을 보고하는 상황이라면, 조직에 대해서 중점적으로 이야기를 해야 한다. 이런 경우를 대비하여 다음 템플릿으로 연습해 보자.

약 ___년 전, 우리 회사는 처음으로 _____에 관심을 갖게 되었습니다. (멈춘 후 발가락을 한 번 오므린다.) 그 당시에 우리 회사는 _____였습니다. 그 예로 (멈춘다.) _____ _____. _____하는 것도 필요했습니다. (멈춘다.) 그 결과 (멈춘다.) _____. 게다가 (멈춘다.) _____. 그 결과로 (멈춘다.) _____. 현재 (멈춘다.) _____. (발가락을 세 번 오므린다.)

조직적 배경 연설문의 예
약 4개월 전, 우리는 기업 유동화 자산과 관련된 새로운 상품 스트립스를 개발

하는 데 관심을 기울이게 되었습니다. 그 당시, 담당 부서는 고객들의 자산 판매 수익을 최대화하는 방편을 찾기 위해 각고의 노력을 기울이고 있었던 것입니다. **예를 들면,** 블루 사의 경우 예전에는 특정 자산에 대해 99달러 50센트를 받았으나, 현재 그들은 우리 회사의 스트립스를 이용하면서 99달러 75센트를 받고 있습니다. 우리가 이 정도로 고객과의 관계에서 성장을 가져오게 된 데에는 고객의 적극적인 협조도 **필요했습니다. 게다가,** 우리는 99달러 75센트라는 최적의 가격을 받기 위해, 3개월간 고객과 마라톤 협상을 벌이기도 했습니다. **그 결과로,** 블루 사의 경우, 자본을 유동적으로 운용해 기타 부수 사업의 확장까지 가져옴으로써 우리에게 아주 좋은 기회를 제공하고 있습니다. **현재,** 우리는 고객의 수익을 최대 한도로 보장해 주는 스트립스 상품의 이용을 적극 권장하고 있는 상태입니다.

연설의 자유는 헌법상 보장된 권리임에도 불구하고,
많은 사람들이 연설하는 것을 두려워한다. 이게 바로 견제와 균형의 원리다.

역사적 배경 템플릿

혹시 자신이나 자신이 속한 기업에 대해 언급할 만한 상황이 아니라면, 다음의 역사적 배경 템플릿을 이용해 보자. 이는 연설 주제의 내력이나 역사에 대해 소개하는 형식인데, 주로 청중들이 연사가 속한 조직 내의 사람들일 때 효율적이다.

_____의 역사는 _____으로 거슬러 올라갑니다. 원래 (멈춘 후 발가락을 한 번 오므린다.) _____. 시간이 흐름에 따라 (멈춘다.) _____.
그 예로 (멈춘다.) _____.
그래서 (멈춘다.) _____.
그 결과 (멈춘다.) _____.
현재 (멈춘다.) _____. (발가락을 세 번 오므린다.)

역사적 배경 연설문의 예

가족정의연합의 역사는 모니카 겟츠가 뉴욕 시에 이 단체를 창립했던 때인, **1988년으로 거슬러 올라갑니다. 원래,** 이 단체는 법적인 제도 때문에 좌절을 겪던 여성들의 필요에 의해 생겨났습니다. **시간이 흐름에 따라,** 점점 이 단체에 대한 소문이 퍼져, 국내외적으로 많은 관심을 끌었습니다. 모임의 규모가 커지면서 도움을 요청하는 전화가 배로 늘었고, 전문가들의 자원봉사도 잦아졌습니다. **그 예로,** 몇몇 전문가들은 개개인의 권리를 지키는 방법에 대해 교육을 했고, 가정법률 문제들이 서서히 국회의원과 언론의 관심을 끌었습니다. **그래서** 이 소규모의 비영리 단체는 고액의 법률 비용을 낼 형편이 안 되는 수천 명의 가족들과 이혼을 비롯한 그 밖의 다른 문제로 빈곤에 찌든 사람들에게 중요한 조직망이 되었습니다. **그 결과,** 가족정의연합은 이제 가정문제와 관련해서 입법 및 사법 개혁을 위해 노력하는 사람들이 모인 영향력 있는 단체로 자리매김하고 있습니다. **현재,** 뉴욕에 있는 이 단체는 정의를 위해 싸우는 사람들이 본받아야 할 훌륭한 본보기가 되고 있습니다.

리허설(동작전환 주문)

1 의자 몇 개를 갖다 놓고 청중이라고 가정한다. 그중 한 의자에 앉아서 한 손에 는 볼펜을, 다른 한 손에는 종이를 든다.

2. 몸의 오른쪽과 왼쪽이 완벽하게 균형을 이루고 있음을 느껴본다.

3. 복식호흡을 다섯 번 한다.

4. 다음 동작을 그대로 행하면서 크게 소리내어 말한다. "나는 의자에 앉아 있 다... 내 몸이 완벽한 균형을 이루고 있음을 느낀다... 나는 내 손을 느낀다." (손의 무게감이 느껴질 때까지 기다린다.)

"손을 내 옆구리로 가져온다... 천천히 일어나 한 걸음을 내딛은 후에 멈춘 다... 나는 내 손을 느낄 때까지 기다린다... (자신의 내면을 느껴본다.) 연단으 로 천천히 걸어간다... 나는 내 손을 느낀다... 천천히 앞을 돌아본다... 똑바 로 청중을 바라본다... 멈춘다... 나는 두 발을 편하게 벌리고 서 있다... 나 는 내 손을 느낀다."

(지금 당신은 가상의 청중 앞에 서 있는 것이다.)

5. 발끝을 천천히 세 번 오므린다.

6. 맨 처음에 말을 할 때 각 단어 사이에 말을 멈추며 도입문으로 말을 시작한 다. (멈춘 후, 발가락을 세 번 오므린다.)

7. 주제문 : "오늘 저는 여러분들께 ~에 대해 말씀드리겠습니다." (발가락을 세 번 오므린다.)

8. 메시지 문장 : "저는 ~라고 생각합니다." (발가락을 세 번 오므린다.)

9. 배경 : "저는 처음으로 ~하게 되었습니다.…"(발가락을 세 번 오므린다.)

   (말하는 도중 가끔씩 얼굴을 들어 가상의 청중을 바라본다.)

10. 제자리로 천천히 돌아가면서 "나는 제자리로 천천히 돌아간다… 나는 내 손을 느낀다."라고 크게 말한다.

11. 천천히 앉아서 복식호흡을 다섯 번 한다. 그리고 1분간 어떤 기분이 드는지 느껴본다. 이번에는 손에 볼펜을 들지 말고 손의 무게감만을 느끼며, 위의 전체 과정을 반복한다.

이 사람들이 모두 방에서 나가면, 정말 훌륭하게 사회를 볼 수 있을 텐데…

경과 기록표

날 짜	시 간	강 점	약 점	느 낌	침착함/불안함 (1~10)

CHAPTER 11

말하고 싶은 게 뭐야?

메뉴, 요점, 클라이맥스

말하고 싶은 중요한 요점이 있다면, 돌려서 말하거나 유창하게 말하려 하지 말고, 힘차게 강조하는 방법을 써라. 우선 힘차게 강조하고 난 다음 다시 강조해라. 매우 힘을 주어 강조하라!

— 윈스턴 처칠

애니타는 유명 심리클리닉에서 일하는 심리학자다. 그녀와 그녀의 동료는 인간관계를 강화하기 위한 의사소통 기술을 주제로, 이틀간 연달아 워크숍을 개최하기로 했다.

그런데 애니타는 첫 번째 워크숍에서 발표를 완전히 망쳐버렸다. 당황한 그녀는 다음에 열리는 워크숍에서도 진행을 맡아야 한다는 데 엄청난 부담을 느끼게 되었다. 애니타는 원래 임상사례집 모음과 자신의 연구 자료를 이용하여 발표할 계획이었으나, 막상 발표를 할 때는 뜻대로 되지 않아 너무 혼란스러웠다고 한다. 그녀의 발표는 초점이 없었고 자료들이 적절하게 조합되지 않았기 때문에, 청중들 역시 혼란을 느꼈던 것이다. 무엇이 잘못되었을까? 애니타의 문제를 어떻게 해결해야 할까?

토크파워 공식을 토대로 애니타의 문제점을 분석해 보자. 분명 그녀는 자신이 말하고자 하는 내용을 알고는 있었다. 하지만 연설내용을 제대로 정리하지 못했다. 결과적으로 이론과 사례 사이를 오가며 정신없이 말했기 때문에, 연설내용이 논리적으로 연결되지 않았던 것이다. 따라서 애니타에게는, 자신이 가지고 있는 정보를 짜임새 있게 구성하여 설득력 있는 원고를 만드는 단계적인 절차가 필요했다. 바로 이를 위해 지금부터 토크파워 공식 가운데 '메뉴' 항목에 대해 알아보자.

메 뉴

메뉴는 배경 항목 뒤에 이어서 나오며, 책의 목차처럼 연설의 전체적인 내용을 청중들에게 미리 짤막하게 이야기하는 것이다. 즉, 연설내용을 요점별로 세분하면 메뉴가 만들어진다.

서 론 (도입부)	1) 도입문 2) 주제문 3) 메시지 문장
본 론	4) 배경 **5) 메뉴** 6) 요점 　요점 A 　요점 B 　요점 C 　요점 D 7) 클라이맥스
결 론	8) 결론

여기 몇 년 전 토크파워 워크숍에서 한 참가자가 준비한 연설문을 보고, 메뉴 항목이 어떻게 구성되는지 알아보자(배경 항목은 생략하였다.).

- 도입문 : 1899년, 미국 특허청장이었던 찰스 듀엘은 "발명될 수 있는 것은 모두 발명되었다."고 말했습니다. (멈춘다.)
- 주제문 : (그러나) 오늘 저는 여러분들께 인터넷이라는 새로운 매체를 통해 우리가 실생활에서 어떤 도움을 얻을 수 있는지에 대해 말씀드리겠습니다. (멈춘다.)
- 메시지 문장 : 저 자신은 인터넷이라는 새로운 매개체를 통해 세상을 보는 눈을 더 넓히게 되었다고 생각합니다. (멈춘다.)
- 메뉴 : 오늘 저는 우리 일상에서 인터넷을 통해 어떤 도움을 얻을 수 있는지와 관련해 다음과 같이 다섯 가지 요점을 다룰 것입니다.
  · 이메일 활용
  · 쇼핑몰 이용
  · 인터넷 뱅킹
  · 온라인 친구 만들기
  · 각종 티켓 예매

메뉴 선택을 위한 브레인스토밍

그렇다면 이 연사는 어떤 방법으로 다섯 개의 메뉴를 선택했을까? 분명 생각에 생각을 거듭한 끝에 여러 개의 요점을 모으는 과정을 거쳐서 최종적으로 다섯 개의 요점만을 선택했을 것이다. 이 과정을 우리는 '브레인스토밍(Brainstorming)'이라고 한다. 브레인스토밍 과정에서는 어떠한 아이디어도 비판하거나 거부하지 않고, 주어진 시간 내에 가능한 한 자유롭고 빠르게 아이디어를 제시해 의견을 모아간다. 이 과정은 여럿이 모여서도 할 수 있고, 혼자서도 할 수 있다.

앞에서 언급한 주제문을 보자. "오늘 저는 여러분들께 인터넷이라는 새로운 매체를 통해 우리가 실생활에서 어떤 도움을 얻을 수 있는지에 대해 말씀드리겠습니다." 아래 목록은 이 주제에 맞춰 우리가 실생활에서 인터넷을 통해 도움을 얻고 있는 부분들을 브레인스토밍 과정을 통해 모은 것이다. 각 목록은 완전한 문장이 아니라, 아주 짧으며 책의 목차와 비슷한 형식을 취하고 있다.

브레인스토밍을 통해 얻은 아이디어

- 이메일 활용
- 필요한 읽기 자료에 대한 할인
- 옷 쇼핑 및 선물 구입
- 저렴한 가격에 항공권 구입
- 온라인 경매
- 외국의 독특한 경향 읽기
- 소프트웨어 및 게임 다운받기
- 바탕 화면 꾸미기
- 인터넷 뱅킹
- 콘서트 티켓 예매
- 친구와 파일 공유하기
- 최신 MP3 구입
- 가정용품 싸게 구입
- 온라인 친구 만들기
- 영화 및 음악 감상
- 유명 인사와 인터넷 채팅
- 최신 뉴스 읽기
- 정보 조사

메뉴 만들기

브레인스토밍을 통해 나온 목록 중 요점 부분에서 특별히 중요하게 다룰 만한 요점을 몇 개만 선택하면 메뉴 항목을 만들 수 있다. 이제 실제로 연습을 해보자.

메뉴 작성하기

1) 예전에 주제문을 썼던 카드를 꺼낸다.
2) 새로운 종이 위쪽에 주제문을 다시 쓴다.
3) 주제문 안의 키워드에 동그라미를 친다.
4) 타이머를 5분으로 맞춘다.

5) 주제에 관해 브레인스토밍을 한 후, 거기서 나온 목록을 적는다.

_____	_____
_____	_____
_____	_____
_____	_____

6) 위의 목록에서, 주요 요점 다섯 가지를 선택한다.

7) 중요도가 낮은 순으로 요점을 정리한다.

메뉴 소개하기

배경 항목까지 마치고 나서 발가락을 세 번 오므린 후, 다음 템플릿을 이용하여 메뉴를 소개한다.

"오늘 저는 _____와 관련해서 다음과 같이 다섯 가지 요점을 다룰 것입니다.

· _____
· _____
· _____
· _____

그리고 마지막으로 _____입니다."

메뉴의 목록들은 책의 목차처럼 뚜렷하고 분명해야 한다. 메뉴를 소개할 때는, "첫번째로"나 "두번째로" 등의 표현이나 1, 2, 3과 같은 숫자를 사용할 필요는 없다. 다음 요점으로 넘어갈 때마다 천천히 발가락을 한 번 오므리는 정도의 시간만 주면 된다. 그리고 마지막 요점을 말하기 전에 "그리고 마지막으로"라는 식의 말만 넣어주면 된다.

※ 메뉴 항목을 진행하고 있는 도중에 다짜고짜로 질문을 퍼붓는 일부 성급한 청중들이 있을 수도 있다. 이
럴 경우, 곧바로 다음과 같이 말하자. "연설을 마칠 즈음에 질의응답 시간을 가질 것입니다. 그때, 기꺼이
질문에 답해 드리겠습니다."

메뉴 작성의 주의사항

메뉴 항목을 구성하기 위해 요점을 고를 때, 연설이 아무리 길다 해도 클라이맥
스를 포함하여 일곱 가지를 넘기지 않는 게 좋다. 이는 임의로 정한 숫자가 아니
다. 주어진 시간 내에 인간의 뇌가 받아들일 수 있는 최대 항목의 수에 기초한 것
이다. 피터 러셀(Peter Russell)이 인간의 두뇌에 관해 쓴《The Brain Book》을 보
면, 인간은 듣는 즉시 일곱 가지의 정보까지만 상세히 기억할 수 있다고 한다. "대
부분의 사람들은 연속적으로 일곱 가지 수, 일곱 가지 색, 일곱 가지 모양, 또는 다
른 어떤 것도 일곱 개까지만 상세히 기억한다." 그러므로 말하고 싶은 요점이 일
곱 가지가 넘는다면, 이를 묶어서 보조 제목으로 만들어야 한다.

요 점

'요점' 항목은 토크파워 공식의 여섯 번째 항목으로, 메뉴 다음에 오며 메뉴를 구성하는 각 요점들을 상세히 풀어서 설명하는 것이다.

서 론 (도입부)	1) 도입문 2) 주제문 3) 메시지 문장
본 론	4) 배경 5) 메뉴 **6) 요점** 　요점 A 　요점 B 　요점 C 　요점 D 7) 클라이맥스
결 론	8) 결론

요점 항목의 단어 수 계산하기

질의응답 및 결론 부분을 제외하고 총 20분간의 연설을 한다고 가정해 보자. 1분에 250자가 들어간다고 치면, 총 5,000자 정도로 이루어진 연설문을 작성하면 될 것이다. 여기에서 도입문, 주제문, 메시지 문장에 들어갈 760자 정도를 빼면, 4,340자 정도가 남는다. 그리고 중간에 잠시 멈추는 시간(각 항목 사이마다 발가락을 세 번 오므리고, 메뉴의 각 요점 사이에 발가락을 한 번 오므리는 시간은 모두 약 2분 정도 걸릴 것이다.)도 비워 두어야 한다. 이를 감안하면, 전체적으로 약 3,500자 정도가 필요하다. 이 범위 내에서 각 요점에 원하는 만큼의 내용을 넣으면 된다.

요점 템플릿

이제 메뉴에서 소개한 각 요점을 구체적으로 전개해야 할 시기가 왔다. 이를 위해 몇 가지 템플릿을 소개하겠다.

메뉴 항목을 전개하는 데 템플릿을 이용하면 각 요점을 알차게 다듬어서 기억할 수 있으며, 말하는 도중 생각이 막힐 우려를 덜 수 있다. 뿐만 아니라, 특정 요점에 대한 설명에만 지나치게 치우치지 않도록 균형감각을 키울 수도 있다.

주어진 각 요점 템플릿에는 총 연설 시간 10분 기준 250자 정도가 들어가는 것이 좋지만, 시간적 여유가 있는 연설이라면 추가적인 정보를 얼마든지 덧붙일 수 있다.

요점 항목의 예

다음 사례는 의류학 서적《Open and Clothed》의 저자인 안드레아 시겔이 한 서점에서 했던 연설의 요점 항목 중 일부다. 이는 176쪽의 템플릿 A를 따른 것이다. 안드레아는 필요에 의해서 임의적으로 템플릿 내의 순서를 약간 바꾸었다.

저는 지난 6월에 〈뉴욕타임스〉의 트리쉬 홀과 인터뷰**할 기회가 생겼습니다. 당시,** 저는 저의 가족사에 대한 연구를 막 시작했습니다. 그러던 중 S. 클라인의 창설자인 샘 클라인이 제 증조부였다는 걸 언급한 〈뉴욕타임스〉의 기사를 **접하게 되었습니다. 그리고 나서 매우 흥미로운 일이 일어났습니다.** 1930년대쯤에 제 증조부 밑에서 일하던 여성 몇 명이 그 기사를 보고 저에게 연락을 해왔던 것입니다.

그들은 저에게 많은 이야기를 들려 주었습니다. **예컨대** 올해 103세인 어느 할머니는 그 당시에 수선실에서 일했다고 했습니다. 그분은 매년 열리는 직원들 야유

전혀 불안하지 않다더니, 왜 여자 화장실에서 발표 연습을 하고 있는 거죠?

회가 얼마나 재미있었는지 얘기해 주었습니다. 그리고 일요일에는 야외로 나가 보트를 타고 즐거운 시간을 보낸 적도 많았다고 했습니다. **또한** 83세의 이브란 분도 저에게 전화를 걸어왔습니다. 당시 고등학생이던 그분은 일자리가 필요해서, 클라인 사의 직원모집 광고를 보고 친구와 함께 찾아갔다고 했습니다. 그분은 "그 때는 1932년으로, 불황 직후였지. 나는 그 당시에 일주일에 8달러를 받고 일했어."라고 말했습니다. 이브는 오랫동안 그곳에서 일했고 결국 회사의 간부가 되었습니다. "클라인 씨는 항상 이렇게 말씀하셨어. 세상 여자 중에 비쩍 마른 여성은 열 명 중에 한 명 뿐이고, 날씬한 여성은 열 명 중에 두 명에 불과하다고 말이야."

증조부에 대한 이브의 이야기를 듣고는, 그 분의 미에 대한 개념이 항상 사회적인 통념과 일치한 건 아니라는 사실**을 알게 되었습니다.** 그래서 아마 그 당시에도 여러 사이즈의 여성복을 만들던 그 사업이 번창할 수 있었던 것 같습니다. **예전에는** 그저 제 자신이 다양한 사이즈와 모양을 지닌 여성복을 만들겠다는 일념이 워낙 투철하기 때문에 이 사업을 하는 것일 뿐이라고 생각했습니다. 그리고 저의 책

《Open and Clothed》에서도 이런 이야기를 특별히 강조해 왔습니다. 그러던 중 증조부께서 먼저 그 일을 시작하셨다는 이야기를 듣게 된 것입니다.

그래서 저는 다양한 사이즈와 모양을 지닌 기성복을 만드는 일이 가문의 영향을 받았음을 알 수 있었습니다. 즉, 저의 아이디어 중 일부는 순수 제 머리에서 나온 것이 아니라, 예전에 우리 조상이 했던 일에 의해 영향을 받았을 수도 있다는 것입니다. 저는 자신의 진로**에 대해 생각하는 분들께**, 자신의 적성과 흥미를 가족사를 통해 찾아볼 것을 **권해 드립니다.**

여러 가지 요점 템플릿

요점 항목에서는, 각각의 요점을 다룰 때마다 템플릿의 유형을 바꾸어서 요점 전개에 변화를 줄 수 있다. 다음 템플릿들을 참고하자.

템플릿 A

저는 _____할 기회가 생겼습니다.
당시에 (멈춘다.) _____.
_____를 알게 된 것은 매우 흥미로운 일이었습니다.
예컨대, (멈춘다.) _____.
또한 (멈춘다.) _____.
_____에 대해 생각하는 분들께 권해 드리고 싶습니다.
제가 이 경험을 통해 배운 것은 _____입니다.
예전에는 (멈춘다.) _____.
그래서 (멈춘다.) _____.

템플릿 B

저는 _____ 라고 믿습니다. (메시지 문장을 반복한다.)

왜냐하면 (멈춘다.) _____ 이기 때문입니다.

_____ 를 알고 있어야 합니다.

따라서 (멈춘다.) _____ .

예를 들어, (멈춘다.) _____ .

흔히들 (멈춘다.) _____ .

게다가 (멈춘다.) _____ .

그 결과 (멈춘다.) _____ .

그러므로, 저는 _____ 라고 생각합니다.

템플릿 C

_____ (요점을 집어넣는다.)의 중요성이 최근 들어 더욱 부각고 있습니다. 그 이유는 _____ .

그 결과 (멈춘다.) _____ .

예를 들어 (멈춘다.) _____ .

우리의 입장은 _____ 입니다.

흔히들 (멈춘다.) _____ .

예를 들어, (멈춘다.) _____ .

이로 인해 _____ .

그러므로 저는 _____ 라고 생각합니다.

템플릿 D

_____ 는 상상도 하기 힘듭니다.

하지만 _____ .

예를 들어, (멈춘다.) _____.

_____라는 희망이 아직 남아 있습니다.

_____가 우리에게 희망을 주고 있는 것입니다.

실제로, (멈춘다.) _____.

다른 요인들은 _____.

그러나 사실 _____일 수도 있습니다.

사실은 _____입니다.

결국, (멈춘다.) _____.

템플릿 E

_____와(요점) 관련된 많은 토론이 이루어지고 있습니다.

이를 위해서 _____의 중요성을 파악하고 있어야 합니다.

다양한 연구와 경험을 통해 _____를 알 수 있습니다.

더군다나, (멈춘다.) _____.

이 때문에 우리는 _____를 믿고 있습니다.

예를 들어, (멈춘다.) _____.

또한, (멈춘다.) _____.

_____를 생각하고 계신 분들께 말씀드리고 싶습니다.

저는 이 경험을 통해 _____를 얻었습니다.

예전에는 (멈춘다.) _____.

따라서 (멈춘다.) _____.

만약 _____.

템플릿 F

_____한다는 것은, 가장 _____한 일일 것입니다.

저는 _____일 때, 이를 깨달았습니다.

_____는 미처 생각하지 못했던 것입니다.

예를 들어, (멈춘다.) _____.

그래서 저는 _____해야 했습니다.

또한, (멈춘다.) _____라는 생각이 들었습니다.

마침내, (멈춘다.) 저는 _____.

이로 인해 _____.

오늘 (멈춘다.) 저는 _____를 말씀드릴 수 있어 행복합니다.

세일즈 템플릿 1

이 제품의 가장 중요한 특징은 _____입니다.

이를 다른 _____와 비교해 봅시다.

예를 들면, (멈춘다.) _____를 필요로 하는 많은 고객들이 있었습니다.

우리는 _____를 할 수 있었습니다.

그 결과, (멈춘다.) _____ .

그래서, (멈춘다.) 만일 여러분들이_____.

여러분은 _____에 대해 안심하셔도 됩니다.

세일즈 템플릿 2

_____하려는 우리의 일관된 노력을 통해,

_____를 알 수 있습니다.

이 경우에는, (멈춘다.) _____.

예를 들어, (멈춘다.) _____.

고객들은 _____.

우리의 반응은 _____였습니다.

그래서 (멈춘다.) _____.

물론 우리는 _____.

게다가 (멈춘다.) _____.

여러분들께서는 _____ 라는 사실을
유념해 주시기 바랍니다.

정책 설명 템플릿

____ 년 전에 _____.

_____는 _____ 를 발표했습니다.

이로 인해 _____ 가 일어났습니다.

또한 (멈춘다.) _____는 _____ 해야 했습니다.

그 결과, (멈춘다.) _____.

이 문제의 중심에서 (멈춘다.) _____.

우리는 _____ 라는 해결책을 내게 되면서,

_____는 _____ 에 전념하게 되었습니다.

우리는 _____ 를 아주 자랑스럽게 여깁니다.

※ 청중에게 새로운 요점을 설명할 때마다, 또는 하나의 요점에 대한 소개가 끝날 때마다, 메시지 문장을 반복해서 말하면 설득력이 더 커진다. 예를 들면, 앞의 몇몇 템플릿에는 "저는 ~라고 생각합니다."라는 메시지 문장이 특별히 정해져 있다.

※ 메뉴에 나온 순서대로 요점을 차례대로 말하되, 각 요점 사이에서는 말을 잠시 멈춘다. 그리고 새로운 요점을 시작하기 전에는 항상 발가락을 세 번 오므린다.

요점 템플릿 이용 규칙

1. 요점에 대한 서술 준비를 모두 끝낸 후에는 다시 한 번 메시지 문장을 살펴본
   다. 그리고 각 요점을 서술하기 전후에 메시지 문장을 넣어야 한다. 원래의
   메시지 문장과 똑같이 써도 되고, 뜻이 그대로 통하는 다른 문장으로 바꾸어
   도 된다.
2. 템플릿의 구성이 연설 내용에 적합하지 않다면, 임의로 템플릿을 새롭게 꾸
   며도 된다.
3. 다섯 개의 요점을 서술할 예정이라면 다섯 개 모두 똑같은 템플릿을 이용해
   도 되고 여러 가지를 혼합해서 사용해도 된다.
4. 배경 템플릿도 요점 항목에서 함께 이용할 수 있다. 이미 배경 항목에서 이용
   한 경우라 해도 상관없다. 이 경우에도 1번의 규칙이 적용된다.
5. 25분용 연설을 준비했는데, 연설 직전에 연설시간이 18분으로 바뀌는 경우
   도 있다. 이때는 요점 중 덜 중요한 것 순으로, 한두 가지를 빼야 한다.
6. 연설문 작성이 끝난 후에는, 덜 중요한 것에서 가장 중요한 것 순으로 요점을
   구성하고, 각 요점 사이마다 발가락을 세 번 오므리는 시간을 준다.

각 요점 사이의 침묵

> 침묵은 가장 완벽한 의사소통 수단이다.
>
> — 스타니슬라브스키

전통적인 연설 방법에서는, 새로운 내용을 소개할 때마다 다음과 같은 구절을
이용해 왔다.

- 이제 다음 요점 ~로 이어집니다.
- 다음 이야기는 ~에 대한 것입니다.
- 이제 ~에 대해 말씀드릴 시간입니다.
- 이제 저는 ~에 대해 논의하겠습니다.

그러나 반드시 이런 연결고리를 이용하여 요점 사이를 이어줄 필요는 없다. 단지 말을 잠시 멈춤으로써 요점 사이의 공간을 만들어 주면 된다. 청중도 잠시 쉴 시간이 필요하다. 따라서 한 요점을 끝내고 다음 요점으로 넘어갈 때, 반드시 말로써 일일이 알려줄 필요는 없다.

다음 요점으로 넘어가기 전에 3초간만 말을 멈춰 보자. 발가락을 세 번 오므리는 시간이면 충분하다. 짧고 적절한 침묵이야말로 훌륭한 연설을 이끌어가는 힘이다.

메시지 문장과 요점을 연결짓는 방법

메뉴에서 요점을 하나 선택한 후, 요점 템플릿 안을 채운다. 그리고 주제문과 메시지 문장, 메뉴도 모두 카드에 적어 준비한다.

1. 요점 카드를 꺼내 주의 깊게 읽어본다. 다음으로 메시지 문장을 읽어본다.
2. 연설 흐름이 자연스럽게 이어지도록 요점에서 메시지 문장을 넣을 적당한 곳을 찾는다.
3. 앞뒤 내용과 잘 이어지도록 요점 글 안에 메시지 문장을 잘 편집해서 집어넣는다.

견본 연설문

다음 예는 기업의 다운사이징을 주제로 한 연설문에서 요점 항목을 전개해 놓은 것이다. 주제문, 메시지 문장, 배경, 메뉴 등이 서로 어떻게 연결되어 있는지를 보여주기 위해 모두 함께 실었다.

(발가락을 세 번 오므린다.)

- **주제문 : 오늘 저는 여러분들께** 기업의 다운사이징**에 대해 말씀드리겠습니다.** (발가락을 세 번 오므린다.)
- **메시지 문장 : 저는** 다운사이징이라는 것은 어디까지나 부작용을 최소화하는 방법으로 이루어져야 한다고 **생각합니다.** (발가락을 세 번 오므린다.)
- **배경 : 저는 6년 전에 처음으로** 조직의 다운사이징**에 관심을 갖게 되었습니다. 그 당시에 저는** 한 연구개발팀의 컨설팅을 맡고 있었는데, 그 팀은 경비를 50억 원 정도 줄이고자 했습니다. 이는 신제품 개발이 지연된다는 이유로 고위 경영진이 내린 결정이었습니다. **그런데** 인건비가 회사 경비에 있어 가장 큰 부분을 차지하기 때문에, 그들이 예산 절감 차원의 일환으로 직원 수를 줄이려는 계획을 세우고 있음을 **저는 알게 되었습니다. 예를 들면,** 책임연구원의 경우 평균 연봉이 1억 5천만 원을 넘고, 선임연구원도 연봉이 1억 원이나 되었기 때문입니다. **그래서** 우리는 300명 중에 22명을 해고하기로 계획을 세웠는데, 이는 예산 삭감 계획의 50% 이상을 차지하는 비율이었습니다. **저는 또한** 회사측과 나머지 예산 삭감을 위한 방법도 모색했습니다. 그러고 나서 고위 경영진에게 건의안을 제출했습니다. **그 결과,** 이것이 원안대로 통과되어 신속하게 실행에 들어갔습니다. 그러나 50억 원을 절감하기 위해 직원의 7%가 넘는 인원을 해고한 것이 결국은 더 큰 손실을 가져왔습니다. 다운사이징의 여파로 인한 조직의 혼란과 후유증 때문이었습니다. **그래서 현**

재 저는 조직의 활력을 유지하자면 다운사이징이 미치는 영향을 신중히 검토하고 나서 실행해야 함을 깨달았습니다.

(발가락을 세 번 오므린다.)

— 메뉴 : 오늘 조직의 다운사이징과 관련하여 다음과 같이 다섯 가지 항목에 대해 논의하려고 합니다.

· 조직에 있어서 다운사이징의 철학
· 다운사이징에 대한 구체적 접근과정
· 해고자에 대한 지원대책
· 잔류인원의 감정처리 문제
· 그리고 마지막으로, 가장 중요한 요소인 조직의 재건 문제입니다.

(발가락을 세 번 오므린다.)

— 요점 : (네 번째 요점을 설명하기 위해 템플릿 E를 응용했다.)

다운사이징으로 인한 잔류인원의 감정처리 문제**와 관련해서 많은 토론이 이루어지고 있습니다.** 이와 더불어 다운사이징이나 정리해고의 여파로 남아 있는 직원들이 동요하거나 회사를 떠나는 일이 없도록 해야 한다는 것**에 대해 많은 사람들이 공감을 하고 있습니다. 예를 들어,** 경영진 측에서 해고의 필요성을 충분히 납득시키지 않은 채 그냥 밀고 나가면, 잔류자들이 그 비극의 충격을 엄청나게 부풀려 버릴 수도 있다는 것입니다.

여러 가지 연구와 경험을 통해서 볼 때, 잔류인원들에 대해 충분히 배려를 하는 조직이 이 문제를 소홀히 다룬 조직보다 예전에 비해 월등히 빠른 성장률을 보인 것은 물론 아닙니다. 하지만 적어도 예전과 똑같은 수준으로 이내 돌아왔음**을 알 수 있습니다. 게다가,** 그런 조직들은 다운사이징의 영향을 받은 사업 분야를 신속히 정리했습니다. **이를테면,** 그런 조직에서는 직원들의 의견을 들어보고, 직원들이 효율적으로 대처할 수 있도록 하기 위해 공개토론회를 열기도 했습니다. 또한 발생 가능한 장애를 예측한 다음, 필요 불가

결한 일이 아니면 추진하지 않았습니다. **이 때문에 사람들은** 경영자 측이 남아 있는 직원들의 감정을 충분히 고려하고 있다는 것을 **믿게 됩니다. 따라서** 다운사이징으로 떠나는 사람들을 무마하는 것보다는 남은 사람들의 마음의 상처를 치유하는 것이 더 중요한 과제임을 알 수 있었습니다.

※ 위의 요점 항목 전개에서 초반 부분을 다시 보면, 원래 메시지 문장 "저는 다운사이징이라는 것은 어디까지나 부작용을 최소화하는 방법으로 이루어져야 한다고 생각합니다."를 다음과 같이 변형해서 표현했음을 알 수 있다.
"경영진 측에서 해고의 필요성을 충분히 납득시키지 않은 채 그냥 밀고 나가면, 잔류자들이 그 비극의 충격을 엄청나게 부풀려 버릴 수도 있습니다."

한 가지 견해만 반복하기

메시지 문장은 주제에 대해 직접적으로 언급하는 데다 각 요점을 설명할 때마다 반복해야 하므로, 반드시 하나의 견해만 담고 있어야 한다. 예를 들어, 어느 회사원이 자신이 속한 조직을 대상으로 판매전략 발표를 준비한다고 생각해 보자. 그가 선택한 메시지 문장은 다음과 같다. "판매전략을 세우는 데 있어 가장 중요한 일은 타인의 의견을 충분히 수렴하고, 계획을 철저하게 세우는 것입니다."

하지만 그는 연설의 본론을 작성하면서, 여러 가지 문제에 부딪칠 것이다. 어떤 때는 연설문의 구성원칙이 타인의 의견을 충분히 수렴하자는 것이고, 또 어떤 때는 계획을 철저히 세우자는 것이기 때문이다. 이중 어느 것이 그에게 더 중요한 주제일까? 진작부터 그는 메시지 문장에 한 가지 견해만 담았어야 했다.

요점 완성하기

1. 다시 메뉴로 돌아가자. 그리고 각기 다른 템플릿을 이용해서 모든 요점을 전개해 보자. 요점 부분에 반드시 메시지 문장을 삽입하는 것을 잊지 말자.

2. 딱히 메시지 문장이 들어갈 자리를 찾기 힘들다면, 이는 요점의 내용이 연설 주제와 동떨어져 있을 가능성이 크다. 이 경우에는 다시 메뉴를 고쳐서 주제와의 관련성이 큰 다른 요점을 작성한다.

3. 각 요점을 차례대로 전개해서 작성한 후에는 다른 종이나 카드에 이를 옮겨 적고, 번호를 매긴다. 그런 다음 처음부터 끝까지 읽는다. 이때, 반드시 흥미가 덜한 것에서부터 가장 흥미가 있는 것 순으로 요점을 정리해야 한다.

4. 각 요점 전개가 끝난 후에는 잠시 말을 멈추는 것을 잊지 말자. 카드에 아예 "멈춘 후, 발가락을 세 번 오므린다."라고 크게 쓰는 것도 좋은 방법이다.

리허설(동작전환 주문)

의자 몇 개를 가져다 놓고 그 앞에 연단으로 가정할 만한 물건을 갖다 놓는다. 그러한 연단이 너무 볼품 없어 보인다면, 악보대를 이용하거나 탁자나 책상 위에 빈 쓰레기통을 거꾸로 놓아보자. 이제는 볼펜을 들지 말고 연습을 시작해 보자.

1. 의자에 앉아서 한 손에 요점 항목을 적은 종이를 들고, 손바닥을 위로 향하게 해서 양손을 무릎 위에 올려놓는다.

2. 복식호흡을 다섯 번 한다.

3. "나는 의자에 앉아 있다… 내 몸이 완벽하게 균형을 이루고 있음을 느낀다." 라고 크게 말한다(실제로 몸의 균형을 느낀다.).

4. "나는 내 손을 느낀다."라고 말한다(3cm 정도 손을 무릎 위로 들어올리면서 손의 무게를 느낀다. 손의 무게가 느껴질 때까지 기다린다. 자신의 내면을 느낀다.).

5. "나는 손을 내 옆구리로 천천히 가져온다."라고 말한다.

6. "나는 천천히 일어난다… 나는 한 걸음을 내딛은 후에 멈춘다… 나는 내 손을 느낄 때까지 기다린다."라고 말한다(일어나서 의자 앞에서 10cm 정도 한 걸음

을 걷는다.).

7. "나는 연단으로 천천히 걸어간다… 나는 내 손을 느낀다."라고 말한다(지정된 연단까지 걸어간다. 이때 항상 손의 무게를 느껴야 한다.).

"나는 천천히 돌아본다… 나는 청중을 바라본다… 멈춘다…"라고 말한다.

"나는 앞을 똑바로 바라본다… 나는 두 발을 편안히 벌리고 서 있다…"라고 말한다.

"나는 내 손을 느낀다."라고 말한다. (발가락을 세 번 오므린다.)

8. 이제 여러분은 가상의 청중을 바라보며 단상에 서 있다. 그리고 이제껏 작성한 내용에 방금 작성한 요점 항목을 덧붙여 연설을 한다. 각 항목이 끝날 때와 각 요점이 끝날 때 항상 발가락을 세 번 오므린다. 가끔씩 눈을 들어 가상의 청중을 바라본다.

9. 마지막 단어까지 말한 후, 발가락을 세 번 오므리고 "감사합니다."라고 말한다.

10. "나는 제자리로 천천히 돌아간다… 나는 내 손을 느낀다."라고 말한다.

11. 자리에 앉아서 복식호흡을 다섯 번 한다. 잠시 자신의 기분이 어떤지 느껴본다.

전체적으로 다시 한 번 반복한다. 반드시 손의 무게를 느끼도록 노력하자.

클라이맥스 : 마지막 요점

서 론 (도입부)	1) 도입문 2) 주제문 3) 메시지 문장
본 론	4) 배경 5) 메뉴 6) 요점 　요점 A 　요점 B 　요점 C 　요점 D **7) 클라이맥스(마지막 요점)**
결 론	8) 결론

클라이맥스에서는 메뉴 항목에서 소개한 마지막 요점을 다른 요점들과 똑같은 규칙을 따라 전개하게 된다. 이 항목은 연사의 생각을 청중에게 전달하여 설득시키거나 확신시키는 마지막 기회이며, 연설의 최종 목적을 나타내는 메시지 문장을 언급하는 마지막 기회이기도 하다. 즉, 결론이 아닌 마지막 요점이 연설의 '클라이맥스'라는 것이다. 그러므로 가장 강렬한 느낌을 주는 요점을 클라이맥스로 써야 한다.

클라이맥스의 예

다음 클라이맥스에서는 구체적인 표현과 적극적인 제안을 통해 청중들로 하여금 수련원에서 휴가를 보내도록 설득하고 있다. 이 예는 요점 템플릿 A를 바탕으로 작성하였다.

- 주제문 : 오늘 저는 여러분들께 시바난다 요가수련원에 대해 말씀드리겠습니다. (멈춘다.)
- 메시지 문장 : 저는 바하마의 시바난다 요가수련원이 종교단체 회원들이 휴가를 보내기에 가장 적합한 장소라고 생각합니다.
- 메뉴의 마지막 요점 : 시바난다의 심신 치유력
- 클라이맥스

저는 약 14년 전에 시바난다 요가수련원의 심신 치유력을 경험할 **기회가 처음으로 생겼습니다. 그 당시에** 저는 규칙적으로 심신수련을 할 수 있는 방법을 찾고 있었던 것입니다.

수련원에 가기 전까지, 그곳에는 저와는 다른 사람들만 있을 거라고 생각했습니다. 그러나 제 생각과는 달리 그곳에는 각양각색의 사람들이 모였지만, 모두 똑같은 것을 추구하고 있다는 사실**을 알게 되어 매우 흥미로웠습니다.**

예컨대, 저와 함께 해변가의 오두막을 사용했던 젊은 여성분은 버지니아 출신의 경제학자로, 현재는 폴란드에서 일하고 있다고 했습니다. 그녀는 자신뿐만 아니라 심리분석학자로 일하는 그녀의 어머니도 오랫동안 그 수련원을 이용하며 속세에서 지친 심신을 달랬다고 했습니다. **또한,** 그 수련원은 특정 종교에 구애받지 않기 때문에 각 종교의 기념행사, 즉 크리스마스와 하누카, 그리고 힌두교 기념행사가 모두 열렸습니다.

저는 그곳에서의 경험을 통해 나이와 상관없이 누구나 요가와 명상을 쉽게 배울 수 있으며, 일상생활에 적용할 수 있다는 사실을 **깨달았습니다.** 요가를 처음 배우는 사람들을 지도하신 분은 75세의 선생님으로, 제2차 세계대전 이후 끔찍한 비행기 사고로 불구가 되신 분이었습니다. 하지만 요가로 단련되어서인지 놀라울 정도로 몸이 유연하고 자세도 훌륭했습니다. 또한 그 분은 허리 치료 전문가로서, 85세의 나이로 타계할 때까지 줄곧 사람들을 가르쳤습니다.

예전에, 저는 바다가 보이는 휴양지에서 휴가를 보내거나, 유럽으로 여행을 가서 휴식을 취하곤 했습니다. 하지만 그런 것들은 시바난다 요가수련원에서 요가를 하고 난 후의 건강해진 느낌과는 비교도 할 수 없었습니다. **그래서** 정신적인 건강과 육체적인 건강, 그리고 영적인 건강 모두를 위해 지난 14년 동안 줄곧 요가수련원에 다녔던 것입니다. 그 결과 제 건강은 물론 제 삶의 질까지 현저하게 개선되었습니다.

심신 단련에 흥미가 있는 분들께 바하마의 시바난다 요가수련원과 함께 새로운 경험을 해보실 것**을 권해 드립니다.** 그곳에는 이국적인 인도음식과 싱싱한 채식 요리, 상쾌한 날씨, 아름다운 해변과 시바난다가 제공하는 영적인 양식에 매혹된 멋진 사람들이 있습니다. 썬탠 로션만 가져가고, 담배, 술, 커피는 집에 놔두고 오십시오!

클라이맥스는 강력하게!

마지막 요점, 즉 클라이맥스에는 가중 흥미롭고 극적인 요소를 가미해야 한다. 이를테면 극적인 언어, 풍부한 시각적 묘사, 강력한 논조 등을 써야 더 효과적이다. 이런 요소를 갖추고 있지 않다면 무미건조한 연설이 될 우려가 있으므로 반드시 수정해야 한다. 메시지 문장은 클라이맥스에서도 역시 반드시 드러나야 하며, 끝부분에서는 말을 멈추고 반드시 발가락을 세 번 오므려야 한다.

이제부터 아래에 제시되는 사례를 기반으로 리허설을 해보자.

사례 A : 과학적 발견에 대한 뉴스

여기서는 우주개발 프로젝트에의 자금지원을 둘러싼 논쟁을 다룬 1998년 6월 26일자 〈뉴욕 타임즈〉 기사를 발췌하여 클라이맥스로 이용했다.

— 주제문 : 오늘 저는 여러분들께 우주개발 프로젝트에의 자금지원을 둘러싼

논쟁에 대해 말씀드리겠습니다.

- 메시지 문장 : 저는 본격적인 21세기를 맞이하여 우주개발 프로젝트에 반드시 자금지원을 해야 한다고 생각합니다.

- 클라이맥스 : 최근 뉴욕 타임즈 기사를 보면, 이번 달에 한 미국인 천문학자가 목성보다 두 배 정도 큰 행성을 발견했다고 하는데, 그 행성은 바로 지구로부터 15광년 거리에 있는 Gliese 876입니다. 이 Gliese 876의 발견으로 인해 우주 행성계에 관심을 기울이고 있던 많은 관계자들은 깜짝 놀라게 되었습니다. 왜냐하면 이 행성은 태양이 아니라, 태양 크기의 1/3 정도인 적색 왜성 주위를 돌고 있었던 것입니다.

미국 천문학회의 대변인 스티븐 P. 마란 박사는, 이는 1995년에 태양을 제외한 몇몇 항성 주위에 있는 행성 발견 작업에 착수한 이후, 가장 획기적인 발견 중 하나라고 했습니다. 왜냐하면, 적색 왜성에 행성이 있다면, 분명히 은하계에는 엄청난 수의 행성이 있을 것이기 때문입니다.

<u>21세기에도 우리가 이처럼 중요한 천문학 분야에서 획기적인 발전을 이루려면, 우주개발 프로젝트에 대한 계속적인 지원이 필요하다는 점을 알려주고 있습니다</u>(메시지 문장).

사례 B : 극적인 긴장을 주는 스토리

다음은 아동학대로 의심되는 일이 있다면 즉각적으로 신고를 하자는 주제의 연설에서, 충격적인 스토리를 이용하여 클라이맥스를 구성한 것이다.

- 주제문 : 오늘 저는 여러분들께 아동학대 신고의 중요성에 대해 말씀드리겠습니다.

- 메시지 문장 : 저는 아동학대로 의심되는 사건이 발생하면 가급적이면 빨리 신고해야 할 책임이 우리 어른들에게 있다고 봅니다.

– 클라이맥스 : 보브 개논은 오래 전부터 다소 난폭한 성격을 지니고 있었고, 복싱에 관심이 많았습니다. 그는 18살에 해군에 입대했으며, 그곳에서 아마추어 복싱 대회에 참가했습니다. 그후에도 줄곧 여러 아마추어 복싱 이벤트와 골든 글로브 행사 등에서 적극적인 활동을 펼쳤습니다. 그런데 1998년 5월의 어느 날 밤, 보브 개논은 8살 된 아들을 적수로 생각하고 머리를 때려 그 자리에서 숨지게 했습니다. 그의 아들은 복싱을 좋아한다는 이유로 그 난폭함을 마구 드러내 왔던 아버지로 인해 아동학대의 또 다른 희생자가 될 수밖에 없었습니다. 보브 개논이 이런 식으로 여러 번 아들을 학대해 왔지만, 이에 관심을 갖고 신고한 사람은 아무도 없었던 것입니다(메시지 문장).

경과 기록표

날 짜	시 간	강 점	약 점	느 낌	침착함/불안함 (1~10)

CHAPTER 12

이번에는 청중들이 말할 차례다

질의응답 시간

"답은 알겠는데, 문제가 뭐였죠?"

— 거트루드 스타인

오랫동안 수많은 연사들을 관찰한 결과, 대개가 결론까지 끝내고 나서 연설의 마지막 단계에 질의응답 시간을 가져야만 연설을 제대로 하는 것이라고 생각하고 있었다. 능숙한 연사든 서툰 연사든 마찬가지였다.

그래서 그들은 열띤 질의응답으로 인해 약간 멍해진 기분으로 연단을 떠나곤 했다. 그렇게 함으로써 결국 그들은 너무나 갑작스럽고 품위 없는 모습을 청중에게 보이고 말았다. 그들에게는 좀더 우아하게 연단을 내려갈 수 있는 방법이 필요했다. 그래서 나는 연사들에게 결론까지 모두 마무리한 후에 질의응답 시간을 갖기보다는 결론 전에 미리 질의응답 시간을 가져보라는 제안을 해보았다.

결론을 말하기 전에 미리 질문을 받으면, 빠뜨렸을지도 모를 내용을 다시 추슬러서 결론에서 언급할 수 있다. 또한 질의응답 시간을 빌어 일부 청중이 연설내용에 이의를 제기한다 해도, 자신의 생각을 확고히 못박을 수 있는 또 한 번의 기회를 결론에서 얻을 수 있다.

"질문 있습니까?"

1. 마지막 요점(클라이맥스)을 마무리한 후, 발가락을 세 번 오므린다.
2. "(결론을 내리기 전에) 질문 있으신 분 안 계십니까?" 라고 묻는다.
3. 시간이 허락하는 한도 내에서 질문에 답한다.
4. 질의응답 시간이 거의 끝나갈 무렵, "이제 한 번만 더 질문을 받겠습니다." 라고 말한다.
5. 마지막 질문에 대답하고 발가락을 세 번 오므린다.
6. "결론에서는…" 이라고 말한다.
7. 결론을 내린다.
8. "감사합니다." 라고 말한다.
9. 발가락을 세 번 오므린다.
10. 침착하고 자신 있게 제자리로 걸어가며, "나는 제자리로 천천히 돌아간다… 나는 내 손을 느낀다." 라고 말한다.
11. 의자에 앉은 후, 복식호흡을 10번 한다.

질의응답 시간을 갖는 목적

질의응답 시간이 되면, 청중의 입장에서는 연설에 간접적으로 참여할 수 있는 기회를 얻을 수 있다. 그리고 연사에게는 질문에 성실히 답변함으로써, 청중으로부터 호감을 이끌어내고, 청중들에게 연사 자신과 자신의 주장을 더욱더 강렬하게 심어줄 수 있는 기회가 생긴다.

일부 연사들은 질의응답 시간이 아주 편안하다고 한다. 이는 일대일 대화처럼 직접적으로 자신의 의견을 표현할 수 있는 기회이기 때문이다.

그러나 나머지 대다수의 사람들은 다음과 같은 이유로 질의응답 시간을 두려워한다.

- "만약 내가 모르는 질문이 나와서 제대로 답변을 못하면 어떻게 하죠?"
- "갑자기 아무 생각도 나지 않을까 두려워요."
- "그 자리에서 바로 훌륭한 답을 생각해 낼 수 있을까요?"
- "공격적인 질문을 받고 말문이 막힐까 봐 걱정이에요."
- "혹시라도 내가 대답을 못하면 사람들이 저를 생각보다 똑똑하지 않은 사람이라고 생각할까 봐 걱정돼요."

하지만 이런 반응들은 사람들 앞에서 자신감을 상실하고 두려움을 다루기 힘들었던 과거의 일일 뿐이다. 이 책을 읽고 단계별로 실천하고 있는 여러분은 이제 사람들의 시선을 받으면서도 연설내용에 집중할 수 있게 되었다. 따라서 질의응답 시간까지 완벽하게 끝낼 수 있다. 다음에 제시된 방법을 따라 가장 위험한 순간이 될 수도 있는 질의응답 시간을 무사히 마쳐보자.

당신은 리더다

연설을 하는 사람은 연사이므로, 연사 스스로 질의응답 시간에 대한 규칙을 만들면 된다. 하지만 가능하다면, 다음 사항을 염두에 두자.

- 되도록이면 많은 사람들을 지목해서 질문을 받는다.
- 한 사람 당 하나의 질문만 받는다.
- 대답은 간결하게 한다. 자신이 알고 있는 모든 것을 다 말할 필요는 없다. 강조하고 싶은 한 가지만 선택해서 말한다.

- 청중 가운데 한 명하고만 토론을 벌여서는 안 된다. 그러면 청중 앞에서 개인적인 대화를 나누는 것처럼 보여져, 리더로서의 위치를 잃을 수도 있다.
- 무조건 똑똑한 사람처럼 보일 필요는 없다. 그러나 탁월한 리더십을 발휘해서 질의응답 시간을 진행해야 한다.

질문을 반복하라!

질문을 받았을 때 유독 한 사람에게만 시선을 집중하는 것은 바람직하지 않다. 청중 전체를 바라보아야 한다. 그리고 받은 질문을 반복하거나 비슷한 내용을 담은 다른 내용으로 다시 되물을 필요가 있다. 그 이유는 다음과 같다.

- 답변에 대해 생각할 시간을 벌 수 있다.
- 모든 청중이 질문의 내용을 정확하게 들을 수 있다.
- 질문을 반복하면 자연스럽게 청중의 주의가 다시 연사에게로 돌아온다. 또한, 예상치 못한 질문을 받았을 경우 그로 인한 충격을 완화할 수 있다.

불안에 떠는 연사는 새로운 질문을 받았을 때 답변할 내용이 쉽사리 생각나지 않을 수도 있다. 하지만 예상치 못했던 질문이 나왔을 경우, 질문을 반복해서 말하면 그 충격에서 어느 정도 회복할 시간이 생긴다. 그 결과, 곧바로 대답해서 후회할지도 모를 발언을 하게 될 우려를 줄일 수 있다.

이를 위한 여러 가지 방법을 살펴보자.

질문 반복의 예

　－ 질문 : 현재 열대 다우림이 파괴되어 지구 환경에 심각한 위협을 주고 있는 상황에서, 어떻게 지구 온난화가 가장 시급한 문제가 될 수 있겠습니까?

질문을 반복하는 방법은 다음과 같다.

- "지구 온난화를 가장 우선적인 환경 문제로 제시한 것에 대해 의문을 제기하셨군요."
- "지금 제기하신 질문은 어떻게 지구 온난화가 가장 시급한 환경위기라고 말할 수 있느냐에 대한 것입니다."
- "진정 지구 온난화가 가장 시급한 문제가 될 수 있느냐고 하셨습니까?"
- "어느 것이 더 우선적이냐고 질문하셨습니다."
- "열대 다우림요?"

마지막 예와 같은 짧은 말도, 곧바로 질문에 대해 즉각적인 반응을 보이려는 충동을 억제하는 데 도움이 된다.

*식당에서 점심을 먹고 있는데 어떤 사람이 말을 걸었어. "지난주에 당신의 연설을 들었습니다.
그런데 왜 그렇게 청중과 싸우셨어요?" 그 말에 난 결국 하루를 망치고 말았어.*

대답하기 어려운 질문들

이제 질의응답 시간에 대비해 미리 준비를 하자. 우선 연설문을 작성한 후, 예상 가능한 질문들을 다섯 개에서 열 개 정도 작성한다. 특히, 자신을 불안하게 만들 수 있는 가장 어려운 질문이 무엇일지 생각해 보자.

그런데 아무리 자료조사를 많이 하고 준비를 철저히 한다고 해도, 혼자서는 제대로 된 답변을 하기 어려울 듯한 질문도 생각날 것이다. 이럴 때에는 우선 동료나 가족 등 가까운 사람들에게 "당신이라면 이 질문에 어떻게 답하시겠습니까?"라고 물어보자. 연설을 하지 않아도 되는 이들은 이 질문에 대해 연사처럼 두려움을 느끼지 않는다. 따라서 보다 창의적인 관점에서 질문을 바라보고 조언을 줄 수 있을 것이다.

친구나 동료로부터 질문에 대한 답을 얻었으면, 반드시 이를 적어서 전체적인 연설문에 삽입해서 마지막 리허설까지 연설을 하자.

대답할 수 없는 질문은 없다

리처드는 항상 발표를 해야 할 일이 생기면, 핑계를 대서 피하려고만 했다. 난처한 질문을 받게 될까 봐 두려웠기 때문이다.

그래서 나는 그에게 직접적으로 물었다. "피하고 싶은 질문은 무엇입니까?" 그러자 그는 "나는 사람들이 예산과 관련된 질문은 하지 말았으면 좋겠어요."라고 대답했다. 우리는 이 질문에 대해 청중들이 납득할 만한 답변을 준비하기로 했다. 리처드는 동료에게 도움을 요청함으로써, 예산과 관련된 전반적인 예상 질문에 대한 적절한 답을 준비했다.

모든 질문에는 현명한 대응이라고 인정받을 수 있는 답변이 반드시 있다. 즉, 대답할 수 없는 질문은 없다. 미리 어떤 식으로 대답할 것인지만 생각하면 된다.

이제는 피하고 싶은 질문은 생각하지 말자. 대신 다음과 같이 질문에 대한 표현법을 바꾸어 보자.

- 내가 받고 싶어하는 질문은 무엇이지?
- 어떤 질문이 나를 돋보이게 할까?
- 어떤 질문이 나의 강점을 드러낼 수 있을까?
- 나 자신에게도 묻고 싶은 질문은 무엇이지?
- 어떤 질문이 이 연설을 성공적으로 끝맺게 할까?

청중이 이런 질문을 직접적으로 할 것인지는 아직 알 수 없다. 하지만 유비무환(有備無患)이라고 했다. 이러한 질문들 중 한두 가지에 대한 답을 미리 생각하고 있으면, 그를 응용해서 다른 질문에도 적절히 대답할 수 있을 것이다.

다른 사람에게 질문 넘기기

난처한 질문에 대처하는 또 다른 방법은, 가능하다면 청중석에 함께 앉아 있는 동료에게 질문을 넘기는 것이다. 예를 들어, 막 나온 질문에 대한 답을 알고 있을 듯한 동료를 골라, "○○○ 씨, 이 문제에 대해 어떻게 생각하십니까?" 라는 식으로 정중히 물어보면 되는 것이다. 하지만 그 동료가 연사 자신보다 더 유창한 말로 청중들의 이목을 끌 경우, 연사의 장점이 묻힐 수도 있으므로 이 방법에는 좀더 신중을 기해야 한다.

연사 자신의 장점이나 중요한 업적에 대해 묻는 질문을 받았다면, 이 질문만큼은 직접 답하기보다는 다른 이에게 넘겨 주는 게 더 좋다.

반면, 묻지 않아도 대답하고 싶은 질문도 반드시 있을 것이다. 이럴 때는 연설 전에 미리 대답하고 싶은 질문 두세 개를 작성한다. 그리고 동료들에게 이 질문을 가르쳐 주고, 질의응답 시간에 질문해 달라고 부탁해 보자. 그리고 그 질문과 답변들은 꼭 글로 작성해서 연습하는 것도 잊지 말자.

연습해서 스타가 되자

에이브러햄 링컨은 연설할 기회가 있으면, 미리 수도 없이 연습을 하여 보좌관들을 괴롭혔다고 한다. 그 결과 링컨이 게티즈버그에서 한 3분간의 짧은 연설은 역사상 가장 유명한 연설로 남아 있다.

대부분의 기업인과 정치인들은 답변을 연습하지 않은 상태로는 연설 무대에 오르지 않는다. 대통령의 기자회견이 있을 때도, 측근들은 사전에 미리 질문을 예측해서 적절한 답변을 준비한다.

전 적십자 총재인 엘리자베스 돌은 한 인터뷰에서 당황스러운 질문을 받았다. "당신의 남편도 초창기에 비아그라를 복용했었죠? 그렇다면 이 약과 관련하여 사람들에게 어떤 충고를 해주고 싶습니까?" 하지만 그녀는 이 질문에 대한 답을 미리 준비해 두었기 때문에 머뭇거리지 않고 대답했다. "내 남편은 실험 대상자 명단에 있었고, 미리 말씀드렸다시피 비아그라는 효과가 좋은 약입니다." 그런 다음 그녀는 "됐나요?"라고 묻긴 했는데, 이 말은 가급적 쓰지 않는 것이 좋다. 그런데 곧이어 그녀는 비아그라와 관련된 보험에 대해 질문을 받았는데, 이에 대해서는 답변을 준비하지 못한 상태였다. 그래서 그녀는 "여기까지가 제가 말씀드릴 수 있는 전부입니다."라고 말했다. 잘 모르는 질문이 나오거나 질문을 그만 받고 싶을 때에는 이런 식으로 못을 박는 것도 좋은 방법 중 하나다.

자극적인 질문에 대한 대처법

가끔씩 자극적이거나 선동적인 질문을 퍼붓는 청중도 있다. 이럴 때 상대방과 격렬한 논쟁을 벌이고 싶지 않다면, 그의 발언에 어느 정도 동조를 해주자. 예를 들면, "말씀하신 내용은 매우 흥미로운 정보군요."라고 먼저 말한 후에, 간단하게 답하면 된다.

언젠가 어느 유명인사가 TV에서 인터뷰를 했는데, 그는 기자가 난처한 질문만 한다는 이유로 자신도 아주 방어적인 태도로 응했다. 그래서 나는 그에게 이런 정면 공격을 다루는 좀더 전략적인 방법을 제안했다.

이 제안을 듣고 난 후 그는 기자로부터 다음과 같은 질문을 받았다. "현재 몇 가지 스캔들이 밝혀지고 있는데, 이에 대해 하실 말씀은 없으세요?" 이에 그는 전과 달리 다음처럼 대답했다. "그 문제에 대해 상당히 걱정하고 계시는군요. 저 역시도 걱정이랍니다. 저에게 관심을 보여주셔서 감사합니다." 이 답변 덕에 그는 기자의 경계 태세와 공격적인 어조를 누그러뜨릴 수 있었다.

반드시 말을 막아라!

가끔씩 어떤 청중은 질문을 한다고 해놓고 자신이 연사인 양 줄줄이 길게 말을 늘어놓아 연사를 난처하게 만들기도 한다. 따라서 이런 식으로 질문이 계속 이어질 때는 반드시 이를 제지해야 한다. 예의를 차린답시고 그 사람의 말이 끝나기까지 기다리는 것은 무모한 일이다. 속으로 셋을 세고는 다음과 같이 말하자. "질문해 주셔서 참으로 감사합니다." 그래도 반응이 없다면, 다시 셋을 세고는 "질문해 주셔서 감사합니다. 다른 분들은 질문 없으십니까?"라고 말하자. 물론, 질문한 사람이 중요한 고객이거나 상사일 때는 그리 현명한 방법이라고 할 수 없다.

이때 대부분의 청중들은 연사의 단호한 태도에 마음속으로 박수를 보낸다. 그들 역시 연사가 곤경에 빠지는 것을 원치 않기 때문이다. 한 명의 청중의 지루한 이야기를 계속 듣고 있는 것보다는 연사가 다시 이야기의 주도권을 잡는 것을 원한다. 모름지기 연사란 청중의 주의를 빼앗아서 자기 자신에게로만 돌리려는 사람의 말을 가로막을 권리가 있다.

아무도 질문을 하지 않을 때는?

질의응답 시간이 되었는데 어느 누구도 질문을 하지 않는다면? 충분히 있을 법한 일이다. 이때 당황하지 않으려면, 미리 자신만의 질문을 몇 가지 만들어서 다음과 같이 대처하자.

- 연사 : 질문 있습니까?
- 청중 : (침묵)
- 연사 : 많은 사람들이 저에게 이런 것을 물어옵니다. ……………… (미리 준비한 질문을 말하고 간단하게 답변을 한다.) 또 다른 질문 있습니까?
- 청중 : (침묵)
- 연사 : 또한 이런 질문을 하는 분들도 계십니다. …………… 감사합니다, 여러분.
  (발가락을 세 번 오므린다.)
  결론에서는……
질문을 받지 않았을 때도, 항상 "감사합니다, 여러분." 이라고 말하자. 그래야만 질의응답 시간을 정중하게 끝맺고 있다는 느낌을 줄 수 있다.

정말 모르는 질문이 나올 때는?

"질문을 받았는데, 도저히 답을 모를 때는 어떻게 하죠?"

이럴 때는 아주 정중히 모른다고 대답하면 된다. 모르는 것을 솔직하게 모른다고 대답하는 것은 분명 잘못된 일이 아니다. 하지만 다수의 사람들은 이것이 프로답지 못한 행동이라고 생각한다. 또한 연설이 처음인 사람이나 자기 비하의 감정으로 괴로워하는 연사들은 공개적으로 자신의 무지를 인정하게 되는 일이라고 생각하며 모욕감을 느끼기도 한다.

하지만 연설의 목적을 생각해 보자. 연설을 하는 목적은 자신과 자신의 견해에 대해 표현하며, 가능한 한 차분하고 부드럽게 신뢰감을 형성해서 청중을 설득하는 것이다. 남을 설득하려는 목적을 갖고 있다고 해서 모든 것을 다 알 필요는 없다. 그리고 질의응답 시간의 목적은 단상에 선 채로 리더로서의 위치를 유지하는 것이다. 따라서 "잘 모르겠습니다."라고 직접적으로 말하는 게 창피하다면, 대신 다음 중 하나를 말하자.

- 아주 흥미로운 질문입니다. 하지만 현재 우리는 그에 관한 자료를 한창 모으고 있는 중이니, 작업이 끝나는 대로 말씀해 드리겠습니다.
- 현재 그 수치를 외우고 있긴 하지만, 실제로 정확한 것인지 더 신중하게 검토해 볼 필요가 있다고 생각합니다. 제가 사무실에 가서 확인하는 대로 메모를 남기겠습니다.
- 현재로서는 그 정보에 대해 얘기해 드릴 수가 없습니다. 하지만 입수하는 대로 곧 연락드리겠습니다.

여러분들이 내 말을 듣지 않으면 난 정말 이러고 싶어요.

질문을 피해야 할 때도 있다

정치인들 중에는 질문이 마음에 들지 않는다는 이유로, 질문을 받지 않거나 청중들이 던지는 질문 자체를 무시한 채로 자신이 미리 준비한 질문에만 답을 하는 경우가 있다. 그러나 이 방법에는 신중을 기해야 한다. 연사가 질문을 고의로 회피하고 있다는 느낌을 줄 수도 있기 때문이다. 따라서 언제라도 자신이 원치 않는 질문이 나올 수 있다는 가정 하에 답을 미리 준비하는 게 좋다.

반면, 질문을 회피하는 방법으로 자신을 구제할 수도 있다. 왜냐하면 이리저리 교묘한 의미를 담은 청중들의 난처한 질문에 섣불리 대답함으로써 곤경에 빠질 우려가 있기 때문이다. 이때는 똑같은 대답을 짧게 몇 번씩 반복하면 된다. 이에 대해 청중은 연사가 직접적인 답변을 피하려 한다는 느낌을 받긴 하겠지만, 누가 봐도 연사에게 불합리하다고 생각되는 질문일 경우에는 청중도 관용을 베풀 수 있다.

이 방법은 특히 공개적인 자리에서 사생활과 관련된 곤란한 질문을 받았을 때 효과적이다. 예를 들어, 한 TV인터뷰에서 래리 킹은 스티븐 스필버그에게 왜 아프리카계 미국인 아이를 입양했는지에 대해 다양한 방법으로 네 번이나 질문을 했다. 하지만 스필버그는 이 질문에 대해 네 번 모두 다음과 같이 대답했다. "우리는 아이를 선택했지, 인종을 선택한 것이 아닙니다." 결국 명사회자 래리 킹도 포기할 수밖에 없었다.

공격적인 질문이나 발언에 대처하기

간혹 공격적이거나 논쟁을 좋아하는 청중으로 인해 난처한 상황에 처할 수도 있다. 하지만 연사가 단 한 명의 청중에 의해 이렇게 혼란에 빠질 때도, 다수의 청중은 연사를 계속해서 주시하고 있다. 따라서 이 상황에 어떻게 대처하느냐에 따라서 청중이 연사를 보는 시각이 달라진다. 이때 질문한 사람에게 똑같이 공격을 하거나 논리적 설득을 가하는 것은 금물이다. 얼굴을 붉히거나 당황한 모습을 보이는 것도 좋지 않다. 양쪽이 모두 서로 공격적인 말만 주고받는다면, 결국 언어 공방으로 번질 가능성이 크다.

그럼 어떻게 해야 할까? 우선, 자신의 내면에 주의를 모음으로써 공격적인 질문을 한 사람과 자기 자신 사이를 갈라놓아야 한다. 그리고 나서 차분하게 답변을 하면 된다. 전체 연설 연습을 할 때 아래의 지시사항도 함께 연습함으로써 당일날 익숙해지도록 하자.

1. 자신의 내면에 집중한다… 몸의 균형을 느낀다… 발가락을 세 번 오므린다.
2. 질문을 반복한다. 목소리에 긴장을 풀고 천천히 말한다.
3. 자신이 누구인지 생각한다. 청중을 바라본다.
4. 발표를 하는 목적이 무엇인지 생각한다.

5. 신체의 균형에 계속적으로 집중한다.

6. 자신에게 발언을 한 사람에게 주의를 돌리지 말고, 자기 자신에게 주의를 집중한다.

침착함을 잃게 되면?

질의응답 도중 특정 청중의 질문으로 인해 화가 나거나 당황하는 것은 경험이 많은 연사들도 흔히 겪는 일이다. 물론, 경험이 풍부한 연사일수록 자신의 감정을 드러내지 않을 확률이 더 높다. 하지만 노련한 정치인들도 자신의 적수나 기자의 공격적인 질문에 대해서는 결국 참지 못하고 욕설을 퍼붓거나 화를 내는 것을 우리는 자주 보아왔다. 그렇다면 이렇게 혈압이 올라갈 정도로 과열된 분위기 속에서 어떻게 침착함을 유지할 수 있을까?

이 상황에서는 절대 심호흡을 하지 말아야 한다. 대신 질문에 답하기 전에 발가락을 세 번 오므리면서 잠시 말을 멈추면, 자제력을 되찾을 수 있다. 몇몇 정치인들은 공격적인 질문을 받았을 때, 매우 방어적인 태도를 보이면서 섣불리 대답을 하려 한다. 하지만 말하려는 내용을 신중히 생각하지 않은 채, 말하고 싶은 충동만 앞세우면 미숙한 연사라는 이미지를 심어줄 뿐이다. 반면, 대답하기 전에 잠시 말을 멈춰 마음을 가라앉힌다면, 생각이 깊고 책임감이 강하다는 인상을 심어줄 수 있다.

누차 강조했듯이 능숙한 연사가 되려면, 언제나 차분함을 유지해야 한다. 특히 질의응답 시간이라면 이는 더욱 절실한 조건이다.

질의응답 시간을 위한 시각화 기법

다음 시각화 기법은 어느 정도의 집중력을 필요로 한다. 때문에 공포증이 심하거나 매우 불안한 반응을 보이는 사람이 당장 효과를 보기는 어렵다. 그러나 일단 토크파워 프로그램과 함께 이 시각화 기법을 이용하면 점진적으로 효과를 볼 수 있을 것이다.

녹음하기

1. 전체적인 연설문을 준비하고, 질의응답 시간에 나올 만한 질문을 10개 정도 작성한다. 그리고 각 질문에 대해 짧게 답변을 작성한다(되도록 80자가 넘지 않도록 한다.).
2. 아래의 '시각화 기법 멘트'를 천천히 명확한 목소리로 복창하면서 연설문을 녹음한다. 그리고 중간에 질문을 삽입해서 큰소리로 말한다. 이때 반드시 각 질문에 답변할 수 있을 만큼의 시간을 주고 녹음을 한다. '...' 표시가 있는 곳에서는 반드시 발가락을 세 번 오므린다.

테이프를 이용한 질의응답 연습

1. 의자에 앉아서 눈을 감고 자신의 내면에 집중한다.
2. 복식호흡을 열 번 한다.
3. 자신이 연설하고 있는 장면을 상상한다. 자신이 있는 방안을 둘러본다. 방의 불빛을 본다. 의자에 앉아 있는 자신을 느낀다. 그리고 녹음기를 들으면서 시각화 기법으로 들어간다.

시각화 기법 멘트

나는 의자에 앉아 있다... 나는 눈을 감고 있다...

나는 내 몸에 집중하고 있다…

내부에 초점을 맞추니, 내 몸의 좌우가 완벽하게 균형을 이루고 있음이 느껴진다…

내 머리는 양쪽 어깨 사이의 바로 한가운데에 있다…

내 복부의 긴장이 풀어져 있다…

나는 코를 통해 숨을 들이마시고 내쉬는 채로, 횟수를 세면서 복식호흡을 열 번하고 있다…

………

이제 발표가 막 끝나고 청중에게 질문이 있느냐고 물었다.

나는 서 있거나 앉아 있으며, 질문에 답할 준비가 되어 있다.

방안을 둘러본다.

방안의 불빛을 보려고 노력한다.

내가 입고 있는 옷을 본다.

아래를 내려다보니 신발이 보인다.

방안에 나와 함께 있는 사람들을 본다.

내가 아는 몇몇 사람들을 본다.

그들이 무엇을 입었는지 본다.

회의실 안이나 밖에서 나는 소리를 듣는다.

편안하게 숨을 쉰다(복식호흡을 천천히 세 번 한다.).

나는 기분이 아주 좋은 상태이다.

이제 첫 번째 질문을 받는다… (미리 준비한 첫 번째 질문을 읽으며 녹음을 한다.)

질문을 하고 있는 사람을 본다.

침착하게 숨을 쉰다(복식호흡을 천천히 세 번 한다.).

나는 지금 질문을 큰소리로 반복하고 있다…

(질문을 큰소리로 반복한다. 멈춘다. 대답을 한다.)

내가 말하고 싶었던 것을 대답한다.

나는 답변을 잘해서 기뻐하고 있다.

청중들은 내 의견에 낮은 목소리로 찬성한다.

청중들이 몸을 내 쪽으로 기울이고 있다.

나는 훌륭한 대답을 했으므로 기분이 유쾌하다.

다음 질문을 받는다(다음 질문을 써넣는다.)…

나는 질문하는 청중을 보고 있다.

침착하게 숨을 쉰다(복식호흡을 천천히 세 번 한다.).

나는 질문을 큰소리로 반복하고 있다…(질문을 큰소리로 반복한다.)

질문에 신중히 대답한다(큰소리로 답변한다.).

모든 질문을 마칠 때까지 이런 식으로 반복한다.

나는 내가 한 답변에 만족한다.

나를 바라보는 청중들의 얼굴에서 나의 의견에 동조하는 빛이 보인다.

청중이 나의 의견을 받아들이고 이해하고 있음을 느낀다.

나는 이제 성공적인 연설의 기쁨을 만끽한다.

이런 방법으로 계속해서 연습한다… 숨을 쉰다… 질문을 반복한다… 질문에 대답한다… 자신의 답변에 대한 긍정적인 반응을 상상한다… 모든 질문을 마칠 때까지 이런 식으로 연습한다.

경과 기록표

날 짜	시 간	강 점	약 점	느 낌	침착함/불안함 (1~10)

CHAPTER 13

마지막으로 박수를 받을 차례

결 론

처음과 같은 마음으로 돌아가라.

끝날 때까지 계속하라. 그런 다음 멈추어라.

— 루이스 캐롤

갑자기 "감사합니다."라는 말만 남기고 놀란 토끼처럼 허겁지겁 무대를 떠나는 연사를 본 적 있는가? 아니면, 마지막에 자신이 말했던 요점을 계속 되풀이하는 연사는? 왜 연설을 깔끔하게 끝맺기가 이토록 어려울까?

많은 사람들이 본론까지 말하고 난 뒤 연설을 끝맺을 때 어떻게 해야 할지 몰라 망설이고 있다. 편지를 쓰거나 전화를 할 때는 능숙하게 마무리를 하면서도 말이다. 이런 문제가 생기는 일차적인 이유는 그 상황이 익숙하지 않기 때문이다. 그래서 미숙한 연사는 수동적으로 변하고 말문이 막힐 수밖에 없다. 하지만 연설의 다른 부분과 마찬가지로 마무리하는 규칙도 제대로 배우고 나면, 멋지게 퇴장할 수 있다.

결론이란 무엇인가?

도입부를 통해 청중들이 연사와 첫만남을 갖는 것처럼, 결론 부분에서 청중들은 연사의 퇴장에 대해 미리 마음의 준비를 하게 된다. 토크파워 공식의 결론 부분은

더 이상 못하겠어! 컴퓨터조차 내 이야기를 지겨워 해.

요점을 다시 간략하게 살펴보고 메시지 문장을 마지막으로 반복하는 단계다. 이 부분까지 능숙하게 마무리해야만 청중들에게 세련된 연사로 기억될 수 있다.

서 론 (도입부)	1) 도입문 2) 주제문 3) 메시지 문장
본 론	4) 배경 5) 메뉴 6) 요점 　요점 A 　요점 B 　요점 C 　요점 D 7) 클라이맥스
결 론	**8) 결론**

나는 연설 내용을 적절히 요약해서 150 ~250자 정도로 결론을 작성하는 템플릿을 구사했다. 연설문의 전체적 길이와는 상관없이, 결론은 항상 250자 이하로 구성되어야 한다. 물론 내용을 지나치게 많이 생략해서 요약하는 것 역시 금물이다. 연설이 너무 갑작스럽게 끝난다는 느낌을 줄 수도 있기 때문이다.

결론에서 메시지 문장과 관련해서 별도로 강조하고 싶은 내용이 있다면, 250자를 초과할 수도 있다. 하지만 이 경우에도 청중들은 '나도 알아. 이미 알고 있다고!' 라고 속으로 외칠지도 모른다. 그러므로 항상 결론은 짧고 명쾌할수록 좋다.

결론은 차분하게

연설을 마무리할 때 역시 침착하고 부드럽게 진행하는 것이 중요하다. 과장되거나 충격적인 결말은 청중을 혼란스럽게 할 수 있으므로 되도록이면 피하자. 결론을 내릴 때는 앞에서 언급한 요점을 요약해서 반복하는 정도에 그쳐야지, 추가로 새로운 정보를 더해서는 안 된다.

이제 결론 템플릿을 이용해 간단명료하면서도 성공적인 결론을 내려보자. 질의응답 시간에 난관에 빠졌던 연사라 할지라도 결론 항목에서 자신의 견해를 다시 밝힘으로써 명예회복을 할 수 있다.

결론 템플릿

결론적으로, (멈춘다.) 저는 여러분들께 _____를 제안하려 합니다. 그 이유는 (멈춘다.) _____이기 때문입니다. 저는 여러분이 _____일 거라고 확신합니다. (말을 멈추고 발가락을 세 번 오므린다.) _____ (주제)에 대해 논의하면서, 저는 오늘 다음과 같은 요지를 알려드렸습니다.

(메뉴에 포함된 모든 요점을 열거한다.)

1. (발가락을 한 번 오므리며 멈춘다.) _____

2. (멈춘다.) _____

3. (멈춘다.) _____

4. (멈춘다.) _____

5. (멈춘다.) _____

하지만 가장 중요한 것은, (멈춘다.) _____임을

기억하십시오.(발가락을 세 번 오므린다.) 감사합니다, 여러분.

결론의 네 가지 유형

1. 결론 템플릿을 이용해 메뉴 항목의 요점들을 다시 언급함으로써 결론을 내린다.

2. 결론 템플릿 끝에 메시지 문장과 관련된 시나 노래를 첨부해서 마무리한다.

3. 연설 주제와 관련된 일화나 짧은 스토리로 마무리한다. 이는 도입문에서 이용하던 것과 비슷한 유형이다.

4. 결론 템플릿을 이용하면서 끝부분에서 적절한 인용구로 마무리한다. "그러나 가장 중요한 것은, ~임을 기억하십시오."라는 표현 대신 곧바로 인용구를 언급하면 된다. 단, 인용구가 너무 길어서는 안 된다.

결론의 예

메뉴 템플릿

다음은 메뉴 템플릿의 요점을 이용해 작성한 결론이다. 굵은 활자로 쓰인 글씨에 주목하자.

결론적으로, 저는 여러분들께 마이클 조던이 시카고에 지대한 공헌을 했다는 사실을 상기시키고 싶습니다. **그 이유는** 그가 농구를 통해 환상적인 경기를 보여줌으로써 우리를 즐겁게 했던 것 이상으로 이 지역에 미친 영향이 컸기 때문입니다. **저는** 여러분들이 백 년에 한 번 나올까 말까 한 이 지역의 영웅에 대해 더욱 많이 알게 되었**으리라 확신합니다.** 마이클 조던이 시카고에 미친 영향**에 관해 오늘 저는 여러분들께 다음과 같은 점을 말씀드렸습니다.**

- 시카고 시민들의 사기 고무
- 외부 관광객 유치에 긍정적 효과
- 아이들에게 바람직한 스타상 확립
- 지역 스포츠계에 활력 주입
- 그리고 마지막으로, 시카고 경제에 미친 긍정적 영향입니다.

하지만 무엇보다도 중요한 것은, 마이클 조던의 명성으로 인해 시카고 시의 이미지가 한결 좋아졌다는 것입니다.

시

짧은 시를 템플릿의 끝 부분에 넣어서 연설을 끝맺을 수도 있다. 이를테면, 어느 유명한 무용수는 춤을 주제로 한 연설에서, 자신의 삶에서 춤이 지니는 심오한 의미를 담은 시로 연설을 마무리한 적이 있다.

내가 춤을 출 때, 태양은 조용히 밤을 보낸다.
내가 춤을 출 때, 내 발끝에서 미래가 만들어진다.
내가 춤을 출 때, 별들은 하늘을 떠다닌다.
내가 춤을 출 때, 샛별은 사막 위에서 흔들린다.

내가 춤을 출 때, 먼지는 은이 되고, 금은 조약돌이 된다.

— 코지 파비안, 신전 노예

스토리

보통, 스토리를 소개하면 지루하지 않고 재미있다는 이유로 청중들의 반응이 좋다. 다음은 웃음이 우리 삶에 있어서 중요한 역할을 한다는 메시지를 담은 스토리를 연설의 결론 부분에 사용한 예다.

조지 부시 미국 대통령은 한때 UN 미국 상주대표로 있었는데, 어느 날 안전보장 이사회에 45분 가량 늦었습니다. 그가 들어와서 자리에 앉자 사회자는 매우 정중하게 말을 멈추고는, "미국의 대표를 환영합니다. 그리고 지금 그를 위해서, 제가 하던 연설을 처음부터 다시 시작하겠습니다."라고 말했습니다. 그러자 모든 사람들이 일제히 불만을 토로하면서 비난의 목소리를 퍼부었습니다. 회의에 참석한 모든 사람들이 그토록 의견일치를 보이기는 처음이었습니다.

인용구

인용구를 이용하면 다른 어떤 방법보다도 연설문의 본론과 자연스럽게 이어질 수 있다. 단, 여태까지 쌓아온 연설의 효과를 그대로 유지하려면, 인용문 선택에 있어 신중을 기해야 한다.

예를 들어, 다음의 조지 버나드 쇼의 말을 결론에서 인용했다고 치자. "순교는 능력 없이도 유명해질 수 있는 유일한 방법이다." 여기에서 결론은 다음과 같은 메시지 문장을 반영하고 있다. "저는 일부 사람들이 유명인사가 된 비결은 일반인들의 눈을 흐리게 해, 진정한 영웅과 단지 그들을 닮고 싶어만 하는 사람을 구별하지 못하게 했기 때문이라고 생각합니다."

그런데 이처럼 결론에서까지 메시지 문장을 반영하면, 메시지 문장이 너무 자주 등장하는 것 아니냐고 되묻는 사람들도 있다. 하지만 대화와는 달리 발표를 할 때 메시지 문장을 반복하면 청중에게 연사의 의도를 좀더 강력하게 전달할 수 있다.

토크파워 공식, 어떻게 적용되는가

이제부터 토크파워 공식 전체를 개괄적으로 살펴보자. 'Self Talk'는 연사가 추구하는 목적을 밝힌 것이다.

서   론(도입부)

1. 도입문	청중과의 첫 대면이 이루어지고, 도입문을 통해 청중들은 연사에게 집중을 하게 된다. 조크, 충격적인 발언, 수사적인 표현, 인용문 등으로 도입문을 시작할 수 있다. 이때 도입문은 250자 정도가 적당하고, 해당 시간은 1분 정도이다.(멈춘다.) ⋯▶ **Self Talk** 　"사람들의 이목을 일제히 나에게로 집중시킬 것이다."
2. 주제문	한 문장으로 된 주제문을 통해 연설의 주제를 간략하게 소개한다. "오늘 저는 여러분들께 ~에 대해 말씀드리겠습니다." (멈춘다.) ⋯▶ **Self Talk** 　"나에게 주목하고 있는 청중들에게 어떤 주제로 연설할지를 알릴 것이다."
3. 메시지 문장	연설 주제에 대해 연사가 어떤 견해를 가지고 있는지를 한 문장으로 밝히는 부분이다. "저는 ~라고 생각합니다." "저는 ~라고 느낍니다." "저는 ~라고 믿습니다." (멈춘다.) ⋯▶ **Self Talk** 　"주제에 대한 나의 견해를 밝힘으로써 청중들이 내 생각이나 내 연설에 더 　쉽게 동조하도록 설득할 것이다."

4. 배 경	왜 그 주제로 연설을 하는지와 관련해서 다음의 세 가지 질문 중 하나를 골라 설명한다.

왜 그 주제로 연설을 하는지와 관련해서 다음의 세 가지 질문 중 하나를 골라 설명한다.

1) 왜 나는 이 주제에 대해 이야기하는가? (개인적 배경)

2) 왜 우리 회사는 이 주제에 관심이 있는가? (조직적 배경)

3) 왜 이 주제가 청중들에게 흥미를 주는가? (역사적 배경)

···▶ **Self Talk**

"내가 주제와 어떤 관계에 있는지 청중들에게 밝힘으로써 나에 대한 신뢰도를 높일 것이다."

5. 메 뉴

요점 항목에서 전개할 내용들의 목록을 미리 간단하게 소개한다. "~에 대해 말씀드리면서, 제가 다룰 사항은 ~입니다."

···▶ **Self Talk**

"나는 1~7개 정도의 요점 목록을 작성해서 간략하게 연설 내용을 청중들에게 미리 알려줄 것이다."

6. 요 점

메뉴에 있는 각 요점들을 상세히 전개한다.

― 요점 A

이것은 메뉴에 있는 첫 번째 요점이다. 분량은 연설시간에 따라 차이가 있겠지만, 요점 템플릿을 이용하여 250자 정도로 잡는다.

···▶ **Self Talk**

"나는 단계적으로 또는 요점별로 나의 생각과 정보를 구체적으로 전개할 것이다. 또한 각 요점을 설명할 때마다 메시지 문장을 반복하여 연설의 목적을 주입시킬 것이다.'

― 요점 B

첫 번째 요점보다 좀더 흥미로운 내용이다. 여기서도 메시지 문장을 반복해야 한다.

···▶ **Self Talk**

"나는 이제 두 번째 요점을 풀어갈 것이다. 여기서도 메시지 문장을 반복함으로써 서서히 청중들을 설득해 갈 것이다.'

– 요점 C, D…

주어진 시간에 따라 요점은 최대한 7개까지 전개할 수 있다.

⋯▸ **Self Talk**

"전반적으로 요점 항목에서는 연설 내용을 논리적인 방식이나 이야기 형식으로 풀어갈 것이므로, 청중들은 그림을 보듯이 나의 연설을 쉽게 이해할 것이다. 또한 요점들은 모두 주제와 긴밀한 연관성을 갖고 있기 때문에 내 목적을 쉽게 전달할 수 있을 것이다."

7. 클라이맥스	클라이맥스는 모든 요점들 중에서 가장 마지막에 전개하는 요점으로, 가장 중요하고 극적인 요소를 담고 있어야 한다. ⋯▸ **Self Talk** "클라이맥스는 메시지 문장을 청중들에게 강력하게 심어줄 수 있는 마지막 기회다. 따라서 청중들이 이에 매료되어, 내 목적에 따라 행동하며, 나를 기억하기를 바란다."
※ 질의응답	⋯▸ **Self Talk** "질문을 받았으면 대답하기 전에 항상 마음을 가라앉히고 질문을 반복함으로써 마음을 진정시켜 차분하고 믿음직한 연사라는 인상을 심어 줄 것이다."

결   론

8. 결 론	요점 항목에서 전개했던 모든 요점들을 간단히 정리함으로써 연설을 마무리하는 단계다. 되도록이면 250자가 넘지 않아야 한다. ⋯▸ **Self Talk** "이제 청중들에게 연설이 끝나고 있음을 알리고 끝까지 차분한 연설을 하기 위해 최선을 다한다."

멋진 연설을 위한 15가지 방법

토크파워 공식을 통해 이제껏 제시한 연설 방법들을 간단히 요약했다. 다음 단계를 차례대로 따르면서 연설준비를 하자.

1. 도입문은 연설문을 화려하게 꾸미는 액세서리다. 따라서 연설의 다른 부분을 모두 완성한 후에 도입문을 작성하면 된다.
2. 주제문을 결정한다. "오늘 저는 여러분들께 ~에 대해 말씀드리겠습니다."
3. 메시지 문장을 만든다. "저는 ~라고 생각합니다." 메시지 문장에 대한 확신이 서지 않았다 해도, 연설자료 수집에 들어가기 전에 미리 만들어 두는 것이 좋다. 메시지 문장은 나중에 변경해도 된다.
4. 배경 템플릿을 선택하고, 그 안을 채운다.
5. 본론에서 무엇을 말할지, 주제와 관련된 내용으로 브레인스토밍을 한다.
6. 브레인스토밍 목록에서 1~7개 정도의 요점을 선택해 메뉴를 만든다. 요점의 개수는 주어진 연설시간에 따라 달라질 수 있다.
7. 요점 템플릿을 이용하여 각 요점을 구체적으로 전개한다.
8. 가능한 한 가장 극적인 방법으로 마지막 요점(클라이맥스)을 전개한다.
9. 각 요점을 전개할 때마다 메시지 문장의 의미를 담고 있는지 확인한다.
10. 질의응답 시간이 있으면, 나올 만한 질문과 답변을 미리 준비한다.
11. 결론의 유형을 선택하여 250자 이하의 결론문장을 작성한다.
12. 연설문 작성이 끝나면, 조크, 동서 도입, 간단한 질문, 충격적인 발언, 시, 인용구 중 하나를 선택해서 도입문을 작성한다. 단, 아주 멋진 이야기거리를 찾는답시고 많은 시간을 허비할 필요는 없다. 간단한 조크 하나만으로도 연설을 멋지게 시작할 수 있다.
13. 단어 수를 계산하여 주어진 시간을 초과하지 않도록 주의한다.

14. 각 항목의 마지막에는 "멈춘 후 발가락을 세 번 오므린다."라는 말을 집어 넣는다.

15. 자신이 작성한 연설문이 몇 페이지인지 세어보고 분량이 적당한지 최종적 으로 검토해 본다. 메뉴 항목의 마지막 부분에서는 청중에게 질의응답 시간 에 질문을 받을 거라고 말한다.

더 이상 불안하지 않다고요??

마크는 토크파워 워크숍에서 항상 열심히 연설연습을 했다. 도중에 말을 잠시 멈추는 것도 자연스러웠고, 말의 속도도 적당했다. 그러나 그는 실제 연설에서는 중간에 말을 멈추지 않았을 뿐만 아니라, 연설을 서둘러 끝내려는 듯한 인상을 주 었다.

"어쩐 일이죠? 연습할 때는 아주 잘하셨잖아요."

마크가 대답했다. "글쎄요. 복식호흡을 하면서 자리에 앉아 있을 때까지는 매우 편안하고 기분이 좋았어요. 그래서 복식호흡만 하고 내면인식 상태로 들어가지 않은 채 바로 연단으로 걸어갔죠. 하지만 연설을 시작하니까, 갑자기 너무나 불안 해졌어요. 그래서 말이 빨라지기 시작했어요. 중간에 말을 멈춰야겠다는 생각을 할 겨를이 없었어요."

이 이야기를 듣자, 여느 때와는 달리 자신의 다리가 뻣뻣하지 않다고 느껴, 공연 전에 스트레칭을 하지 않고 곧바로 무대로 올라섰다가 발목을 다치고 만 어느 발 레리나의 이야기가 생각났다. 마크 역시 일어서기 전에 미리 내면인식 상태를 거 쳤어야 했다.

호명되기를 기다리면서 자리에 앉아 있는 동안, 마크처럼 잠시 침착해졌다는 이유로 내면인식 상태에 들어가지 않아도 아무런 문제가 없을 거라고 생각할 수 도 있다. 그러나 실제로 연단에 섰을 때는 갑자기 심장박동이 빨라질 수가 있다.

그러므로 절대로 내면인식 과정을 건너뛰어서는 안 된다. 빙판길에서 시속 120km로 달리다가, 갑자기 핸들에서 손을 떼면 얼마나 위험하겠는가? 연설을 시작하기 전에 아무리 자신의 마음이 차분하다 해도, 손의 무게에 주의를 집중시키는 행동을 잊어서는 안 된다.

충분하다! 이제 원고 작성을 멈추자!

중요한 발표가 있다면, 5일 전에는 이미 연설문 작성이 끝나야 한다. 당일까지 연습을 하면서 그 연설문에 익숙해져야 하기 때문이다. 마지막 순간에 급하게 연설문 내용을 바꾸어 연습하면 혼란에 빠질 수밖에 없다.

그러니까 일단 연설문부터 완성하자. 연습 도중에 기가 막힌 자료를 새로 얻었다 하더라도, 시간이 촉박하다면 다음 연설을 위해 남겨두자. 연습도 해보지 못한 새로운 연설 자료를 가지고 우왕좌왕하며, 남들에게 '나는 불안한 사람이오.' 라고 공개적으로 밝히는 것보다는 낫지 않은가? 천재적인 연설가가 되는 것보다도 청중에게 호감을 심어주고 스스로 불안에 떨지 않는 것이 더 중요하다. 이미 연설 내용에 익숙하다면, 충분히 가능한 일이다.

토크파워 공식을 이용할 수 없다면?

간혹 이 책에서 제시하는 토크파워 공식과는 전혀 다른 형태의 발표나 연설, 세미나에 참가하게 될 수도 있다. 따라서 이런 경우에는 토크파워 공식을 그대로 적용하기가 힘들다.

이때는 주제문과 메시지 문장 정도만 토크파워 공식을 이용해도 좋다. 대부분의 연설에서는 도입부를 전개하는 방식이 거의 비슷하기 때문이다. 본론에 들어가서는 내용을 새로이 전개할 때마다 메시지 문장을 반복한다. 연설의 기본적인 구조가 이 내용에서 저 내용 사이를 왔다갔다하는 식이라 해도, 메시지 문장을 반복하면 내용을 자연스럽게 이을 수 있다.

특정 연설을 듣는 청중들은 종종 연설 내용들이 일관성이 결여된 듯하거나 서로 분리된 것처럼 느껴진다고 한다. 이런 문제는 메시지 문장을 반복할 경우 저절로 사라진다.

그러나 무엇보다도 중요한 것은, 어떤 형태의 연설이든 간에 반드시 동작전환 주문을 통해 미리 연습을 하고, 실제 연설 바로 직전에는 내면인식 상태로 들어가야 한다는 것이다.

정말 제가 병에 걸릴 조짐이 전혀 없단 말씀이세요?
지금 제 앞에는 죽음보다 더한 고통이 도사리고 있는데…

토크파워 갈고닦기

동물원에 간다고 저렇게 신이 나 있구나. 하지만 조금만 참자.
저 애들 떠나고 나면 조용해질 거야.

CHAPTER 14

나는 말할 권리가 있다

나를 사랑하자

아버지는 낚시를 하시며 이런 말씀을 하곤 하셨다. "이 물고기들, 입만 다물고 있었다면, 잡히지 않았을 텐데."

— 마이클 퀸, 경영자

다수의 사람들 앞에서 말하는 것을 꺼리는 사람들의 사연은 다양하다. 오래전에 창피와 모욕을 당했던 경험 때문일 수도 있고, 최근에 겪은 심각한 정신적 충격 때문일 수도 있다. 그런데 근 20년간 스피치공포증이 있는 사람들 몇 명을 살펴본 결과, 더욱더 두드러진 이유를 발견할 수 있었다. 바로 지나친 자기 비하의 감정 때문이었다. 그들은 다음과 같은 생각을 하며 스스로를 괴롭히고 있다.

'나 같이 보잘것없는 인간이 이토록 많은 사람들의 귀중한 시간을 빼앗고 있다니…. 저들은 내 말을 들을 가치도 없다고 생각할지도 몰라.'

그런데 나는 이런 생각을 하고 있는 토크파워 워크숍 참가자들을 대상으로 상담을 한 결과, 그들이 하나같이 어릴 때부터 주위 사람들로부터 존중받고 자라지 못했음을 알 수 있었다.

"어떤 일을 해도 나는 아버지의 관심을 끌 수 없었어요."

"형제들은 내가 무슨 말을 하든 항상 비웃었어요."

"우리 엄마는 항상 기분이 좋지 않으셨어요. 그래서 학교에서 무슨 일이 있어도 엄마 앞에서는 한 마디도 할 수 없었어요."

엄마는 항상 이렇게 얘기하셨지. *"바지가 안 맞을 정도로 살찌면 안 된다."*

존중받고 자란다는 것은?

어릴 때였어요. 어른들끼리 만화영화에 대한 말씀을 나누고 있는데, 제가 본 적이 있는 만화영화 제목이 나왔어요. 그래서 옆에서 "저도 그것 봤어요!"라고 끼어들었죠. 그러자 부모님께서 큰소리로 "나서지 좀 마!"라고 말씀하셨어요. 부모님께서는 그런 식으로 내가 말하는 것은 조금도 존중해 주지 않으셨어요. 그때부터 남들 앞에 나가야 할 일이 생기면, 마치 내가 큰 잘못을 저지르고 있는 것처럼 느껴졌어요. 특히, 회사생활을 하면서 직원들 앞에 섰을 땐, 왠지 내가 자만하는 것처럼 느껴져 너무나 당황스러웠어요. "모린, 네가 뭘 안다고 그렇게 사람들 앞에 서 있는 거니?"라고 누군가가 깔보는 것만 같았어요.

— 모린, 세일즈 매니저

누군가가 '나를 존중한다'는 것은 나를 높이고 소중히 여기며, 나에게 관심을 보여 준다는 뜻이다. 나는 종종 사람들에게 다음과 같은 질문을 던진다. "집에서 부모님이 여러분을 존중해 주셨나요? 물론 여러분은 부모님의 사랑을 듬뿍 받고 자랐으리라 생각됩니다. 그렇지 않았다면, 이렇게 많은 일을 이룰 수 없었을 테니까요. 하지만 이건 다른 문제랍니다. 부모님으로부터 존중을 받고 자랐는지 한번 생각해 보세요. 부모님들이 여러분이 하는 말과 행동에 관심을 쏟으셨나요? 존중 받았다고 느끼나요?" 하지만 유감스럽게도 65% 이상이 아니라고 답한다.

그들은 어릴 때 부모님이나 선생님이 그랬던 것처럼 청중들도 무시, 거부, 무관심, 비난, 모욕 등의 반응을 보이지 않을까 걱정한다. 그래서 자기 자신이 하찮은 존재로 느껴지는 것이다. 또한 누군가가 자신의 의견과 다른 질문을 하면, 혼자서는 대답하기가 곤란할 거라고 걱정하며 무기력감을 느낀다.

이들은 부모님이나 선생님, 또는 동료들이 자신의 생각이나 말, 행동 등을 무시하는 데 익숙해졌고, 이로 인해 어떤 처벌이 따를 것이라고 스스로 예상하도록 길들여져 왔다. 주위 사람들이 자신에게 관심을 보여주지 않고, 혼만 냈던 기억이 이들을 억압하고 있는 것이다. 결과적으로 이들은 자신의 생각을 표현하고픈 욕망을 스스로 억눌러 왔기 때문에 스스로도 자신을 '존중'하지 않게 되었다.

혼자만의 비밀은 자신을 계속 부끄럽게 만든다

1장에서 나는 이미 이런 문제를 가지고 있는 사람들의 대부분이 사람들 앞에서 말하기를 꺼리는 이유를 설명했다. 그리고 그 자신들은 그 이유를 잘 모르고 있다는 사실도 이야기했다. 그들은 어렸을 때 겪었던 감정적인 학대를 잊으려고, 또는 애써 떠올리지 않으려고 자신을 학대하는 것이다. 알다시피 이런 자기 비하의 감정은 사람들 앞에서 말할 때 두려움만 키워갈 뿐이다. 그러므로 이 장에서는 어렸을 때 경험했을지도 모를 학대에 대해 다시 살펴보고 구체적인 해결방법을 알아볼 것이다.

이제 숨기고만 싶던 과거의 비밀을 정확히 들추어냄으로써, 마음의 상처를 치료하고, 갓난아이처럼 그 무엇이나 밖으로 꺼내어 표현하던 예전의 모습으로 돌아가자. 먼저 어렸을 때부터 여러분을 괴롭혀 왔을지도 모를 부정적인 표현들을 살펴보자. 이제 여러분은 자신을 비하하는 태도가 어디에서 비롯되었는지 분명히 알 수 있을 것이다.

자기 비하를 불러오는 표현들

- 넌 왜 한 번도 100점을 못 받아오니?
- 엄마나 아빠 말에 절대로 이의를 달아서는 안 돼!
- 남들 주의를 끄는 행동은 절대로 하지 말거라!
- 애들은 항상 조용해야 해.
- 너는 안 떠들었으니까 상을 주겠다.
- 그건 너무 어리석은 대답이야.
- 너의 실체를 알고 나니 실망이구나.
- 넌 왜 형처럼 할 수 없는 거니?
- 너, 지금 자신이 무슨 말을 하는지 알고는 있니?
- 아무 데도 너를 못 데려가겠어. 너는 항상 우리를 난처하게 만들거든.
- 너는 너무 못생겼어.
- 너는 왜 그리 뚱뚱하니?
- 너, 입이 정말 크구나.
- 저기 구석에 가서 벌이나 서고 있어. 넌 사람들 앞에서 혼 좀 나야 해.
- 그런 생각은 바보들이나 하는 거야.
- 너 같은 애가 내 아들이라니, 기가 막히는구나.
- 왜 너는 사촌 철수처럼 될 수 없니?
- 바보처럼 구는 게 꼭 네 아빠를 닮았구나.

99점을 받았구나. 좋아. 그런데 나머지 1점은 어디 간 거지?

- 너는 결코 네 아버지처럼 될 수 없을 거야.
- 그 말 한 번만 더 하면, 네 입을 막아버릴 거야.
- 저녁 먹지 말고 네 방에 가 있어!
- 너, 참 버릇없는 아이로구나!
- 넌 꼭 네 엄마처럼 바보 같은 소리만 골라 하는구나.
- 하나님이 너를 벌주실 거야.
- 네 말도 안 되는 소리를 듣고 있을 시간이 없단다.
- 너는 항상 앞뒤가 안 맞는 말만 하는구나.
- 도대체 또 뭐가 잘못된 거니?
- 자꾸 그렇게 떼쓰면, 너 혼날 줄 알아!

　여러분은 이렇게 물을지도 모른다. "과거의 일은 이미 지나간 일이잖아요. 그것을 어떻게 되돌릴 수 있단 말입니까?" 하지만 걱정 말자. 우리는 충분히 과거를 되돌릴 수 있다.

지금까지 우리는 토크파워 공식을 통해 스피치공포증을 극복하는 데 필요한 기술과 연설문 작성기술을 익혔다. 이제 이를 토대로 자기 자신을 사랑하고 존중하는 방법을 배워보자.

표현력을 상실한 아이 치료하기

다음 연습을 통해 여러분 내면 깊은 곳에서 잠자고 있는 표현력이 풍부한 어린 아이를 깨워보자. 자신의 생각을 자유롭게 표현하고픈 욕망을 억누르면서, 자기 비하의 감정으로 괴로워만 하고 있는 한 어른 안에 갇혀 있는 그 아이. 방법은 간단하다. 그 아이에게 사랑과 관심을 보여줌으로써, 표현력을 자극하는 신경망을 개발하면 된다.

연습 : 표현력이 풍부한 아이

다음 내용을 부드러운 목소리로 천천히 명확하게 읽으면서 녹음한다. '…'가 있는 곳에서는 항상 발가락을 세 번 오므리면서 말을 멈춘다. 녹음을 끝낸 후에는 의자나 침대에 앉아서 녹음한 내용을 들으며, 지시사항을 그대로 따른다.

파트 1 - 준비
나는 의자에 앉아 있다…
나는 눈을 감고 있다…
나는 내 몸에 집중하고 있다…
내부에 초점을 맞추며, 내 몸의 양쪽이 완벽하게 균형을 이루고 있음을 느낀다…
내 머리는 양쪽 어깨 바로 한가운데에 자리잡고 있다…
내 복부는 이완되어 있다…

나는 복식호흡을 열 번 한다. 코를 통해 숨을 들이마시고 코를 통해 숨을 내쉬면서 횟수를 센다…

파트 2

나는 가족앨범이 있는 곳으로 간다.

가족앨범을 무릎 위에 놓고, 앨범을 넘겨서 아주 오래 전 사진을 찾는다.

나는 아주 오래 전에 찍은 사진을 찾고 있다.

나는 어린아이 또는 아기였을 적에 찍은 사진을 찾고 있다.

나는 아주 천천히 사진을 찾는다…

내가 찾고자 했던 사진이 나타나면 멈춘다.

바로 그 사진으로 나는 연습을 할 것이다.

나는 천천히 그 사진을 본다…

내 마음속에 큰 TV가 있다고 치고, TV 화면에 그 사진을 붙인다…

그것을 바라본다…

어디선가 불빛이 나오고 있다. 어디인지 살펴본다…

사진 속의 나는 집안에(또는 바깥에) 앉아 있다.

사진 속 내 모습과 그 주위 사람들 또는 주변을 둘러싼 배경에 집중한다.

사진을 유심히 본다…

이제, 사진 속에 나 말고 다른 사람들이 있다면, 그들을 쳐다본다.

나는 그들이 입고 있는 옷을 본다…

그들의 머리 모양을 본다…

나는 이제 사진 속 아이의 모습을 본다…

사진 속의 아이와 나 자신은 가깝게 느껴지는가, 아니면 멀게 느껴지는가?…

(천천히 대답을 한다…)

나는 그 아이가 입고 있는 옷을 본다…

그 아이의 머리 모양을 본다…

사진 속 그 아이의 얼굴을 본다…

그 아이의 얼굴 표정을 살펴본다…

사진 속 아이의 눈을 바라본다…

이 아이는 내게서 무엇을 필요로 할까?…

(잠시 생각한 후에 대답한다.)

손을 가슴 위에 올려놓는다…

내 가슴이 작은 황금빛 태양이라고 상상한다…

이 황금빛 태양이 내 가슴에서, 내 안에 있는 표현력이 풍부한 아이에게로 빛을
발하고 있다고 상상한다…

나와 내가 상상하는 아이 사이에서 태양빛이 다리가 되어주고 있는 게 보인다…

그 모든 사랑을 느껴 본다…

연민의 정을 느껴 본다…

감탄을 느껴 본다…

친절함을 느껴 본다…

인내심을 느껴 본다…

달콤함을 느껴 본다…

내 가슴에서 표현력이 풍부한 아이에게로 빛이 나와서,

그 아이 주변을 끝없는 사랑으로 감싼다.

베개를 가져와 팔로 안는다.

베개를 꼭 끌어안는다.

마음속에 있는, 표현력이 풍부한 아이와 하나가 되는 느낌이 어떤 것인지 느껴
본다.

그 자세로 앉아서 아이에게 말을 건다.

그 아이가 듣기를 원하는 모든 사랑스러운 말들을 속삭여 준다.

이때 다음과 같은 말을 해보자.

나는 너무 오랫동안 너와 떨어져 있었어…
이제 우리는 다시 하나가 되었으니, 영원히 함께하자…
너에게 가장 좋은 친구가 되어 줄게…
너를 보호해 줄게…
네가 어떤 행동이나 말을 하든, 항상 네 편이 될게…
네 말을 잘 들어 줄게…
이제 다시는 너를 홀로 두지 않을게…
항상 너를 사랑할게…

모든 연습을 다 끝낸 후에는 베개를 팔로 안고 사랑의 에너지로 충만한 느낌이 어떠한지, 자신 안에 있는 표현력이 풍부한 아이와 하나가 된 기분은 어떤지 느껴보자. 완전하게 느낌이 올 때까지 그 자세로 앉아 있는다. 매일 밤, 잠들기 전에 녹음을 들으며 이렇게 연습한다.

인식의 재정립

이번에는 스스로에게 던지는 부정적인 예언으로 인해 스피치공포증이 생긴 것은 아닌지 구체적으로 확인해 보자. 이를 통해 앞의 연습을 함으로써 얻을 수 있었던 자기 존중의 감정을 완전히 자신의 것으로 만들 수 있다.

사물이나 현상을 인식하는 방식을 바꾸면 사고방식 역시 바꿀 수 있다. 특정 사항에 대한 인식 자체를 변화시키고 자기 자신에 대한 표현을 모두 긍정적으로 해서 자신만의 권리를 되찾자.

네 생각만 옳다는 게 대체 무슨 뜻이야?
우리는 서로를 사랑해. 더 이상 뭐가 필요하겠어?

다음의 권리 테스트를 통해 여러분이 현재 어느 정도의 권리를 행사하고 있는지 알아보자. 먼저 지금까지 여러분의 생각과 태도가 어떠했는지 표시해 보자. 이를 통해 여러분을 억압하는 것이 무엇인지 알아낼 수 있다.

어떤 결과가 나왔는가? 아마도 '그렇지 않다' 는 항목이 '그렇다' 라는 항목보다 더 많이 나오거나 비슷한 사람들은 지금까지 그 어떤 연설 요청도 흔쾌히 받아들이지 못했을 것이다. 마지못해 사람들 앞에 섰을 때도, 다음과 같은 상황에 빠졌을 것이다.

· 무엇을 말하거나 생각해야 할지 잊어버린다.
· 서로 모순되는 여러 가지 생각을 하게 된다.

권리 테스트

다음 권리를 제대로 행사하고 있는가?	그렇다	그렇지 않다	잘 모르겠다
내 생각을 말할 권리			
나만의 견해를 가질 권리			
다른 사람들이 내 이야기를 듣도록 부탁할 권리			
다른 사람에게 정보를 전하거나 가르쳐 줄 권리			
무엇인가를 시도할 권리			
무엇인가를 성취할 권리			
실수할 권리			
실패할 권리			
생소한 일에 불안감을 느낄 수 있는 권리			
사람들 앞에 설 권리			
무엇인가를 모를 수도 있는 권리			
리더가 될 권리			
연설을 할 권리			
타인과 의견이 맞지 않을 권리			
남과 다를 권리			
위험을 무릅쓸 권리			
약점을 가질 권리			
내 업적을 밝힐 권리			
사람들을 설득할 권리			

- 나의 생각이 잘못되었다는 느낌이 든다.
- 비판받거나 매도당하고 있다고 생각이 든다.
- 나는 꼭 위선자 같고, 이 사실이 곧 탄로날 것만 같다.
- 품위를 떨어뜨리는 표정이나 몸짓이 절로 나온다.
- 여러 사람들의 시선을 한몸에 받으니, 굴욕감, 당혹감, 부끄러움 등을 느끼게 된다.

이런 사람들은 필히 다음처럼 큰소리로 '연사의 권리 선언'을 해보자.

연사의 권리 선언

1. 나는 내 생각을 말할 권리가 있다.
2. 나는 나만의 견해를 가질 권리가 있다.
3. 나는 다른 사람들이 내 이야기를 듣도록 부탁할 권리가 있다.
4. 나는 다른 사람에게 정보를 전하거나 가르쳐 줄 권리가 있다.
5. 나는 무엇인가를 시도할 권리가 있다.
6. 나는 무엇인가를 성취할 권리가 있다.
7. 나는 실수할 권리가 있다.
8. 나는 실패할 권리가 있다.
9. 나는 생소한 일에 불안감을 느낄 수 있는 권리가 있다.
10. 나는 사람들 앞에 설 권리가 있다.
11. 나는 무엇인가를 모를 수도 있는 권리가 있다.
12. 나는 리더가 될 권리가 있다.
13. 나는 연설을 할 권리가 있다.
14. 나는 타인과 의견이 맞지 않을 권리가 있다.

15. 나는 남과 다를 권리가 있다.

16. 나는 위험을 무릅쓸 권리가 있다.

17. 나는 약점을 가질 권리가 있다.

18. 나는 내 업적을 밝힐 권리가 있다.

19. 나는 사람들을 설득할 권리가 있다.

이처럼 연사의 권리 선언을 통해 자유롭게 자신의 생각을 표현하도록 스스로를 격려하자. 이는 단지 기존과 달리 사고방식을 긍정적으로 바꾼다는 차원의 과제만은 아니다. 자신이 원래부터 가지고 있는 특정한 권리를 확실히 인식함으로써 그것이 실제적인 행동으로 이어지도록 그 권리를 행사하려는 것이다.

자신의 권리 되찾기

반드시 행사하고 싶은 권리였건만, 지금까지 남들 앞에 나서기가 두려워 제대로 행하지 못한 권리가 있을 것이다. 그렇다면 그 중에서 서너 개의 권리를 선택해 종이에 작성하자. 작성한 종이를 지갑에도 넣고, 집안의 여러 곳에도 붙여 놓는다. 사람들 눈에 띄지 않는 곳을 원한다면, 옷장 안쪽이나 냉장고 안, 화장실 서랍, 또는 혼자서 매일 규칙적으로 볼 수 있는 장소에 붙여도 좋다. 그리고 그 종이를 볼 때마다 속으로 내용을 반복하여 말한다.

"나는 실수할 권리가 있다."

"나는 내 생각을 말할 권리가 있다."

토크파워 워크숍에 참가했던 제인은 연사라면 연설 주제에 대해 모든 것을 세세하고 알고 있어야 한다고 생각해 왔던 사람이다. 그래서 제인은 한없이 부족하다고만 생각되는 자신이 연설을 할 자격이 있는지에 대해 끊임없이 의심하고 걱정했다. 그 결과, 그녀는 자신이 가진 전문적 지식을 남들에게 표현하고 대접받을 수 있는 많은 기회를 놓쳐 버렸다.

하지만 곧 제인은 연사의 권리 선언을 따라 자신의 잃어버린 권리가 무엇인지, 스스로의 문제점이 무엇인지를 깨달았다. 그리고 자신에게는 충분히 '모든 것을 다 알지는 못할 권리가 있음'을 인정했다. 그래서 자신이 부족하기 때문에 연설을 제대로 하지 못할 거라는 우려가 찾아오면, 그녀는 항상 자신에게 말한다.

"나는 모든 것을 다 알지는 못할 권리가 있다. 나는 실수할 권리가 있다. 나는 실패할 권리가 있다. 나는 다시 시도해 볼 권리가 있다."

걱정거리 목록 만들기

어떤 사람들은 자신감을 얻기 위해 연사의 권리 선언까지 했는데도, 발표 전에 느끼는 불안감을 없애기가 힘들다고 한다. 그래서 나는 그런 사람들에게 '걱정거리 목록'을 만들 것을 권유한다.

다가오는 발표에 대해 끊임없이 걱정만 앞선다면, 먼저 다음과 같이 두 가지 분류로 나누어 목록을 만들어 보라고.

1) 내가 통제할 수 <u>없는</u> 일에 대한 걱정거리들
2) 내가 통제할 수 <u>있는</u> 일에 대한 걱정거리들

다음 단계는 '내가 통제할 수 없는 일에 대한 걱정거리'를 골라내어, 머릿속에서 지워버리는 것이다. 냉동실을 열어서, 모든 걱정거리들을 그 안에 넣어서 꽁꽁 얼려버린다고 상상해 보자. 그리고 다음 단계로는 자신이 통제할 수 있는 일에 대한 걱정을 찾아보고, 이에 대한 해결책을 세우는 것이다.

걱정거리 목록의 예

유명한 록 그룹 멤버인 마이클은 2주 후에 팀이 소속된 음반회사에서 새로 낸 음반과 관련해 중요한 발표를 해야 한다. 하지만 그는 이번 발표에 대해 상당히 불안해 하고 있다. 왜냐하면 그의 머릿속에는 다음과 같은 걱정거리로 가득 차 있기 때문이다.

1. 발표 당일, 늦잠을 잘지도 모른다.
2. 발표장소가 바뀔지도 모른다.
3. 새로 낸 음반이 제 시간에 도착하지 못할지도 모른다.
4. 사람들 앞에 서면 불안해질지도 모른다.
5. 질의응답 시간에 답변을 제대로 못할지도 모른다.
6. 집에 연설문을 놔두고 올지도 모른다.
7. 홍수가 나서 거리가 침수될지도 모른다.
8. 차가 막혀 지각할지도 모른다.
9. 시청각 자료 장비들이 고장날지도 모른다.

여기에서 마이클이 통제할 수 없는 항목들을 골라내었다.
1. 발표장소가 바뀔지도 모른다.
2. 홍수가 나서 거리가 침수될지도 모른다.
3. 시청각 자료 기구가 고장날지도 모른다.
4. 새로 낸 음반이 제 시간에 도착하지 못할지도 모른다.

마이클의 힘으로는 분명 위의 것들을 통제할 수 없다. 따라서 마이클은 이에 대해서는 더 이상 생각하지 않기로 했다. 대신 의자에 앉아서 이 네 가지 항목을 비닐 봉지에 넣고 봉해서, 냉동실에 밀어넣는 모습을 상상했다.

그런 다음, 자신이 통제할 수 있는 걱정들에 대해서는 다음의 표와 같이 실질적인 해결책을 찾기로 했다.

걱정거리 해결책

걱정거리	해결책
1. 발표 당일, 늦잠을 잘지도 모른다.	발표 전날 일찍 잠자리에 든다. 알람시계를 두 개 맞춰 놓고, 친구들에게도 모닝콜을 부탁한다.
2. 차가 막혀 지각할지도 모른다.	평소보다 30분 일찍 출발한다.
3. 사람들 앞에 서면 불안해질지도 모른다.	복식호흡을 충분히 해서 마음을 가라앉히고, 발표 준비를 철저히 한 다음 발표장소로 간다.
4. 질의응답 시간에 답변을 제대로 못할지도 모른다.	총괄적인 질의응답 목록을 미리 마련해서 발표 전에 여러 번 연습한다.
5. 집에 연설문을 놔두고 올지도 모른다.	전날 밤에 연설문 복사본까지 챙겨서 확실하게 가방에 넣어둔다.

마이클처럼 통제할 수 있는 걱정거리에 대해서 해결책을 세우면, 걱정거리를 덜 수 있다. 물론, 이와 더불어 복식호흡과 내면인식 연습을 철저히 하고, 토크파워 공식을 따라 준비한 연설문으로 미리 충분한 연습을 해야 한다.

여성을 위한 토크파워

나는 여자라면 으레 다정하고 친절하며, 항상 상냥한 미소를 지어야 한다고 배웠어요. 그래야만 사람들에게 사랑받을 거라고 어른들이 그러셨죠. 또한, 고집을 피우거나 심각한 표정을 짓고, 남자의 말에 이의를 제기하는 것은 여성답지 못한 행동이라고 배웠어요.

— 샐리, 디자이너

많은 여성들이 위와 같은 주위의 기대치와 편견 때문에 자신의 스피치 권리를 제대로 행사하지 못하고 있다. 《신데렐라 콤플렉스 *The Cinderella Complex*》의 저자 콜레트 다울링(Colette Dowling)은 〈뉴욕 타임즈〉 기사를 통해 이러한 문제를 제기했다.

정신분석가이자 컬럼비아대학 교수인 루스 몰턴은 뉴욕의 한 연구소에서 정신분석가 과정을 밟고 있는 200명의 학생을 대상으로 설문조사를 실시했다. 그 결과, 남성들 중 스피치공포증을 가지고 있는 사람은 20%인데 반해, 여성은 50%에 이르렀다. 일부 여성은 불안감이 너무 심해, 연설 도중 현기증이 나거나 기절하는 경우도 있다고 했다.

어떤 여성들은 자신의 생각이나 견해에 대해 말하려고 하면, 갑자기 혼란스럽고, 무슨 말을 해야 할지 잊어버리게 된다고 했다. 적절한 단어가 떠오르지 않아 사람들의 눈을 쳐다볼 수 없다는 것이다. 그리고 누군가 자신의 의견에 이의를 제기하면, 얼굴이 빨개지거나 말을 더듬으며, 목소리가 떨리고 있음을 느낀다고도 했다.

얼핏 보면, 스피치공포증에 있어 남녀의 차이는 두드러져 보이지 않는다. 그러나 모든 여성이 다 그런 것은 아니지만, 여성들은 연설을 하는 데 있어 심리적으로 더 불리한 입장에 놓여 있다. 그 이유는 다음과 같다.

- 항상 여성들에게는 외모가 중요하다는 통념이 적용되었고, 또한 여성들은 그러한 통념에 의해 판단되어 왔다. 때문에 많은 여성들은 사람들 앞에만 서면 자신의 외모를 지나치게 의식하게 된다. 그러므로 외모에 자신이 없거나 불만이 있는 여성일 경우 사람들 앞에 서는 것이 불편할 수밖에 없다. 이들은 사람들이 자신의 외모에 관심을 집중하고 있을 거라고 생각하며 스스로를 깎아내리기 일쑤다. 예컨대 몸이 너무 뚱뚱하거나, 가슴이 너무 작거나 너무 크고, 키가 너무 작거나 크다는 등의 생각을 하며 자신을 괴롭힌다.
- 많은 여성들은 전통적으로 과보호되어 왔음과 동시에 경시되어 왔다. 그래서 여성들이 적극적으로 리더격으로 남들 앞에 나선다는 것을 아주 어려운 일로, 또는 지양해야 할 일로 인식하는 사람들이 많다.
- 우리 사회에는 여성들이 많은 전문 분야에서 이룩해 놓은 업적이 출중함에도 불구하고, 여전히 여성에 대한 편견이 존재한다. 그래서 몇몇 여성들은 자신의 능력이 남자에 못지않다는 것을 다른 사람에게 보여줘야 한다는 강박관념을 갖기도 한다. 그러나 이는 결과적으로 오히려 자신을 더 힘들게 만든다.
- 여성은 이른바 '여성스러운 몸짓'을 취하도록 사회화되었다. 여성스러운 몸짓의 예로는 머리를 움직이는 일, 동의를 구하기 위해 주위를 둘러보는 일, 머리나 얼굴을 만지는 일, 지나치게 미소를 짓고 킥킥대며 웃는 일 등이 있다. 이로 인해 단상 아래의 사람들은 여성의 생각이나 행동보다는 그런 몸짓에 익숙해져 연설 자체에 대해서는 그다지 진지하게 받아들이지 않게 된다.
- 여성들은 리더의 역할보다는 누군가를 지지하는 역할에 길들여져 왔기 때문에, 다수의 주목을 받으면 매우 불안해 한다.

- 여성들은 지나치게 자기 비판적이며, 자신의 능력에 대한 자신감이 부족하다.
- 리더의 위치에 있지만 경험이 적은 일부 여성들은, 남성에 뒤지지 않으려면 지나치게 적극적이어야 한다고 생각한다. 오히려 이것이 심리적 부담을 불러와서 남들 앞에 나서기를 꺼리게 만든다.
- 많은 여성들이 큰소리로 말하는 것은 숙녀다운 행동이 아니라고 생각하게끔 길들여져 왔다.

이러한 여성들은 '연사의 권리 선언'을 체화함으로써 수동적이고 자기 비하적인 마음가짐을 보다 능동적이고 자신감 있게 바꿀 수 있다.

스피치공포증? 아마 여성들을 위한 강의일 거야. 진정한 사나이라면 공포를 모르거든.

경과 기록표

날 짜	시 간	강 점	약 점	느 낌	침착함/불안함 (1~10)

CHAPTER 15

'쇼'가 벌어지기 전날 밤

계획이 완벽함을 만든다

소리치지 말고 조용히 이야기해라. 배우처럼 크게 소리쳐 말하느니, 차라리 다른 사람에게 전달시키는 편이 낫다.

— 햄릿, 윌리엄 셰익스피어

발표에 익숙하지 못한 사람들은 발표를 잘해야 한다는 강박관념에 사로잡힌 나머지 방대한 양의 자료를 모으는 데에만 지나치게 많은 시간을 낭비하고 있다. 그러다 보면 연설문 준비과정에서 어떤 자료를 써야 할지 몰라 우왕좌왕하게 될 우려가 있다. 심지어 막상 연단에 서면 다리가 후들후들 떨리고 아무 생각도 나지 않게 된다. 이들은 어떤 잘못을 저지르고 있는 걸까?

아마도 이들은 자료수집에만 몰두한 나머지 자기 자신의 내면과 머릿속은 물론이고 신체를 통제하는 법을 터득하지 못했을 가능성이 크다.

단상에 올라서면 정해진 시간 안에 혼자서 모든 일을 도맡아야 한다. 아무도 발표자에게 이래라 저래라 가르쳐 주거나 도움을 주지 않는다. 그러므로 발표자가 단상에서 자신을 효율적으로 통제하며 연설을 이끌어 가는 기술 역시 발표의 성공 여부에 큰 주춧돌이 된다.

그렇게 되기까지는 철저한 준비와 계획이 필수적이다.

자연스러워야 한다고?

한 부동산 관련법 전문 변호사가 급하게 내 사무실로 찾아왔다. 바로 다음날에 그는 1시간짜리 TV프로그램에 출연해서 5분간 의견 발표를 하기로 되어 있었다. 그런데 그는 함께 출연하는 세 사람 중 한 명이 자신에 대해 매우 비판적이라는 사실 때문에 상당히 불안한 상태였다.

나는 우선 그에게 발표하려는 내용이 무엇인지에 대해 설명을 부탁했다.

"글쎄요. 나도 무슨 말을 해야 할지 아직 준비를 못했어요. 그러나 출연해서 다른 사람들의 얘기를 듣다보면, 내가 무엇을 말해야 할지 알 수 있지 않을까요? 나는 카메라에 자연스러운 모습으로 비춰져야 한다고 보거든요. 미리 준비를 해가면 좀 인위적인 모습으로 나오지 않을까요?"

그가 5분간의 발표에서 무엇을 말해야 하는지 알아내는 데는 무려 2시간이 넘게 걸렸다. 그렇게 시간을 끌고서야 우리는 본격적인 연습에 들어갔다. 여하튼 그는 뒤늦게 연습을 하고 프로그램에 출연해서 그럭저럭 발표를 하게 되었지만 그다지 자신 있는 모습을 보여 주지는 못했다.

일주일 전쯤에라도 미리 발표준비를 했더라면, 더 좋은 결과가 나왔을 수도 있었다. 결국 그는 급하게 서두른 탓에, 자신과 자신의 전문성을 수백 만의 사람들에게 보여 줄 수 있는 기회를 놓쳐버리고 말았던 것이다.

불면증에 시달릴 것인가?

일부 사람들은 압박감을 느끼는 상태에서 업무 능률이 가장 높다고 한다. 그러나 발표나 연설에 있어서는 절대로 그렇지 않다. 미리 계획을 세우고, 연설문을 작성하고, 연습을 해야만 성공적인 연설을 할 수 있다. 급박하게 준비를 해서 연습도 하지 않은 채로 연단에 오르면 큰 실수를 하게 마련이다. 특히 스피치공포중

그렇다고 신부님 설교문을 신도들에게 팩스로 보낼 순 없잖아요.

이 있는 사람의 경우에는 더욱 그러하다. 게다가, 발표가 있기 며칠 전이나 심지어 몇 주 전부터 예기불안(anticipatory anxiety, 아직 벌어지지 않은 위험에 대한 예상 불안–역주)이 찾아와 괴로운 사람들의 경우, 상황은 더 심각하다. 이들은 발표가 실패할지도 모른다는 우려와 불안으로 인해 최후의 그날까지 불면증에 시달리기도 한다.

예기불안이 찾아오면 대개 그 상황을 회피하기 위해 마지막 순간까지 발표와 발표에 대한 준비를 미루려고 발버둥친다. 결국, 자신이 얼마나 똑똑하고 특별한 사람인지 보여줄 수 있는 기회를 활기 없는 발표 때문에 날려버리게 된다.

예기불안을 극복할 수 있는 최선의 방법은 미리 준비를 해서 몸과 마음을 단련시키는 것뿐이다. 이제 다음 토크파워 계획표를 통해 미리 발표를 계획하고 연습해 보자.

토크파워 계획표

1단계

자료조사에 들어가기 전에 우선 아래 계획표의 빈칸을 채운다.

- 연설 유형 : _____
- 연설을 수락한 날짜 : _____
- 연설 날짜 : _____
- 준비 일수 : _____
- 연설 시간 : _____
- 연설 장소 : _____
- 청중들은 누구인가? : _____
- 연설 주제 : _____
- 목적 : 나는 청중들이 _____를 하길 원한다.

2단계

이제는 자료조사를 끝내고 본격적으로 연설문을 작성한다. 그리고 각 항목에 대한 작성을 마칠 때마다, 아래의 계획표에 해당 정보를 기입한다.

- 연설 시간 : _____
- 도입문 유형(가장 마지막에 작성한다.) : _____
- 주제문 : _____
- 메시지 문장 : _____
- 배경의 유형 : _____
- 메뉴

요점 A : _____

요점 B : _____

요점 C : _____

요점 D : _____

- 클라이맥스 : _____

- 질의응답(예상되는 질문들의 목록) :

_____

_____

_____

- 결론의 유형 : _____

- 시청각 자료(선택 사항) : _____

청중들의 주의가 산만하다면, 주먹을 들어보여 봐. 아마 굉장한 반응이 일어날 거야.

발표가 있기 바로 전날부터

연설문 작성을 모두 마쳤다면, 1주일간 하루에 두 번씩 토크파워 프로그램을 따라 연습을 하도록 한다. 그리고 연설 바로 전날에는 다음 사항에 유념해서 행동한다.

1. 발표 전날 밤에, 내일 무슨 옷을 입을지 미리 골라 둔다. 여성들에게는 블라우스와 스커트 차림이 가장 무난할 것이다. 하지만 장소에 따라 각기 어울리는 스타일이 다를 수도 있다. 어떤 옷이든 주름이 없는 깨끗한 옷을 입는 것이 좋다.

2. 니코틴과 카페인은 모두 교감신경계에 영향을 미쳐 아드레날린의 생성을 자극한다. 따라서 투쟁도피반응이 활성화되는 것을 막으려면, 발표가 있기 하루 전부터는 커피나 차를 마시지 않는 게 좋다. 불가능하다면 양이라도 줄여야 한다. 또한 흡연자라면, 발표 전날에는 담배 개수를 줄이는 것이 좋다.

3. 평소보다 약간 이른 시간에 잠자리에 누워서 복식호흡을 50번 정도 한 뒤에 수면을 취하도록 한다.

4. 당일날 아침에는 평상시처럼 움직인다. 절대로 서두르지 않도록 한다. 식사는 천천히 가볍게 하고, 긴장을 풀어주는 부드러운 음악을 듣는 것도 좋다. 발표가 있다고 해서 마냥 휴식을 취하는 것도 좋지 않다. 오히려 발표 생각에만 집착하게 되기 때문이다. 따라서 평상시처럼 일을 하되, 모든 행동은 차분하게 한다. 행동이 빨라지고 있다는 느낌이 드는 즉시 속도를 늦추어야 한다. 물잔을 들거나, 몇 권의 책을 들고 그 무게를 느껴보는 것도 속도를 늦추는 데 좋은 방법이다. 또한 빨리 걷지 말고, 길고 복잡한 토론이나 논쟁에 말려들지 않도록 한다. 그리고 2장에 나온 '내면인식 연습'을 수시로 한다.

5. 발표 당일에는 시상식을 앞둔 배우처럼 행동해 보자.

- 말을 적게 한다.
- 음식을 적게 먹는다.
- 서두르지 않는다.
- 평상시대로 일한다.
- 자기 자신에게 특별한 사랑과 주의를 쏟는다.
- 여기저기 돌아다니거나 여러 사람들과 지나치게 많은 이야기를 나누지 않는다.
- 복잡하고 머리 아픈 일은 되도록 피한다.

6. 시간적 여유가 있다면, 발표 몇 시간 전에 발표 장소로 천천히 걸어 들어간다. 만일, 사무실이 발표 장소라면 손에 주의를 집중하면서 잠시 산책을 했다가 사무실로 돌아온다.

7. 회의실에 앉았다면 혼잡한 분위기에 휩쓸리지 말고, 자신의 내부에 초점을 맞춰야 한다. 다른 사람이 말을 걸어 올 경우에는 가능한 한 짧게 답한다. 발표가 시작될 때까지, 의자에 앉아서 자신에게 주의를 집중하고 침착하게 복식호흡을 하며 내면인식 상태에 들어간다.

연설을 하기 전까지

1. 의자에 앉아서 복식호흡을 한다.
2. "나는 의자에 앉아 있다… 내 몸이 완벽하게 균형을 이루고 있음을 느낀다." 라고 조용히 혼잣말을 한다. (몸의 균형을 느낀다.)
3. 마치 볼펜을 들고 있는 것처럼 손에 주의를 집중하며, 손바닥은 위로 향하도록 하고, 무릎 위에 손을 편안히 올려놓는다.
4. 조용히 손을 3cm 정도 무릎에서 들어올린다. 그런 다음 "나는 내 손을 느낀다."라고 말하며 손의 무게감을 느낄 때까지 기다린다.

5. "나는 손을 내 옆구리로 천천히 가져온다."라고 말한다.

6. "나는 천천히 일어난다… 나는 작게 한 걸음 내딛은 후에 멈춘다… 나는 내 손을 느낄 때까지 기다린다."라고 말한다. 자신의 내면이 느껴지는가? 일어난 다음 의자 앞에서 10cm 정도 작게 한 걸음 내딛었다가 멈춘다.

7. 이름이 불리면 "나는 연단으로 천천히 걸어간다… 나는 내 손을 느낀다."라고 말하며 연단까지 걸어간다. 항상 손의 무게감을 느낀다. "나는 천천히 돌아본다… 나는 청중을 바라본다… 멈춘다… 나는 앞을 똑바로 바라본다… 나는 이리저리 방 안을 둘러보지 않는다… 나는 내 손을 느낀다."라고 말한다.

이제 여러분은 자신의 내면에 집중하고 있으며, 사람들 앞에서 입을 열 준비를 마쳤다.

아직 마음이 안정되지 않았다고?

아직도 자신 있게 연단에 설 준비가 되지 않았다면 다음 지시사항을 따라한다.

동료, 배우자, 친척 중 한두 명에게 부탁해서, 이들을 청중이라 치자. 일단 그들에게 연설 연습을 할 특정한 시간과 장소를 말해 준다. 격식을 갖춰 연습할수록, 효과는 더욱 커진다.

발표가 있기 약 5일 전부터는 적어도 하루에 한 번씩 동료나 가족들을 모아놓고 연설 연습을 해 보자. 연습을 하는 날에는 마치 실제로 발표를 하는 것처럼 진지하게 응한다. 천천히 행동하고, 식사를 가볍게 하며, 카페인이나 알코올을 함유한 음료를 마시지 않고, 실제로 격식을 갖춰 옷을 입는다.

나 잘했니?

이제 연습을 마쳤다고 가정해 보자. 이때, 청중(친구, 가족 등)에게 연설이 얼마나 마음에 들었는지를 물어볼 필요는 없다. 대신 다음과 같은 질문을 던져 피드백을 얻어보자.

1. 제가 명확하게 얘기했습니까? 여러분들은 제가 무슨 말을 했는지 이해하시겠습니까?

2. 연설이 편안하게 들렸습니까? 제 말이 너무 빠르거나 지루하게 들리지는 않았습니까?

만일 청중들에게서 연설을 이해할 수 없었다는 반응이 나오면, 반드시 문제점이 무엇인지 찾아서 고쳐야 한다. 우선, 연설문의 구조를 살펴보자. 그리고 메시지 문장을 점검해 보자. 각 요점을 설명할 때 메시지 문장이 제대로 나타났는가?

나를 치료한 정신과 의사가 어느 모임에서 의식을 잃고
쓰러지는 모습을 보고선 나도 기절하는 줄 알았어.

그리고 연설내용에 있어서 미흡한 점은 무엇이었는지 청중들에게 확인해 보자. 또 혹시 말이 너무 빨랐다거나 신경질적인 제스처를 취해서 청중들을 짜증나게 하지는 않았는가? 그렇다면, 연습을 거듭해서 반드시 문제점들을 고쳐야 한다.

그런 친구들은 필요치 않아

여러분의 친구, 배우자 또는 상사들은 여러분에 대해 선의를 가지고 있으면서도 여러분의 발표에 대해서는 지나치게 비판적이거나 부정적일 수도 있다. 그들이 가까운 사람에게 기대하는 바는 너무 크고 비현실적일 수도 있기 때문이다. 따라서 일반 청중들이었다면 매우 만족할 만한 수준의 연설이었는데도, 단순히 이들의 말만 듣고 자신의 연설이 부족했다고 자기 비하에 빠지지는 말자.

연습이 끝나고 난 후, 지나치게 부정적인 반응을 보이는 사람들은 일단 무시하자. 좋은 청중이 아닐 수도 있다. 이들을 청중의 대상에서 제외시키고 다른 사람을 상대로 연설을 하는 것도 한 방법이다.

스스로에게 하는 약속

최상의 훈련 프로그램을 실행한 후에라도, 연사 자신이 비현실적이거나 부적절한 기대를 하고 있다면 사기가 더 떨어질 수도 있다. 그러니, 이제 다음처럼 긍정적이고 현실적인 기대만 하자.

- 불안해 하지 말자 : 불안감이 찾아올 수도 있지만, 무시하자. 토크파워 프로그램을 충실히 따랐다면, 속으로는 불안함을 느껴도 겉으로 보기에는 전문 연사처럼 침착하고 차분해 보일 것이다.
- 나 자신을 통제하자 : 토크파워 프로그램을 통해 이제는 과거보다 훨씬 나 자신에 대한 통제력을 높일 수 있게 되었다.

- 즐겁게 연설하자 : 토크파워 프로그램을 실행해 갈수록 연설 실력이 늘어난다는 데서 즐거움을 찾자.
- 자신감을 갖자 : 나는 오랜 시간 동안 연습을 거듭해 왔다. 이제 침착하고, 자신감 있게 보이는 연설을 하자.
- 완벽을 추구하지 말자 : 완벽한 연설을 기대하지 말자. 살아 있는 어떤 것도 완벽하지는 않다.
- 나를 존중하자 : 연설이 끝나갈 때까지, 끝난 후에도, 이렇게 당당한 모습으로 단상에 서 있는 나 자신을 존중하자.
- 조금씩 개선시켜 가자 : 한 번의 발표를 마칠 때마다 나의 발표력은 서서히 향상되어 가고 있다.

경과 기록표

날 짜	시 간	강 점	약 점	느 낌	침착함/불안함 (1~10)

가벼운 긴장감에서 스피치공포증까지

연설을 자주 하는 사람들을 위해

도저히 믿기 어렵겠지만, 나는 내 결혼식도 두려웠어요.

— 톰, 내과의사

용기와 창의력을 발휘하는 데 있어 두려움과 불안감은 큰 걸림돌이 된다. 특히 스피치공포증으로 고통을 겪고 있는 사람들에게는 더욱 그러하다. 이 장에서는, 연단으로 걸어가기 전부터 그 후까지, 혹시라도 일어날 수 있는 모든 끔찍한 사건들을 예방할 수 있는 방법에 대해 안내하겠다.

안 돼! 또다시 생각이 막혀 버렸어…

공식적인 발표나 모임에서 말을 해야 할 때는, 보통 청중과의 물리적인 거리뿐만 아니라 심리적인 거리감도 멀게 느껴진다. 저 멀리서 온갖 청중들의 시선을 받고 있기 때문에, 누군가와 일대일로 대화할 때 느꼈던 편안함은 사라지고 만다. 그래서 갑자기 무슨 말을 해야 할지 생각이 나지 않을 수도 있다.

이런 현상은 언어를 다루는 좌뇌가 제 구실을 하지 못하고 있다는 신호이다. 이런 현상이 생기는 이유는 다음과 같다. 우뇌가 청중의 시선에 적응하고 있는 동안, 여러분이 느끼는 불안함 때문에 생각하고 말하는 복잡한 과정(좌뇌의 기능)이 방해를 받기 때문이다. 그 결과 단어 기억 기능을 맡고 있는 좌뇌가 작동을 멈춰

버리는 것이다.

그러므로 갑자기 무슨 말을 해야 할지 생각나지 않을 때는 신체의 균형에 주의를 집중하는 것이 좋다. 그렇게 자신의 내면과 접촉을 하면, 우뇌와 좌뇌의 활동이 자유로워진다. 발가락을 세 번 오므리면서 몇 초만 기다리면 할 말이 곧 생각날 것이다.

조크나 스토리 등을 도입문으로 설정한 연설에서 갑자기 첫 마디가 생각나지 않을 때, 긴급 해결책이 있다. 바로 조크나 스토리에 등장하는 장소를 떠올리는 것! 그런 다음 계획했던 대로 이야기를 풀어가면 된다. 그러면 즉시 우뇌가 활성화되고 종전에 제대로 작동하지 않던 좌뇌의 활동 역시 자유로워진다. 단, 이때 주의할 점은 연설문 작성을 할 때 미리 구체적이고 명확한 장소를 설정해야 한다는 것이다.

조크 또는 스토리를 이용하여 도입문을 전개하고 있는 다음 예를 살펴보자. 첫 번째 예는 장소의 묘사에 있어 그다지 구체적이지 못하지만, 두 번째는 구체적인 장소를 설명하고 있다.

도입문 : 추상적인 장소 설명

한 아버지와 아이가 있었습니다. 아이는 매우 버릇없이 행동하며 사람들의 시선을 끌고 있었습니다. 그런데 그 아버지는 매우 침착하게, 다음과 같은 말을 하는 것이었습니다. "철수야, 침착해야 한다. 자제해라, 철수야." 그러자 이 모습을 본 한 여성이 그에게 다가와 말을 걸었습니다. "저는 특수학교 교사입니다. 당신의 자제력이 정말 존경스럽군요. 아드님 이름이 철수인가 보죠?" 그러자 아버지가 답했습니다. "아니오, 제가 철수입니다. 제 아들 이름은 경석입니다."

— 주제문 : 오늘 저는 여러분들께 바람직한 부모 역할에 대해 말씀드리겠습니다.

여기에 다음과 같이 구체적인 장소와 행위를 집어넣는다면 어떻게 이야기가 시작되는지를 보다 쉽게 기억할 수 있을 것이다.

도입문 : 구체적인 장면 설명

한 30대 중반의 아버지가 여의도 공원에서 어린 소년과 함께 산책하고 있었는데, 그 아이는 계속해서 벤치를 걷어차면서 소리를 질러댔습니다. 그래서 많은 사람들이 기분 나쁘다는 표정으로 그 아이를 쳐다보았습니다.

위의 도입문은 '어린 소년', '여의도 공원', '걷어차면서 소리를 질러댔습니다', '쳐다보았습니다'와 같은 구체적인 표현을 사용했기 때문에 첫 번째 예보다 더 시각적인 느낌을 준다. 여의도 공원과 벤치를 발로 걷어차고 소리 지르는 어린 소년의 모습을 상상하는 것만으로도 우뇌의 기능이 활성화되어, 이야기 속 단어가 연이어 생각날 수 있다. 그러므로 앞으로 말하려는 내용이 잘 기억나지 않을 때에는, 이야기의 장면 장면을 떠올려보자.

질의응답 시간에 생각이 막힌다면?

질의응답 시간이 시작되면, 너무나 불안에 떤 나머지 질문을 반복해도 답변할 내용이 생각나지 않을 때가 있다. 이때는 좌뇌의 활동이 거의 멈추기 직전까지 간 것이나 다름없다.

이런 일은 질문에 답변할 내용이 너무 많아서 혼란스러울 때 흔히 일어난다. 즉, 중압감이 느껴져 체계적으로 생각할 수 있는 능력을 상실한 것이다. 이를 개선하려면 대답할 내용을 미리 체계적으로 분류해야 한다. 질문을 반복한 후에는 다음 예처럼 청중에게 몇 부분으로 나누어 답변하겠다고 미리 얘기하자.

사 례

다음은 어느 가정법률 전문 변호사가 질의응답 시간에 이용하는 답변 양식이다.

- 질문 : 만일 남편과 이혼소송 중인 여성이 사업체를 남편과 공동으로 소유하고 있다면, 이 문제를 어떻게 해결해야 합니까?
- 답 : 이런 종류의 문제에 부딪힐 때에는 다음처럼 세 가지 관점에서 상황분석을 해서 해결해야 합니다.

　첫째, 법적인 문제

　둘째, 심리적인 문제

　셋째, 현실적인 문제

법적인 관점에서 볼 때, _____

심리적인 관점에서 볼 때, _____

현질적인 관점에서 볼 때, _____

이런 식으로 답변할 내용을 세 부분으로 나누면, 질의응답 시간에 아무리 대답할 내용이 많다 해도 당황스럽거나 말문이 막히지 않을 것이다.

입이 바싹 마를 때

연설 도중 입 안이 마르는 현상은 연사가 불안감에 떨고 있다는 또 다른 신호라할 수 있다. 갑자기 당황했을 경우, 소화기관이 소화액을 제대로 만들지 못하는 것처럼, 두려운 생각이 들면 타액의 생성도 억제되기 때문이다. 하지만 이는 아주 흔한 일이다. 그리고 물 한 잔만 옆에 있으면 해결될 일이다. 그러나 청중 앞에서 차분하게 물을 마시려면 따로 연습을 해야 한다. 서두르게 되면 더욱 당황스러워질 우려가 있고, 연설의 흐름에 방해가 될 수도 있다.

연습 : 연단에서 물 마시기

1. 의자에 앉아서 복식호흡을 하고, 동작전환 주문과 내면인식 연습까지 마친다.
2. 책상이나 테이블 위에 물 한 잔을 놓고 그 근처에 선다.
3. 손으로 잔을 들면서, 물잔의 무게에 주의를 집중한다. 자신의 내면을 느낀다.
4. 잔을 천천히 입으로 가져가면서 그 무게에 계속 집중한다.
5. 몇 모금 마신 후, 잔을 테이블 위에 올려놓는다. 그리고 연설문을 이용해 연습을 하며 중간중간에 물을 마신다. 단, 이때도 잔의 무게에만 주의를 집중하고 천천히 움직여야 한다.
6. 잔을 다 비울 때까지, 연습을 계속한다.
7. 말을 이어가고 있는 도중에는 물을 마시지 말고 각 항목이 끝나는 시점에서 물을 마셔야 한다.

※ 실제 연설에서도 이렇게 차분하게 물을 한두 모금 마시면서 진행을 한다면, 구강 건조에 대해 더 이상 걱정하지 않아도 될 것이다.

비언어적인 소리에 대하여

연설 도중에 무심코 "음~", "어~", "에~" 등의 소리를 내는 사람들이 있다. 이는 말을 멈추고 조용히 생각하기 위해 청중과의 침묵적인 거리를 유지하는 게 아니라, 말을 하면서 얼마나 불안해 하는지를 내보이는 습관이라 할 수 있다. 연사야 편안해지려고 내는 소리일지 모르지만, 청중을 위한 배려라고는 할 수 없다. 그런데 미숙한 연사뿐만 아니라, 경험이 많은 연사들도 자주 이런 문제를 드러낸다. 이들은 청중 앞에 서 있을 때 0.5초만 침묵이 흘러도 매우 불안해 한다. 고로 이들에게는 말을 하지 않을 때는 비언어적인 소리라도 냄으로써 항상 청중과 교감이 있어야 한다는 무의식이 강하게 작용하는 것이다.

토크파워 프로그램으로 연설 연습을 하면, 대부분 이런 무의식을 떨쳐버릴 수 있다. 신체를 의식하는 훈련을 함으로써, 마음을 차분히 가라앉히고 짧은 시간에도 조용히 생각할 수 있는 여유가 생기는 것이다. 또한 토크파워 공식을 통해 매 항목마다 말을 멈추는 데 익숙해진다면 잠시 동안 침묵이 흘러도 그다지 불안하지 않을 것이다.

그러나 아직까지 비언어적인 소리 때문에 고민이라면, 다음 기법을 따라해 보자. 자신도 모르게 무의식적으로 나오는 비언어적인 소리를 정확히 인식함으로써 이 문제를 개선할 수 있을 것이다.

연습 : 비언어적인 소리 없애기

녹음기와 연필, 그리고 종이 한 장을 준비한다.

1. 연설문을 준비하되, 연설문을 보지 않고 편안하게 연설을 하면서 녹음한다.
2. 녹음한 것을 들으면서, 비언어적인 소리가 날 때마다, 종이에 ×표시를 한다.
3. 이제는 직접 청중에게 연설하듯이 일어서서 녹음기 없이 같은 내용으로 연설을 두 번 반복한다. 그리고 불필요한 소리가 나오는 것을 의식적으로 느껴보면서 매번 이 종이에 표시한다. 아마 생각보다 비언어적인 소리를 많이 내고 있음을 느낄 수 있을 것이다.
4. 이런 식으로 처음에는 녹음기를 이용하고, 그 다음엔 녹음기 없이 같은 내용으로 두 번 정도 반복하면서 5일간 이 과정을 반복한다.
5. 닷새 후에는 분명 종이 위의 ×표시가 눈에 띄게 줄어들 것이다. 혹시 대화 중에도 비언어적인 소리를 사용하고 있는 건 아닌지 주위 사람들에게 물어보자. 그렇다고 하면 2주 동안 이틀에 한 번씩 이 연습을 계속해 보자. 그때쯤

에는 이미 많이 개선되었을 것이다.

비언어적 소리를 내지 않을 수 있는 또 다른 방법은, 큰소리로 연설하면서 한 손에 볼펜을 잡고 항상 볼펜의 무게에 집중하는 것이다.

머리를 움직이는 습관

연사가 육체적인 통제력을 잃었음을 보여 주는 가장 확실한 신호는, 연설 도중에 머리를 상하좌우로 불안하게 움직이는 것이다. 이 동작으로 인해 청중들은 주의가 산만해지고, 연사 본인에게도 이미지에 타격이 올 수 있다.

거울 앞에 서서 머리를 움직이면서 연설을 해보자. 그런 다음, 머리를 움직이지 말고 똑같은 내용을 말해 보자. 어떤가? 머리를 움직이면, 목 근육이 긴장되고 가슴과 복부가 주먹처럼 단단해지기 때문에 정상적인 호흡을 할 수 없다. 그 결과, 들이마시는 공기의 양이 줄어들어 발표에 심각한 지장을 초래한다.

이 습관에서 벗어나려면 어떻게 해야 할까? 이제 아주 실질적인 방법을 통해 연습을 해보겠다. 4주 동안 매일 5분간 이 연습을 해보자. 4주가 지난 후에도 상태가 호전되지 않으면, 한 주간 쉬고 다시 시작하면 된다.

연습을 하는 동안 몸이 뻣뻣하고 힘이 빠진다는 느낌을 받을 수도 있으나, 이는 연습 과정에서 자연스레 나타나는 현상일 뿐이다. 이제 시간이 지남에 따라 머리를 움직이지 않고 고정시킨 상태에서 말을 하는 것이 오히려 더 편안해질 것이다.

연습 : 머리 움직이지 않기

1. 벽에 등을 기대고 선다.
   - "나는 벽에 머리를 기대고 있음을 느낀다."라고 말한다.
   - "나는 벽에 어깨를 기대고 있음을 느낀다."라고 말한다.

- "나는 벽에 엉덩이를 기대고 있음을 느낀다."라고 말한다.
- "나는 왼발과 오른발이 몸통 아래서 완벽하게 균형을 이루고 있음을 느낀다."라고 말한다.
- "나는 팔이 옆구리쪽에 바로 닿아 있음을 느낀다."라고 말한다.

2. 눈앞에서 눈과 같은 높이로 신문을 들고, 기사 하나를 큰소리로 천천히 읽는다. 이때 머리는 움직이지 않도록 한다. 기사를 읽는 동안 벽에 기댄 머리에 주의를 집중하되, 호흡은 정상적으로 해야 한다.

얼굴을 찡그리는 습관

도로시는 사람들 앞에 서서 말할 때마다, 가끔씩 눈동자를 굴리며, 혀를 내밀고, 곁눈질을 하고, 어깨를 으쓱하면서 억지로 미소를 짓는 버릇이 있다. 도로시는 자신의 이러한 행동을 하는 전혀 알지 못했다. 그러던 어느 날 청중 속의 한 남자가 그녀를 보며 얼굴을 찌푸리는 모습을 보았다. 그때 자신의 행동에도 어떤 문제가 있다는 사실을 깨달았다.

"맙소사! 그 사람이 짜증나는 표정으로 얼굴을 찌푸렸어요. 아마 나도 그렇게 얼굴을 찌푸렸을 거예요. 내 모습도 그렇게 비쳤겠죠? 너무 보기 싫었어요."

어떻게 해야 그녀는 이 끔찍한 버릇을 없앨 수 있을까?

도로시는 나에게 그 이야기를 하면서도 혀를 내밀고, 곁눈질을 하고, 한쪽 어깨쪽으로 머리를 기울이곤 했다. 이제는 스스로도 그러한 행동을 하는 것을 알고는 "이런, 내가 또 얼굴을 찡그렸네요."라며 당황해 했다.

"괜찮아요. 내면에 집중해서 현재의 기분을 느껴보세요."

그녀는 내게 이런 말을 듣는 자체도 매우 수치스럽게 여기는 듯했다. 그래서 나는 다시 차분하게 이렇게 말했다.

"자, 긴장을 풀고 현재의 기분을 느껴보세요."

얼굴을 찌푸리지 않으려면

1. 얼굴을 찌푸리는 버릇을 없애기 위한 첫 번째 방법은 말할 때마다 자신의 얼굴을 의식하는 것이다. 물론 처음에는 이런 행동이 부자연스러울 수도 있으나, 결과적으로는 아주 효과가 크다.

2. 얼굴을 찌푸리고 있음을 깨달았을 때는 긴장을 풀고 현재 자신의 기분을 느낀다. 그리고 부자연스러운 느낌을 몰아내듯이 복식호흡을 다섯 번 한다.

3. 신체에 집중하면서, 몸의 왼쪽과 오른쪽이 완벽하게 균형을 이루고 있는지를 의식적으로 느껴 본다.

4. 천천히 그리고 분명한 어투로 연설연습을 하면서 얼굴을 의식한다.

5. 대화 도중에도 얼굴 표정을 의식하면서, 입술을 약간 벌리고 가능한 한 얼굴의 긴장을 푼다. 이 방법대로 계속 연습을 하면 차츰 얼굴을 찡그리는 버릇이 사라질 것이다.

불안한 몸동작과 움직임

훈련을 제대로 받지 못한 연사는 말을 빨리 하면서 손과 몸을 불안하게 움직인다. 하지만 연사가 이런 동작을 보이면 청중들은 매우 주의가 산만해진다. 이를 방지하려면 일단 연설을 시작할 때부터 가만히 서서 손을 몸 쪽으로 붙여야 한다. 그런데 어떤 사람들은 "하지만 나는 손을 움직이는 일이 아주 편안하게 느껴져요. 이런 제스처 정도는 써도 되지 않나요?"라고 묻기도 한다. 그래서인지 이들은 가만히 서서 팔을 자기 몸쪽에 붙이면 로봇이 된 듯한 느낌이 든다고 한다. 하지만 걱정하지 말자. 여러분은 절대로 로봇처럼 보여지지 않는다. 오히려 차분해 보일 뿐이다.

"움직이지 않는다면 오히려 더 불편한 것 아닌가요? 움직이는 것 자체가 하나의 보디랭귀지인 걸로 아는데…."라고 물을 수도 있다. 물론 연설 도중 취하는 동작을 연사나 청중 모두가 편안하게 받아들이고 이해를 한다면 보디랭귀지가 될 수도 있다. 그러나 불안감이 외부로 표출되어 나타나는 무의식적인 동작과 표현력이 풍부한 동작(보디랭귀지)에는 뚜렷한 차이가 있다. 몸을 떠는 동작, 안면 경련, 손 흔들기, 몸을 움직이는 것 등은 보디랭귀지라 할 수 없다. 단지 억제할 수 없는 불안함이 표현되어 나타나는 것일 뿐이다. 특히 연설을 처음 시작하는 사람이라면 가능한 한 많이 움직이지 않는 것이 좋다. 결국 단상 위에 선 것에 익숙해질 때쯤에는 가만히 서 있는 것이 오히려 더 편안하게 느껴질 것이다.

연극배우가 무대에서 불안하게 몸을 움직인다면 그 배역에 완전히 몰입하는 건 불가능하다. 그래서 연기자들은 연기 훈련을 받으면서, 자신의 신체에 집중하는 방법을 배운다. 마찬가지로 다수의 사람들 앞에서 연설을 해야 하는 사람들도 그와 비슷한 연습과정을 거친다면 누구나 신체에 집중할 수 있다.

그러나 무엇보다도 연사 자신이 연단에서 몸을 쓸데없이 움직이는 습관이 있다는 것을 알고 있어야 한다. 동료들에게 물어보자. 그렇다는 대답이 나오면 이제 연습을 하자. 움직이지 않고 가만히 서 있으면 불안감이 완화되며, 더욱 침착해질 수 있다. 이렇게 되면, 청중들의 눈에는 더욱더 매력적인 연사로 보일 것이다.

연습 : 몸 움직이지 않기

1. 손에 신문을 들고, 몸의 뒤쪽(머리, 어깨, 등, 엉덩이, 다리, 발뒤꿈치)을 벽에 기대고 선다.
2. "나는 내 머리를, 내 어깨를, 내 등을, 내 엉덩이를, 내 다리를, 내 발뒤꿈치를 벽에 기대고 있음을 느낀다." 라고 크게 말한다.
3. "나는 내 몸이 완벽하게 균형을 이루고 있고, 양팔이 내 몸쪽에 가까이 닿아 있음을 느낀다." 라고 말한다(몸이 뻣뻣하게 느껴져도, 자신의 몸이 벽에 고정되어 있음을 인식하려 애쓴다).
4. 신문을 눈 높이까지 들고 짧은 기사 하나를 크게 읽으면서 머리가 벽에 기대어 있음을 느낀다.

연설 요청을 받았을 때, 나는 즉시 수락했어. 아마 다른 사람도 그렇게 대답했을 거야.
하지만 난 대답을 하고 나서 그 자리에서 바로 기절해 버렸어!

5. 기사를 다 읽은 후에는 벽에서 물러나서 꼿꼿한 자세로 선다. 그런 다음 움직이지 않고 기사를 다시 읽어본다.

6. 2주 동안 이틀에 한 번씩 이 연습을 한다.

누가 그 말을 했는가?

일부 사람들은 연설을 하는 도중 신체와 정신이 분리된 듯하며, 자신이 하는 말과 자신의 신체 사이에 엄청난 괴리감이 있는 것처럼 느껴진다고 한다.

이런 현상이 일어나는 이유는, 불안감으로 인해 머릿속의 생각이나 언어, 그리고 제스처가 의도한 대로 밖으로 나오지 않기 때문이다. 그 결과 다음과 같은 증상이 일어난다.

- 내가 하고 있는 말들이 신체 밖에서 들리는 것 같고, 내가 하는 말처럼 느껴

지지 않는다.

- 해야 할 말들이 머릿속에 고정되어 굳어버린 것처럼 느껴진다.
- 몸이 굳어지고 정신과 단절된 느낌을 받는다.
- 심하게 수줍음을 느낀다.

연습 : 운동감각 리허설

운동감각 리허설은 전형적인 연기 훈련방법을 응용한 것으로, 이를 통해 연사는 자신의 신체와 말이 서로 연결된 느낌을 받을 수 있을 것이다.

이 연습을 하기 위해서는 몇 가지 준비가 필요하다. 연습할 방의 벽에 연설문이 적힌 카드를 잘 보이도록 붙여 놓는다. 그리고 나서 다음 지시사항을 주의 깊게 읽고 연습을 시작한다.

1. 의자에 앉아서 내면에 집중하며 긴장을 푼다. 복식호흡을 시작한다.
2. 손의 무게감에 집중하며 일어선다. 몸의 균형을 잡으면서 카드가 붙여져 있는 곳으로 천천히 걸어간다.
3. 그 앞에서 무언극을 하듯이 연설 연습을 한다. 즉, 전혀 말을 사용하지 않고 몸 동작만 이용해서 연설의 내용을 표현한다. 손을 흔들고, 발을 구르고, 다양한 표정을 지어 보이는 등의 동작을 통해 각 단어의 의미를 전달하는 것이다. 말을 하지 않고도 연설문의 의미를 가능한 한 생생하게 전달하도록 노력한다.

이 연습이 어려운가? 혼자 하려니 멋적은가? 그러나 당장의 짧은 연습을 마다하는 게으름보다는 연설할 때 느끼는 창피한 감정을 극복할 수 있다는 희망 쪽에 주사위를 던지자. 이 연습이 처음에는 불편할지 몰라도 2주 동안 날마다 한 번씩 꾸준히 연습한다면(규칙적인 연설 연습과 함께) 육체와 정신이 분리된 듯한 느낌에서 벗어날 수 있을 것이다.

예기불안으로 초조해진다면?

예기불안은 발표를 해야 한다는 말을 들은 시점부터 발표 당일까지 일어날 수 있다. 즉, 발표를 하기까지 아직 6개월의 시간이 남아 있든, 1년 뒤에 연설이 잡혀 있든 예기불안은 언제라도 찾아올 수 있다. 연사로선 고통스런 나날이 아닐 수 없다. 예기불안의 구체적인 증상으로는 공포감, 실패에 대한 생각, 모욕감, 비참한 결과에 대한 상상, 불길한 예감 등이 있다.

트레이너나 교사, 영업사원 등 사람들을 많이 대하는 직종의 사람들과 이야기를 나눠보면, 정도의 차이는 있지만 모두 어느 정도의 예기 불안을 겪고 있음을 알 수 있다. 이들뿐만 아니라, 누구나 예기불안을 겪을 수 있다. 무대에 수없이 서 본 배우들도 초조해 하고, 음악가들도 예외일 수는 없다. 큰 시합을 앞둔 운동선수들은 물론이고, 심지어 올림픽대회의 우승자들조차 예기불안에 시달린다. 그래서 효과가 없음에도 불구하고 약물로 마음을 진정시키려 하는 선수들이 있는 것이다.

예기불안을 없애는 최선의 방법은, 발표를 수락한 즉시 발표에 대한 준비를 하는 것이다. 이때부터 준비를 하지 않으면 발표에 대한 걱정만 더 늘어나게 되어, 발표를 피하거나 미루려는 데에만 애를 쓸 염려가 있다. 하지만 해야 할 일을 미루기만 하면 더 많은 불안감이 생겨날 뿐이다.

- '발표는 4개월 후에나 있어! 아직 시간은 충분해.'
- '이제 4주라고? 그까짓 발표 정도야 식은 죽 먹기지.'
- '2주가 남았군. 이런, 어쩌지? 뭘 해야 하지?'
- '5일밖에 안 남았잖아! 하기 싫다고 말하면 안 될까?'
- '으악! 내일이 그날이잖아! 당장 연회장이 폭파라도 되었으면 좋겠구만. 그나저나 내일 아침에 빨리 일어날 수나 있을까?'
- '큰일났네! 오늘 못 일어나겠어. 아파서 연설을 못 할 거라고 얘기해야지.'

아무도 이런 식으로 수많은 시간 동안 걱정과 불안에 떨고 싶지는 않을 것이다.

예기불안 극복 방법

연설문을 작성하고 매주 꾸준히 연습을 하면, 쉽게 예기불안을 극복할 수 있다. 즉, 16장에서 토크파워 계획표를 짰듯이 연설 주제와 연설 시간, 그리고 청중이 누구인지에 대해 알게 되는 즉시 연설 연습을 해야 한다.

발표가 아직 몇 달이나 남았는데, 벌써부터 무슨 연습이냐고 되물을 사람도 있을 것이다. 하지만 이때부터 연설문을 작성해서 연습을 하고, 만일을 생각해서 완성된 연설문을 지니고 다니자. 이것이 바로 실제 석상에서 예기불안을 극복할 수 있는 적극적인 출발점이다.

순간적으로 예기불안이 찾아올 때면 언제 어디서나 연설문을 꺼내서 연습을 하자. 그리고 이 책을 적극 활용하자. 권위 있는 석상에서 연설을 해야 하는데, 연설문을 찾지 못해 안절부절못하는 악몽을 꾸기라도 했다면 더욱 연습이 필요하다. 여러분은 더 이상 무력하지 않다. 여러분은 이제 서서히 예기불안의 공격에서 벗어나서 부정적인 생각과 두려움을 떨쳐내고 있다. 이제 적극적으로 행동을 취하고 있다!

자신의 생각을 분석하고 편집하고, 재미있는 이야기를 찾으며 연설자료를 준비하는 데 시간을 투자하다 보면, 발표에 대한 부담감을 느낄 시간이 없을 것이다. 이러한 준비 과정 속에서 어쩌면 보다 큰 즐거움을 찾을 수 있을지도 모른다.

수치심을 느낀다면?

심리치료사들의 말에 따르면, 수치심이란 것은 창피 당할 것이라는 생각 또는 창피를 당했던 기억 등에 의해 갑자기 솟아나는 감정이라고 한다. 따라서 연설을 할 때 수치심으로 얼굴이 붉어지고 당황해 하는 연사들은 청중들이 자신을 하찮고 무력하게 여길 것이라는 생각의 지배를 받고 있는 것이다.

이제 토크파워 프로그램과 더불어 다음 연습을 6개월 동안 매주 규칙적으로 실행해 보자. 삶의 온갖 순간에서 많은 것을 포기하게 만들었던 수치심은 저멀리 달아나고, 어느새 마음의 평화를 찾을 수 있을 것이다.

연습 : 수치심 없애기

일단, 마음속으로 다짐을 하자. '사람들 앞에 섰을 때 수치심이 느껴진다 해도 애써 이와 싸우거나 저항하지 않겠다! 대신 수치심마저 포용하겠다.'

그리고 수치심이 느껴질 때면, 우선 복식호흡을 하자. 숨을 들이마시고 내쉬며 수치심이 자신의 내부에서만 커지도록 내버려두자. 또한 호흡하면서 수치심 자체에 항복해 버리자. 수치심을 대수롭지 않게 보려고 노력하자. 그리고 그 순간, 자신에게 떠오르는 모든 장면, 기억 또는 생각에 집중하자.

이번에는 마음속에 쌓아둔 수치심 자체에 집중해 보자. 수치심이 아주 조금이라도 느껴질 때마다, 곧바로 숨을 내쉬며 호흡을 하고 긴장을 풀자. 그리고 수치심이 몸 밖으로 빠져나가도록 하자. 비록 눈에 보이지도 않는 수치심이지만, 당신의 정신력으로 충분히 해낼 수 있다. 처음에는 이 연습이 황당하고 힘들겠지만, 계속하다 보면 새로운 신경망이 개발되어 뇌의 구조에 변화가 온다. 때문에 몇 주가 지나면 수치심의 강도가 약해지기 시작한다.

말 더듬기

토크파워 워크숍에 참석하는 사람들 중 몇몇은 말을 심하게 더듬는다. 그들 중 일부는 전문가에게 치료를 받아서 치유하려 한 적이 있긴 하다. 그럼에도 불구하고 이들은 당장의 문제 때문에 청중 앞에 서서 말해야 하는 상황을 매번 피했다고 한다.

그러나 그들은 토크파워 프로그램을 접하게 되면서 과거와는 현저한 차이를 보였다. 그들은 무게가 가벼운 볼펜 같은 물건을 손에 들고 있다가 연설 도중 말을 더듬기 시작한다고 느낄 때면, 그 물건의 무게에 집중했다. 그러면 곧 기적처럼 말을 더듬는 현상이 사라졌다.

이 연습을 꾸준히 한 결과, 이제 그들은 더 이상 물건을 들지 않고도 손의 무게에만 집중해 문제점을 개선하는 단계까지 이르렀다. 하지만 이 연습을 할 때에는 단순히 무게에 집중하는 시늉만 해서는 효과가 없다. 그러므로 물건을 들지 않을 때는 각별히 주의해야 한다. 중력이 아래에서 손을 잡아당기고 있다는 것을 느낄 수 있을 정도로 집중해야 한다.

이처럼 물건 없이 손의 무게에 집중할 수 있으려면, 먼저 볼펜이나 작은 돌을 이용해서 2~4주 정도 연습을 해야 한다.

한편, 전화통화를 할 때 말을 더듬는 사람들을 대상으로 연구를 한 결과, 한 손에 물건을 들고 통화를 하면서 물건의 무게에 집중하도록 했더니 어느 정도의 시간이 지나자 더 이상 말을 더듬지 않게 되었다.

갑자기 울음이 터져 나온다면?

심한 모욕감과 수치심을 느껴 본 사람은, 당시의 감정이 오래도록 기억에 남게 된다. 특히 이들은 사람들의 수많은 시선이 자신에게 집중될 때 갑자기 울음을 터뜨리기도 한다. 이런 경우에는, 15장에 나온 연사의 권리 선언을 통해 먼저 자신의 감정을 강하게 배출하는 연습을 해야 한다.

로즈는 맨 처음 나와 상담을 할 때 너무나 떨고 있어서인지 자신의 이름조차 말하지 못했다. 그리고 워크숍 첫날 "오늘 저는 여러분들께 정원을 아름답게 가꾸는 방법에 대해 말씀드리겠습니다."라는 주제문을 말하면서 별안간 울음을 터뜨리고 말았다. 그녀는 곧 쓰러질 것만 같았다. 그래서 나는 그녀의 손을 잡고 연단까지 걸어갈 수 있도록 도와주었다. 몇 년간의 경험에 비추어 볼 때, 그녀의 눈물은 슬픔이나 공포의 눈물이 아니라 주체 못할 분노의 눈물이었다. '나는 왜 이것밖에 안 되지? 내가 왜 이 자리에서 연설을 해야만 하지? 라는 분노감으로 인한 것이었다.

나는 로즈에게 제안했다. "자, 먼저 울음을 멈추고 바닥을 세게 차면서 말하세요. '오늘 저는 여러분들께 정원을 아름답게 가꾸는 방법에 대해 말씀드리겠습니다.' 마치 화난 것처럼 말해 보세요." 그러자 그녀는 내 요구에 당황해 하며 계속 울먹였다. "나는 화난 게 아니에요. 도저히 그렇게는 못하겠어요."

"당신은 충분히 그렇게 할 수 있습니다." 나는 연이어 그녀를 설득했다. 주위의 모든 사람들도 격려하는 눈빛으로 조용히 그녀를 바라보았다. 한참의 침묵이 흐른 후, 마침내 그녀는 바닥을 박차며 말을 하기 시작했다. "오늘 저는 여러분들께 정원을 아름답게 가꾸는 방법에 대해 말씀드리겠습니다!!"

나는 격려의 말을 해주었다. "한 번 더 하세요. 한 번만 더요!"

그녀는 발을 박차면서 계속해서 그 말을 외쳤다.

결국 우리는 로즈가 처음으로 사람들 앞에서 긴장을 풀고, 즐거운 듯이 미소를 지으며 웃는 모습을 볼 수 있었다. 마침내 그녀는 아주 침착하게 말한 후, 품위 있게 걸어와 천천히 자리에 앉을 수 있었다.

만일 여러분도 연설을 할 때 울음이 쏟아져 괴롭다면, 로즈의 사례와 비슷할 가능성이 크다. 이 문제를 해결하기 위해 베개를 잡고 침대를 계속 때리면서 연설 내용을 소리쳐 말해 보자. 또는 다음과 같이 말해 보자. "나는 너무 화가 나. 분노가 일어. 누구도 나에게 조용히 하라고 말하지 못할 거야. 어느 누구도 내 입을 막을 순 없어. 나는 말할 거야. 나는 말할 권리가 있고, 그렇게 하고야 말 거야!" 이렇게 말한 후에, 자리에 앉아서 복식호흡을 스무 번 이상 하자.

바로 지금 이 순간에 집중하기

아마도 여러분들은 멍하니 있다가 남들로부터 "지금 무슨 생각을 하고 계세요?"라는 질문을 받아본 적이 있을 것이다. 현재 중요한 일에 임하고 있으면서도 혹시 여러분은 가끔씩 현재가 아닌, 과거 혹은 미래에 대해 생각하거나 몽상하고 있지는 않은가? 생각과 마음이 딴 곳에 가 있으면, 현재 자신이 하고 있는 말에 집중하기가 어렵다. 아마도 이런 사람들은 다음 세 가지 중 하나에 사로잡혀 있을 것이다.

- 멀리 있는 사람, 장소, 사물을 생각하고 있다.
- 과거에 있었던 일을 생각하거나, 내일이나 먼 미래에 일어날 일에 대해 걱정하고 있다.
- 망상(妄想)에 사로잡혀 있다.

지금 하고 있는 일, 즉 발표에만 주의를 기울일 수 있다면, 사람들 앞에서 말하는 것이 훨씬 수월하다. 그러나 발표를 하는 도중, 사람들이 자신을 마음에 들어하지 않고, 상사가 불만을 나타내며, 고객이 싫어할 거라는 생각 등으로 가득 차 있다면, 이는 자신이 하고 있는 일(발표)에 집중하고 있는 것이 아니다.

이를테면 연단에 서서 '~라면 어떻게 할까?' 혹은 '작년에 나는 ~를 했었지.' 또는 '나는 ~할까 봐 두려워.' 라는 생각만 하고 있다면 그 시간이 얼마나 괴롭겠는가?

따라서 연단에 서서 연설을 하는 그 순간에만 집중하려면 내면인식 연습을 철저히 해야 한다. 그리고 다음과 같이 일상의 간단한 동작을 통해 현재에 집중할 수 있는 능력을 키워보자.

현재 순간에 집중하기 위한 연습

1. 찻잔이나 물잔을 들고, 그 무게에 집중한다. 그리고 그것을 그대로 들고 방안을 몇 번씩 걸어다니며 집중력을 유지한다.

2. 거리를 걸을 때, 서류가방이나 책 또는 현재 손에 들고 있는 물건의 무게에 주의를 모은다. 이렇게 하면 행동 속도가 느려지고 더 차분해질 것이다.

3. 책상 위에 볼펜을 놓고 연설 연습을 하면서, 불안함을 느낄 때마다 볼펜을 들고 그 무게를 느끼며 3분간 집중한다. 그런 다음, 얼마나 진전이 있는지 느껴본다. 이왕이면 복식호흡을 열 번 하면서 함께 연습하면 더욱 효과적이다.

4. 식사를 하기 위해 식탁에 앉았을 때는, 테이블에서 2cm 정도 조용히 물잔을 들어올린다. 그런 다음 잔을 든 상태에서 천천히 복식호흡을 열 번 한다.

경과 기록표

날 짜	시 간	강 점	약 점	느 낌	침착함/불안함 (1~10)

CHAPTER 17

그 밖에 부딪힐 수 있는 모든 상황들

각종 모임, 발표, 연설 등에서

언어란 것이 인간의 생각을 가장 잘 표현하게 된 데는 그만한 이유가 있다.

— 스타니슬라브스키

판촉발표회에서 법정에서의 증언에 이르기까지, 면접에서 송덕문 낭송에 이르기까지, 상을 수여하는 것에서 상을 받는 것에 이르기까지, 행복을 느껴야 하는 모든 상황에서 많은 사람들이 스피치공포증과 불안감이라는 괴물에게 기쁨을 빼앗기고 있다. 하지만 절망하지는 말자.

80세인 페기는 어느 날 나에게 전화를 걸어 도움을 요청했다. 800명의 손님이 참석할 호텔 공식만찬에 참가해야 하기 때문이었다. 평생 동안 그녀가 행한 자선사업에 대해 감사패를 전하려고 주변 사람들이 마련한 자리였는데, 그녀의 가족과 50명의 친구들도 참석하기로 되어 있었다. 하지만 그녀는 그토록 어마어마하게 많은 사람들을 대상으로 말을 해본 적이 여태껏 한 번도 없었다. 그래서 나는 그녀에게 남은 시간 동안 토크파워 프로그램을 이용하여 5분 분량의 수락 연설을 열심히 연습할 것을 제안했다. 그 결과, 그녀는 '어떤 경련이나 불안감도 느낄 수 없었던' 아주 성공적인 연설을 할 수 있었다.

특별한 경우를 위한 템플릿

다음 템플릿을 이용하면 사람들이 많이 모인 특정한 상황에서도 두려움 없이 말할 수 있을 것이다. 원하는 대로 템플릿을 늘리거나 줄일 수 있으며, 템플릿을 섞거나 다른 문구로 대체하는 등 자유자재로 변화를 줄 수도 있다. 이왕이면 재미있는 스토리나 유머, 시, 인용문 등 청중들이 흥미를 느낄 수 있는 내용을 덧붙이는 게 좋다. 연설문을 작성하고, 리허설 준비가 끝난 후에는 먼저 부록에 있는 내면인식 연습을 따라해 보자.

사람을 소개하기 위한 템플릿

※ 연설을 시작하기에 앞서, 자신이 소개하는 사람과 관련된 충분한 정보를 갖고 있어야 한다.

이제 우리의 손님으로 _____에서 오신 _____를 모시겠습니다. 모든 사람들에게 선망의 대상이 될 정도로 명성이 자자한 _____를 소개하게 되어 매우 영광입니다. 이 분이 우리 회사를 위해 노력해 주신 점은 너무나 많습니다. 그중에서도 특별히 말씀드릴 것은…

1. _____
2. _____
3. _____

(그 사람의 업적 중 가장 중요한 세 가지를 뽑는다. 단, 전체 250자 이내로 1분이 넘지 않도록 한다.)

자, 우리 모두 _____를 박수로 환영합시다!

가까운 사람에게 바치는 추도연설 템플릿

가까운 사람의 죽음 후에 추도연설을 하게 되었다고 가정해 보자. 아주 조심스러워질 수밖에 없다. 함께 참석한 사람들의 마음을 다치지 않게 해야 함은 물론 그들의 슬픔까지 위로해야 하기 때문이다. 그러므로 집에서 미리 연습을 함으로써 마음속 절실한 감정을 효과적으로 표현해야 한다. 아래 템플릿의 빈칸을 채운 뒤, 연습 시에 원고로 이용하자. 한두 가지 이야기를 더 덧붙여도 상관없지만, 5분을 초과하지 않도록 한다.

_____는 우리의 _____였으며, 그의 영혼은 지금도 우리 곁에 살아 있으므로 우리는 _____라 하고 싶습니다. 저는 우리가 함께 _____할 때, _____이 _____라고 말했던 것을 기억합니다. 그때는 _____년 전이지만, 마치 어제였던 것처럼 그 기억이 생생합니다. 우리에게 용기를 주었던 분의 죽음을 받아들이는 것이, 지금 당장은 너무나 힘듭니다. 또한 우리는 그의 죽음으로 인해 삶이 이토록 허무하다는 사실을 깨닫게 되었습니다. 지금, _____가 있던 자리는 사라졌습니다. 하지만 _____는 우리 곁에 영원히 남을 것입니다. _____는 영원히 우리와 함께 살아 있습니다.

취업 면접

단 몇 분간의 성공적인 발표로 인생의 성패가 갈리는 경우는 극히 드물다. 하지만 취업 면접에서는 연습을 많이 한 사람일수록 성공할 확률이 높다. 대부분의 사람들은 면접을 준비한다는 것은 단순히 예상되는 질문의 목록과 답변 정도만 알고 있으면 끝이라고 생각하지만, 이는 하나의 과정일 뿐이다.

인사권한을 가지고 있는 사람들은 면접을 본 후, 여러 가지를 고려한 끝에 결정을 내린다. 서류에 기재된 사항 외에도, 이를테면 면접자의 전체적 분위기, 말의 속도, 질문과 대답 사이의 시간적 간격, 임기응변력 등을 종합적으로 평가한다. 따라서 이런 능력을 최대한으로 갖추고 싶다면, 미리 질문과 답을 예상해 목록으로 만들어야 할 뿐만 아니라, 큰소리로 연습하는 과정까지 거쳐야 한다.

구술시험을 보느니 차라리 죽음을 택하겠어요. 시험 당일까지 며칠간
긴장 속에서 초죽음이 되는 것보다야 낫지 않겠어요?

그러나 연설과 마찬가지로 취업 면접에서도 다수의 주목을 받게 될 수가 있다. 또는 마주 대하는 사람이 많지 않다 하더라도, 다수의 청중 앞에 선 것처럼 덜덜 떨릴 수도 있다. 그러므로 중요한 연설에 쏟는 만큼의 시간과 노력을 그대로 투입해야 한다.

연습 : 취업 면접 리허설

1. 예상되는 모든 질문을 모아 목록을 만든다. 자료조사를 한 후에, 각 질문에 대한 간단명료한 답변을 종이나 카드에 작성한다.
2. 부록의 내면인식 및 동작전환 주문을 연습한다. 그 다음으로 손에 카드를 들고 복식호흡을 열 번 한다.
   이제 다음 자리에서 일어나자.
3. 큰소리로 질문을 읽는다(질문을 녹음해서 들어도 좋다.).

4. 발가락을 세 번 오므린 후, 질문에 대답한다. 질문에 답할 때는 항상 다음 예처럼 질문을 반복한다. 질문을 반복하면 자신이 답할 내용의 윤곽을 잡을 수 있기 때문에, 질문에서 벗어난 대답을 하거나 질문을 잊어버릴 위험이 줄어든다.

— 질문 "왜 △△△ 사를 선택하셨습니까?"
— 답변 : "제가 △△△ 사를 선택한 이유는 ＿＿＿＿＿＿＿＿＿＿＿＿ 이기 때문입니다."

5. 계속해서 목록 내의 모든 질문을 읽고 이에 답한다.
6. "나는 제자리로 천천히 걸어간다... 나는 내 손을 느낀다."라고 말하며 자리로 돌아간다.
7. 4일 동안 매일 한 번씩 일어서서 전체적으로 연습을 한다.
8. 4일간 일어서서 연습을 끝낸 후에는, 똑같은 연습을 앉아서 4일간 또 한다. 질문과 답변을 읽기 전에는 항상 복식호흡을 한 번씩 하고 동작전환 주문을 말한다. 말하는 속도가 갑자기 빨라졌다고 느껴지면 복식호흡을 두 번 한다.

면접 당일

1. 전날 밤에 입을 옷을 미리 준비한다.
2. 면접 전날이나 당일에는 설탕이나 커피 등을 섭취하지 않도록 한다. 담배를 즐기는 사람이라면, 그 시간대에는 평소의 1/3 정도로 개수를 줄이는 것이 좋다.
3. 면접장소에는 여유를 갖고 10분 정도 일찍 도착한다.
4. 대기실에 들어설 때는 가방이나 들고 있는 물건의 무게를 느껴본다. 앉아 있을 때는 순서가 올 때까지 복식호흡을 한다.

5. 자리에서 일어나 면접 장소로 갈 때는 천천히 걸으면서 손의 무게감을 느낀다. 계속해서 신체에 집중한다.
6. 면접관과 만나서 인사를 하고 자리에 앉은 후, 복식호흡을 하면서 질문을 기다린다.
7. 각 질문 사이에는 발가락을 두 번 오므린다. 질문에 곧바로 대답하기보다는 약간의 시간을 두고 대답하는 게 좋다.

언론매체 출연

TV나 라디오에 출연 제의를 받다고 치자. 이런 대중매체를 통해 얼굴을 내비친다는 것은 특정 다수의 시청취자들을 상대로 자신의 책이나 사업, 그리고 정치적인 이념이나 계획에 대해 사람들의 긍정적인 관심을 불러일으킬 수 있는 절호의 기회다.

하지만 적절한 준비를 하지 않으면 언론매체 출연이라는 상황의 특수성과 위험성으로 인해 오히려 난관에 빠질 수도 있다. 왜냐하면 자신의 생각을 말할 시간이 너무 짧기 때문이다. 잠시 실수를 하거나 출연 목적에 적합하지 못한 발언을 했을 경우, 다시 상황을 무마하기란 여간 어려운 일이 아니다. 전문 방송인이나 연예인이 아닌 경우, 평균적인 TV출연 시간은 보통 1분에서 3분 사이다. 녹화 방송을 하더라도 출연자는 즉석에서 말을 해야 한다. 이는 녹화방송 역시 생방송과 마찬가지로 이미 지나간 잘못을 바로잡을 기회가 그다지 많지 않음을 뜻한다. 따라서 이 짧은 시간을 성공적으로 이용하려면 초대될 자리의 특성에 맞춰 미리 연습을 해야 한다.

여기서는 다섯 가지 유형의 언론 출연을 다룰 것이다.

- 3~5분간의 전문가 인터뷰
- 10~30분간의 출연

- How-to(하우투) 연설
- 토론 프로그램 출연
- 한 줄 가량의 방송용 멘트

3~5분간 전문가 인터뷰

종종 사람들은 출연 시간이 짧으면 별다른 연습이 필요 없을 거라는 섣부른 판단을 한다. 하지만 그 반대다. 출연 시간이 짧을수록 의도하는 바를 수백만 시청자의 뇌리에 강하게 심으려면 반드시 연습이 필요하다. 오히려 이때는 단어 하나하나에까지 세심하게 신경을 써야 한다. 이제, TV에 출연해서 책에 대해 소개한다고 치고 다음과 같이 연습해 보자.

1. 다음 문장을 작성한다. "저의 책, ＿＿＿＿＿＿＿＿＿＿＿＿＿는 ＿＿＿＿＿＿＿＿＿＿＿＿＿에 관한 내용을 다루고 있습니다."

2. 어떻게 책을 쓰게 되었는지 두 문장으로 설명한다. 쉬지 않고 바로 말할 수 있게끔 연결성이 있는 문장으로 작성한다.

＿＿＿＿＿＿＿＿＿＿＿＿＿＿＿＿＿＿＿＿＿＿＿＿＿＿＿＿
＿＿＿＿＿＿＿＿＿＿＿＿＿＿＿＿ 때문에 저는 이 책을 썼습니다.

3. 책에서 다루고 있는 내용들의 목록을 만든다. 각 항목은 간단명료해야 한다.
   1. ＿＿＿＿＿＿＿＿＿＿   2. ＿＿＿＿＿＿＿＿＿＿
   3. ＿＿＿＿＿＿＿＿＿＿   4. ＿＿＿＿＿＿＿＿＿＿
   5. ＿＿＿＿＿＿＿＿＿＿   6. ＿＿＿＿＿＿＿＿＿＿
   7. ＿＿＿＿＿＿＿＿＿＿   8. ＿＿＿＿＿＿＿＿＿＿
   ....

4. 이 목록에서 특별히 강조하고 싶은 항목을 두세 가지 선택해서 그 내용을 적는다.

1. _____

2. _____

3. _____

5. 예상되는 질문을 열 개 정도 만든 후, 각 질문에 대한 답을 간단하게 작성한다. 연습을 할 때는 다음 예처럼 반드시 질문을 반복한 후 답한다.

— 질문 : "왜 이 책을 쓰셨습니까?"

— 답변 : "제가 이 책, _____를 쓴 이유는

_____입니다."

6. 이런 식으로 방송대본 형식의 원고를 만들어 복식호흡과 동작전환 주문 등의 연습을 모두 마친 후, 출연 전 4일간 매일 적어도 다섯 번씩 연습한다.

10~30분간의 출연

인터뷰 시간이 길수록, 출연자의 입장에서는 자신의 생각을 표현할 시간이 많아진다.

대개는 프로그램이 시작되기 전에 미리 사회자에게 질문 목록을 제출하게 된다. 하지만 그것만으로는 충분한 준비가 될 수 없다. 잠시의 시간이라도 있다면, 각 질문에 대한 완전한 응답을 작성해서 연습을 해야 한다. 출연자의 말이 따뜻하면서도 현명하게 들려야 시청자들은 좋은 인상을 받기 때문이다.

원고를 모두 작성한 후에는, 출연하기 4일 전부터는 매일 적어도 세 번씩 부록과 더불어 연습을 한다.

How-to(하우투) 연설

하우투 연설을 하기 위해 언론 출연을 할 경우 주제는 운동방법에서 요리법까지 아주 다양하다. 따라서 어떤 특수한 목적으로 출연을 한다고 해도 모두 적용할 수 있는 일반적인 연습법을 소개하겠다.

1. 매체에 출연해서 보여줄 모든 동작을 순서대로 적어서 목록을 만든다. 예를 들어 첫 부분에는 다음과 같이 쓰면 된다.

   "나는 앉아서(또는 서서) 설명을 시작할 것이다."

   "나는 지시봉을 들어 그림을 가리킬 것이다."

2. 작성한 목록의 순서에 따라, 천천히 말하며 연습한다. 만일 출연해서 물건을 다루게 된다면, 그 물건을 미리 준비해서 천천히 들고 무게를 느껴본다. 이때 반드시 자신이 하고 있는 행동을 말로 표현한다.

3. 순서대로 다시 천천히 연습하면서, 이번에는 자신이 하는 모든 행동을 좀전보다 더 큰 소리로 말한다.

4. 자신이 해야 할 행동과 말할 부분을 토대로 원고를 작성한다.

5. 강조하고 싶은 요점 세 가지를 작성한다.

   A. _____

   B. _____

   C. _____

6. 시간제한이 얼마인지 확인한다. 10분의 시간이 주어졌다면, 타이머를 10분으로 맞춘 후 설명을 시작한다. 그리고 전체 설명을 하는 데 총 몇 분 몇 초가 걸렸는지 확인한다. 10분이 되지 않거나 넘었을 경우, 원고의 내용을 줄이거나 늘린다. 설명할 내용이 너무 많다 하더라도 급히 서두르는 건 금물이다. 대신 우선순위를 매겨서 덜 중요한 항목을 삭제하도록 한다.

7. 정해진 시간에 딱 맞게 원고를 조절하고 편집을 끝냈다면, 이젠 본격적으로 리허설을 한다. 먼저 부록에 있는 내용을 따라한 후, 방송 출연이 있기 5일 전부터 매일 다섯 번씩 연습한다. 반드시 정해진 시간을 지켜야 한다.

토론 프로그램 출연

토론 프로그램에 출연하고 난 사람들은 대부분 출연 후에 그다지 유쾌한 기분이 들지 않는다고 한다. 보통 이런 형태의 프로그램에서는 논란거리가 되고 있거나 논쟁 중인 특정한 문제에 관해 토론을 하게 된다. 그러므로 아직 자신의 논점에 대한 강한 확신이 없다면, 다른 사람들에게 의견을 구해 연습을 하는 것이 좋다.

정치가, 기업 대변인, 또는 각종 정책 입안자 등 자신과 조직의 사활을 건 입장에서 프로그램에 출연하게 된다면, 반드시 전체 토크파워 프로그램으로 먼저 연설 연습을 해야 한다. 분명 뇌의 구조에 변화가 생겨, 주변의 강력한 공격을 받더라도 즉석에서 생각의 속도를 앞당길 수 있을 것이다.

그러나 갑자기 출연 일정이 잡혀, 전체 토크파워 프로그램을 연습할 시간이 없다면, 급한 대로 다음을 따라 연습해 보자(물론 원고 작성을 끝낸 후에는 부록의 내면 인식 연습을 하는 것을 잊지 말아야 한다.).

1. 상대방이 물어 올 것으로 예상되는 모든 질문의 목록을 작성한다.
2. 각 질문에 역량껏 최상의 답변을 간결하게 작성한다.
3. 일부 화술 전문가들은 상대방이 질문 공세를 퍼부으면, 이를 맞받아 역시 이쪽에서도 또다른 질문을 큰소리로 퍼부음으로써 상대방의 정신을 혼란하게 하라고 권유하기도 한다. 하지만 이는 잘못된 방법으로, 오히려 당사자의 집중력만 떨어질 뿐이다. 따라서 질문 공세에 올바르게 대처하려면 시간적 여유를 갖고 예상 가능한 모든 질문에 답변을 작성해서 침착하게 연습해야 한다. 동료나 가족에게 질문을 읽어 달라고 부탁하는 것도 좋은 방법이다. 그러나 부득이 혼자 연습을 할 수밖에 없다면, 녹음기에 질문을 녹음한다. 그리고 잠시 정지버튼을 누르고 적절한 시간을 두고 답변하면 된다. 말할 때는 양손에 볼펜을 들고, 볼펜의 무게에 주의를 집중한다.
4. 일단 하나의 질문에 대해서 자신의 입장을 정했다면, 그것을 계속 고수해야

한다. 즉, 논지의 일관성을 유지해야 한다는 것이다. 따라서 비슷한 질문을 뒤에 또다시 받았다면 앞서 했던 답변과 같은 맥락에서 비슷한 말을 반복해야 한다. 자신의 입장에 대해 지나치게 구체적으로 얘기할 필요는 없다. 시청자들 앞에서 자신에게 불리한 발언을 하게 될 우려를 피하기 위해서다.

5. 모든 답변을 아주 천천히 다섯 번씩 연습한 후에, 연설 속도가 적절해질 때까지 점차적으로 대답의 속도를 빠르게 한다. 각각의 질문과 답변을 끝낸 후에는 복식호흡을 다섯 번씩 한다.

한 문장짜리 방송용 멘트

이런 유형의 매체 접촉에서는 한 문장으로 답변을 해야 한다는 것을 제외하고는, 의견이 충돌하는 토론 프로그램에서와 똑같은 규칙이 적용된다. 예를 들어보자.

- 질문 : 당신은 가장 최근의 증인이 피고의 신뢰도를 추락시켰다고 생각하지 않습니까?
- 답변 : 그는 증언을 한 게 아니라 피고를 공격하는 발언을 했을 뿐입니다.

이런 방송용 멘트에 대해서는 보통 사전에 숙지를 해주지 않기 때문에 리허설을 할 기회가 없을지도 모른다. 따라서 미리 대비해서 응답을 작성하고 준비해 둘 수밖에 없다.

다음은 갑작스런 언론의 질문에 대비한 몇 가지 응답들이다.

· 우리는 이 문제가 곧 해결되리라 확신합니다.
· 우리는 적절한 시기에 이에 관해 통보할 것입니다.
· 현재 우리는 해결책에 매우 근접해 있습니다.
· 우리는 이번 사태를 정상화시키기 위한 조처를 이미 취하고 있습니다.

- 우리는 그 사안의 장점을 파악하고 당면한 문제를 해결하기 위해 연구 중입니다.

예식장 통로 걸어가기

사람들 앞에서 말을 하는 것 자체는 물론이고, 단순히 시선을 받는 것조차도 크게 두려워하는 사람들이 있다. 이들에게는 사람들이 많이 모여 있는 통로를 걸어가는 것조차도 비참한 일이다. 특히 결혼식 날짜를 잡아놓고 예식장 통로를 걸어가야 한다는 걱정에 몇 주간 고통스러운 예기불안을 경험하는 신랑신부도 있다. 그들의 머릿속은 다음과 같은 생각들로 복잡하다.

- '사람들이 나만 쳐다볼 거야. 기절하면 어떡하지?'
- '제대로 숨이나 쉴 수 있을까?'
- '나 때문에 결혼식을 망칠지도 몰라!'
- '결혼식을 취소하면 안 될까?'

이 얼마나 불행한 일인가? 인생에서 가장 행복해야 할 날에 이들은 고통스러워하고 있는 것이다.

나는 이런 사람들의 고통을 덜기 위해 결혼식 전에 미리 복식호흡과 동작전환 주문, 탈감각작법 등의 방법을 혼합하여 통로를 걸어가는 방법을 개발했다. 이제 결혼식 때문에 불안에 떠는 사람이 없기를 바란다. 오히려 자신의 결혼식이 이토록 즐겁고 행복할 수 있다는 사실에 놀라움과 기쁨을 금치 못하기를 바란다.

연습 : 웨딩마치

결혼식을 올리기 한 달 전부터 연습을 시작해야 한다. 웨딩마치로 사용할 음악은 미리 녹음해서 준비하고, 동작전환 주문 및 내면인식 연습을 할 때 사용할 볼펜도 두 개 준비한다.

1. 4장의 전체 호흡 연습을 하고, 8장의 일어서서 걷는 연습을 따라한다. 이때는 반드시 양손에 볼펜을 하나씩 들고 무게를 느낀다. 이 연습을 전체적으로 두 번 반복한다.
2. 웨딩마치를 작동시킨다. 그리고 손에 볼펜을 든 상태에서 천천히 일어나, 그 무게에 집중하고 리듬에 맞춰 적절한 속도로 방안을 걷는다. 볼펜의 무게에 집중하면, 즉시 마음이 차분해지는 것을 느낄 수 있을 것이다.

이 연습은 결혼식이 있기 한 달 전부터 매주 5일간 하루에 한 번씩 해야 한다. 할 수 있다면 마지막으로 결혼식 당일 아침에도 하는 것이 좋다. 이때쯤이면 수많은 하객들의 주목을 받아도 당황스럽지 않을 것이다.

결혼식은 생략하고, 곧바로 번지점프대로 가면 안 되나요?

식당에서 혼자 걸을 때

일부 사람들은 식당 안에서조차 혼자 걸어 다니기가 힘들다고 한다. 그들은 손님이 많은 식당 안을 걷다가 간혹 경미한 불안감에서 심각한 공황발작까지 경험하기도 한다. 아무도 이런 사람이 있을 거라고는 생각조차 못한다. 그래서 아무도 그들이 느끼는 고통에 신경을 써 주지 않는다. 그래서 그들은 더욱 고독하다.

혹시라도 혼자서 식당 안을 걸어와 자리에 앉는 것이 불편한 독자분이 계신가? 그렇다면 다음 연습을 통해 이 문제를 해결할 것을 권한다.

연습 : 식당 안으로 걸어 들어가기

몇 개의 의자를 가져다 놓고 가상의 식당을 만든다.

파트 1 : 호흡

1. 가상의 식당에서 최종적으로 앉아서 식사할 자리를 정하고, 이와 멀리 떨어진 곳에 의자 하나를 두어 그곳에 앉는다. 한 손에 볼펜 하나를 든 채로 무릎 위에 손을 올려놓고 손바닥을 위로 향하게 한다. 손에 집중하면서 코를 통해 숨을 내쉬는 동안 배를 천천히 안으로 당긴다.

2. 이 자세로 셋을 센다.

3. 복부 근육을 이완하고 숨을 조금만 들이마신다.

4. 이런 식으로 복식호흡을 열 번 반복한다. 숨을 내쉴 때마다 호흡 횟수를 센다. 그래야만 주의가 산만해지지 않고 집중력이 높아진다.

5. 복식호흡을 열 번 마쳤으면 잠시 자신의 기분을 느껴본다. 그리고 곧바로 파트 2의 연습으로 들어간다.

파트 2 : 동작전환 주문

1. "나는 의자에 앉아 있다… 내 몸이 완벽하게 균형을 이루고 있음을 느낀다." 라고 큰소리로 말한다. (직접 몸의 균형을 느낀다.)

2. 침착하게 손을 3cm 정도 무릎에서 들어올린다. 그런 다음 "나는 내 손을 느낀다."라고 말한다. (손의 무게감이 느껴질 때까지 기다린다.)

3. "나는 손을 내 옆구리로 천천히 가져온다."라고 말한다.

4. "나는 천천히 일어난다… 나는 작게 한 걸음 내딛은 후에 멈춘다… 나는 내 손을 느낄 때까지 기다린다."라고 말한다. 자신의 내면이 느껴지는가? 일어나서 의자 앞에서 10cm 정도 작게 한 걸음 내딛은 후, 멈춘다.

5. "나는 식당으로 천천히 걸어간다… 나는 내 손을 느낀다."라고 말한다. 가상의 식당 앞까지 걸어간다. 항상 자신의 손을 느낀다. "나는 천천히 돌아본다… 나는 식당에 앉아 있는 사람들을 바라본다… 멈춘다."라고 말한다. "나는 앞을 똑바로 바라본다… 나는 두 발을 편하게 벌리고 서 있다. 나는 내 손을 느낀다."라고 말한다.

6. 이제, 식탁이라고 말할 가상의 테이블 쪽으로 걸어간다.

7. 의자에 앉는다. 복식호흡을 열 번 한다. 지금 기분이 어떤지 느껴본다.

8. 식당 안을 걷거나 만찬 모임에 갈 때, 자신의 손이나 들고 있는 다른 물건에 집중하면서 이 연습을 해도 큰 효과를 볼 수 있다.

9. 4주간 하루에 두 번씩 이 연습을 한다. 4주 후에는 볼펜을 이용하지 않고, 중력이 손을 아래로 끄는 힘에 집중하며 연습한다. 그런 후, 사람이 한산할 때 식당 안을 혼자 걸어가 보자.

모임에서의 자기소개

스피치공포증이 있는 사람들은 모임이나 회의에서 사회자가 자신의 이름을 소개하거나 자신에 대한 정보를 묻는 것을 싫어한다. 이런 사람들은 다음의 체계적인 연습 과정을 반드시 거쳐야 한다.

원고 작성

다음 템플릿의 빈칸을 채운다.

"제 이름은 _____입니다", "저는 _____입니다", "저는 _____에서 일하는 _____입니다. 저는 _____를 (다음처럼 1~3개 정도의 항목으로 채운다) 하기 위해 이 자리에 섰습니다."

1. _____
2. _____
3. _____

리허설(동작전환 주문)

1. 의자 몇 개를 가져다 놓고 사람들이 원을 그리고 앉아 있는 것처럼 보이게 만든다. 그리고 나서 한쪽 의자에 앉는다. 한 손에는 카드를 들고, 한 손에는 볼펜을 든다.
2. 모임 도중에 자신에 대한 소개를 요청받았다고 상상한다.
3. 숨을 내쉬는 것을 시작으로 복식호흡을 열 번 한다.
4. "제 이름은~입니다."라고 말을 시작하면서, 무릎에서 손을 살짝 들어올린 후 손의 무게에 집중한다. 나머지 내용까지 말한 후, 손을 다시 무릎에 갖다 댄다.
5. 숨을 내쉬면서 복식호흡을 열 번 더 한다.

6. 회의, 수업, 모임 등에 참석하기 전 4일 동안 매일 세 번씩 이렇게 연습한다. 매일 세 번째 연습에서는 반드시 볼펜 없이 손의 무게에만 집중한다. 그리고 매번 연습할 때마다 한 글자도 바꾸지 말고 같은 내용으로 연습한다.

회의나 강의에서 의견을 말해야 할 때

나는 사람들에게 알려 줄 좋은 의견을 가지고 의사협회 회의에 참석 중이었어요. 그런데 회의를 시작하자마자 내 얼굴은 달아오르기 시작했고, 심장박동도 빨라졌어요. 그래서 결국엔 아무 말도 못하고 시간이 가기만 기다리고 있었습니다. 그런데 마침, 내가 말하려던 바로 그 내용을 내 동료가 얘기하는 소리가 들렸습니다. 모든 사람들이 박수를 치며, 좋은 아이디어라고 탄복했죠. 그때 나는 뭔가 속은 듯한 느낌이 들었고, 말문이 막혀 버렸습니다. 그날 스스로에게 얼마나 실망했는지 몰라요.

— 더글러스, 치과의사

이 이야기는 그냥 남의 이야기일 수도 있다. 하지만 토크파워 워크숍에 참가한 사람들은 대부분이 자신도 자주 겪는 경험이라며 공감한다. 이들은 스피치공포증으로 인해 중요한 자리에서 자신의 의견을 피력할 기회를 곧잘 놓치고 만다. 강의 시간에 제대로 질문을 하거나 의견을 말하지 못하는 학생들도 수두룩하다. 각종 모임이나 회의에서도 이 같은 문제가 자주 발생한다.

신경학적으로 이들에게 어떤 일이 일어나고 있는지 살펴보자.

여러분은 모임에 참석하고 있다. 이때 각자의 아이디어를 말하라는 제의를 받는다. 여러분의 뇌에서는 신경전달망이 흥분해 떨리기 시작하고, 이제 말을 할 준비체계를 갖춘다. 하지만 이때 갑자기 언어적 표현을 억제하는 격한 충동이 생겨, 그와 관련된 전기 신호와 화학물질의 전달을 가로막는다. 이로 인해 결국 말문이 막히게 되는 것이다. 이는 삽시간에 일어나는 현상으로, 심장박동의 속도보다 더 빨리 진행된다. 여러분은 이미 자신의 신경망에게 지배 당해 버렸고, 자신에게 무슨 일이 일어났는지 알 겨를도 없다.

그렇다면 어떻게 이런 충동을 막을 수 있을까? 이제 다음에 제시된 연습을 따라해 보자. 기본적으로 호흡연습과 동작전환 주문, 내면인식 등을 익힌 후에, 이 연습을 하자.

참가 연습

가능하다면 토론이나 발표가 이루어지는 모임이나 세미나에 녹음기를 가져가서 그 내용을 녹음한다. 그럴 수 없다면 동료들에게 여러분이 참석할 회의와 관련된 문제에 대해 토론할 것을 부탁하고, 이를 녹음한다. 약 15분 동안의 분량이면 될 것이다.

〈1단계〉

의자에 앉아서 볼펜을 든 상태로 양손을 무릎 위에 올려놓는다. 신체의 오른쪽과 왼쪽이 균형을 이루고 있음을 인식하면서, 내면에 집중한 채로 복식호흡을 열 번 한다. 코를 통해 숨을 내쉬고 들이마신다. 이때 눈은 떠도 되고 감아도 된다. 녹음기를 작동한다. 토론하는 소리가 들리면 심장이 마구 뛸 것이다.

토론을 귀 기울여 들으면서 호흡한다. 숨쉬는 것이 편안해졌다고 느껴지면, 3cm 정도 손을 무릎에서 들어올린다. 그런 다음 손의 무게에 집중한다. 테이프의 전체 내용에 귀를 기울인다. 그리고 테이프를 다시 감고 나서 회의용 원고 작성을 준비한다.

토크파워 템플릿을 통해 연설문 작성법을 알게 되었듯이, 이제는 다음의 간단한 템플릿을 통해, 회의에서 자신의 생각을 표현하는 법을 배워보자.

_____와 관련하여 저는 _____라고

생각합니다. 그 이유는 _____, _____, _____, 그리고 _____이기 때문입니다.

• 사 례

회의에서 아이디어를 효율적으로 제기해야 한다는 문제**와 관련하여, 저는** 회의에 참석을 했다면 모든 사람들이 적어도 하나의 안건 정도는 제언**해야 한다고 생각합니다. 그 이유는** 이런 체계적인 절차를 통해 사원들 간에 원활한 커뮤니케이션이 오갈 수 있고, 회의진행도 매끄러워질 것이기 때문입니다. **그리고** 회사 발전을 위한 다양한 의견이 모아질 것**이기 때문입니다.**

이외에도 질문을 하거나, 다른 사람의 발언에 대해 찬성의 말을 함으로써도 회의에 적극적으로 참가할 수 있다.

좀더 명확한 설명을 들었으면 합니다. _____에 대해 좀더 자세히 설명해 주실 수 있습니까?

• 사 례

"저는 이철수 씨의 의견에 동의합니다. 법정 근로시간을 현재 주 44시간에서 주 40시간으로 줄여 일주일에 5일 근무를 하면 삶의 질 개선 및 고용창출 효과가 클 것이라고 봅니다."

〈2단계〉

테이프에 녹음한 내용이 실제 상황이라면, 여러분이 그 자리에 참가했을 경우, 어떤 식으로 발의를 했을지 생각해 보자. 그에 맞춰 위의 두 가지 방법 중 하나를 골라 실제 상황에서 사용하면 될 것이다. 일단 두 가지 방법으로 모두 내용을 작성하여 연습해 보자.

〈3단계〉

위에서 테이프를 통해 들은 토론과 관련하여, 두 가지 방법으로 발언문을 작성해 보았다. 이제 의자에 앉는다. 한 손에 볼펜을 들고, 다른 한 손에는 발언 내용이 적힌 카드를 든다. 자신의 내면에 주의를 집중한다. 신체의 오른쪽과 왼쪽이 완벽하게 균형을 이루고 있음을 인식한다. 복식호흡을 열 번 하면서, 코를 통해서 숨을 들이마시고 내쉰다. 눈은 감아도 되고 떠도 된다. 긴장을 푼다. 녹음기를 켠 후, 그 소리에 귀를 기울이며 호흡을 한다. 자신이 편안하게 귀를 기울이며 호흡하고 있음이 느껴지면, 손에 들고 있는 볼펜의 무게에 주의를 집중한다. 할 말을 해야 할 때를 정했으면, 녹음기를 끄고 발언한다. 천천히 명확하게 얘기한다. 끝나면 다음 발언을 할 때까지 다시 녹음기를 켜고 듣는다. 곧 녹음기를 다시 끄고 다음 발언을 한다. 테이프가 끝날 때까지 같은 방법으로 계속 진행한다.

일주일 동안 하루에 한 번씩 이렇게 연습을 한다. 이제 수업시간이나 회의시간에, 그리고 모임마다 반드시 한 번쯤은 입을 열자. 좋은 의견이 생각날 때까지 기다릴 필요도 없다. 설사 내용을 알고 있다고 해도 질문을 던져 보자. 계속해서 시도해 보고 끊임없이 연습하는 것이 중요하다.

아이들을 위한 토크파워 프로그램

※이 프로그램은 7~12세의 아이들을 대상으로 하고 있다. 13살 이상의 아이들은 정규 토크파워 프로그램을 이용하면 된다. 여기에 제시된 예는 대체적으로 수업시간에 산만한 아이들을 바로잡고 적극적인 수업 참여를 유도하기 위한 내용들이다. 교사나 부모가 상황에 맞게끔 각색해서 사용할 수도 있다.

여러분의 자녀가 남들 앞에서 말을 제대로 하지 못하는가? 혹시 수업시간에 발표도 못하고 얌전히 앉아만 있는가? 가족들이 모두 모인 자리에서 하고 싶은 말을 우물쭈물거리고만 있는가? 아이에게 어릴 때부터 리더로서의 자질을 키워주고 싶은가? 그렇다면 이제부터 눈을 크게 뜨자.

지금부터 제시하는 지시사항을 아이와 함께 따라함으로써 발표, 합창, 연극, 악기 연주, 학예회와 같이 사람들의 시선을 받는 모든 상황에서 불안해 하는 아이에게 당당한 자신감을 키워 주자.

먼저 아이에게 놀이동산, 운동경기 등의 발표 주제를 선택하게 한다. 그리고 아래 템플릿의 빈칸을 채우게 한다. 혼자 할 수 없다면, 함께 템플릿을 읽으면서 자연스럽게 내용을 유도해 내면 된다. 인내심을 갖고 아이에게 생각할 시간을 주자. 어떤 상황에서도 서두르거나 압박감을 주어선 안 된다. 설사 아이가 형편없는(?) 이야기를 한다 해도 이를 반박하거나 비판해서는 안 된다. 오히려 자상한 목소리로 다독거리자. "괜찮아. 이제 어떻게 하는지 보여줄게. 너도 이렇게 해보렴."

아이들을 위한 토크파워 템플릿

- 주제문 : 오늘 저는 _____에 대해 이야기할 겁니다.
- 메시지 문장 : 저는 _____라고 생각해요.
- 배경 : 저는 _____에 갔을 때(바로 메뉴 항목으로 이어진다.)
  (메뉴/요점)세 가지를 보았습니다.
  1. _____
  2. _____
  3. _____
  제가 가장 좋아하는 것은_____인데, 그 이유는
  _____입니다.
- **결론** : 다음에는 _____를 하고 싶은데, 왜냐하면
  _____이기 때문입니다. (발가락을 세 번 오므린 후) 감사합니다!

어떻게 아이를 가르칠 것인가?

이제 아이들이 사람들 앞에서 편하게 설 수 있도록 리허설을 시켜야 한다. 그런데 아이들에게 다짜고짜로 연습을 시키는 것보다는 다음과 같은 우회적인 방법으로 시작하는 것이 좋다.

일단 아이들에게, 다음처럼 달나라로 여행을 떠나는 놀이를 할 거라고 얘기한다. 이는 특히 수줍음이 많은 아이에게 효과적인 방법이다.

"우리는 이제 달나라로 여행을 갈 거야. 그런데 우주선에서 내리면 산소가 부족해서 숨쉬기가 힘들단다. 그래서 먼저 배로 호흡하는 법을 배워야 한단다."

함께 의자에 앉아서 복식호흡을 위한 지시사항을 큰소리로 가르쳐 준다. 우선 어떻게 하는지 시범을 보이고 나서, 가르쳐 주는 게 좋다. 아이가 제대로 따라하지 못한다 하더라도 꾸짖거나 명령해서는 안 된다. 일단 놀이라면 재미있어야 한다! 아이가 너무 어려워한다면, 일단 연습을 멈추고 다음날에 계속하자. 그보다 먼저 이렇게 말해 주자. "오늘 아주 좋았어! 정말 잘했어. 내일은 좀더 재미있게 해보자."

아이들에게 복식호흡 가르치기

일단 여러분이 4장의 내용에 기초해서 이 복식호흡법을 확실히 익혀야 한다. 이 연습을 하면서, 조용하고 잔잔한 음악을 들어도 좋다. 복식호흡법을 확실히 익혔다면, 다음 아이를 불러 다음 지시사항과 행동을 그대로 옮기게 한다.

〈파트 1〉

1. 아이와 함께 각각 의자에 앉는다. 아이의 손에 숟가락을 두 개 들려준다.
2. "숟가락을 든 채로 한 손을 코 아래에 대고, 손 위로 뿜어지는 공기를 느껴보세요."라고 말한다.
3. "코를 통해 숨을 내쉬면서, 배를 천천히 안으로 밀어넣어 보세요."라고 말한다.

4. "배를 편안하게 하고, 숨을 조금만 들이마셔 보세요."라고 말한다.

5. "손을 무릎 위에 내려놓으세요."라고 말한다. 그리고 나서 3단계와 4단계를 10번씩 반복한다.

6. "잠시 기분이 어떤지 느껴보세요."라고 말한다. 약 20초간 말을 멈추고 기다렸다가, "이제 달나라에 도착했을 거예요."라고 말한다.

7. "손을 들어서 숟가락의 무게를 느껴보세요."라고 말한 후, 30초간 시간을 준다.

8. 일어선다. 그리고 "이제 의자에서 일어나세요. 그리고 숟가락을 가지고 천천히 방안을 걸으면서 그 무게를 느껴보세요."라고 말한다. "중력이 거의 없는 달나라에 도착하게 되면, 아마 이렇게 걸을 거예요."라고 말한다. 방안을 걸어다니면서 아이가 자신을 따라오도록 한다.

9. 아이가 방안을 두 번 걸어다니게 한 후, "자, 이제 지구에 도착하려면 제자리로 돌아가야겠죠."라고 말하며 아이를 제자리에 앉힌다.

〈파트 2〉

이번에는 아이에게 달나라에 있는 학교 교실에 도착했다고 말한다. 그리고 친구와 선생님이 지켜보고 있는 가운데 그 교실 앞으로 걸어나가는 연습을 할 것이라고 말한다.

10. 다음 문장을 큰소리로 말한 후에, 아이가 자신의 말과 행동을 따라하게 한다. "나는 의자에 앉아 있다… 내 몸은 완벽하게 균형을 이루고 있다… 나는 손 안에 있는 숟가락의 무게를 느낀다." 아이에게 직접 숟가락의 무게를 느껴보라고 말한다.
"나는 손을 내 옆구리로 가져온다… 나는 천천히 일어나, 작게 한 걸음 내딛었다가 멈춘다… 내 손의 무게를 느낄 때까지 기다린다" 아이에게 손의 무게를 느끼라고 말한다.

"나는 숟가락의 무게를 느끼면서 교실 앞쪽으로 걸어간다… 나는 뒤를 돌아본다… 나는 친구들과 선생님을 본다… 나는 멈춘다… 나는 편하게 두 발을 벌리고 서 있다… 나는 내 손의 무게를 느낀다."

아이에게 반드시 달나라에 있는 상상 속의 교실 앞에 서 있는 것이라고 말해 준다.

아이에게 발가락을 천천히 세 번 오므리라고 말해 준다. 오므린다, 편다, 오므린다, 편다, 오므린다, 편다.

"바로 이렇게 달나라에 있는 교실 앞쪽으로 걸어가면 되는 거예요." 라고 말한다.

"이제 우리는 제자리로 천천히 다시 걸어갈 거예요." 라고 말한다.

11. "나는 제자리로 돌아간다… 나는 손에 들고 있는 숟가락의 무게를 느낀다." 라고 말한다.

   이제 모두 제자리에 앉는다.

12. 아이가 자신의 원고를 꺼내 자리에서 읽도록 한다. 5일간 하루에 한 번씩 이 연습을 시킨다.

선생님과 함께 하는 토크파워 프로그램

1. 아이들에게 말한다. "우리는 교실 앞에 서서 글을 읽는 연습을 할 거예요."

2. 아이들과 함께 복식호흡을 하면서 앞의 11단계까지 실행한다. 하지만 모든 아이들의 손에 숟가락을 쥐어줄 수는 없는 일이다. 대신 자신의 비어 있는 손의 무게를 느끼게 하거나 연필을 들게 하면 될 것이다.

3. 이제 모든 아이들이 연습할 준비가 되어 있다.

4. 아이들에게 교실 앞으로 걸어나오기까지 자신의 행동을 큰소리로 얘기하게 한다. 종이를 보고 읽을 수도 있고, 지시사항을 불러줘도 된다. 단, 아이의 어떤 잘못에도 꾸짖거나 재촉해서는 안 된다.

아이들에게 다음과 같이 말하게 한다. "나는 의자에 앉아 있다… 나는 내 몸이 완벽하게 균형을 이루고 있음을 느낀다… 나는 내 손의 무게를 느낀다… 나는 손을 내 옆구리로 가져온다… 나는 천천히 일어나 작게 한 걸음 내딛었다가 멈춘다… 나는 내 손의 무게를 느낄 때까지 기다린다… 나는 교실 앞으로 천천히 걸어간다… 나는 내 손의 무게를 느낀다… 나는 천천히 뒤를 돌아본다… 나는 친구들과 선생님을 본다… 나는 멈춘다… 나는 편하게 두 발을 벌리고 서 있다… 나는 내 손의 무게를 느낀다… 나는 지금 교실 앞에 서 있다… 나는 발가락을 천천히 세 번 오므린다. 오므린다, 멈춘다, 오므린다, 멈춘다, 오므린다, 멈춘다."

5. 아이들이 원고를 들고 교실 앞에 서면, 큰소리로 읽어보라고 말한다. 아이가 아무리 실수를 한다 해도 비판하거나 행동을 교정해 줄 필요는 없다(만일 아이들이 잘 따라하지 못한다고 해서 엄하게 꾸짖으면 오히려 역효과를 불러올 뿐이다.). 아이들에게 "나는 제자리로 천천히 돌아가고 있다… 나는 내 손의 무게를 느낀다."라고 말하며, 제자리로 천천히 돌아오도록 한다.

이때 아이들에게 반드시 "참 잘했어요!"라고 칭찬해 주자. 부드러운 격려만이 아이들의 공포감을 없앨 수 있다.

에필로그

몇 해 전 내가 배우로 일하고 있을 때였다. 비행기를 타고 중간 경유지인 신시내티에 착륙하는 순간, 나는 갑자기 기내에서 심한 공황발작을 겪었다. 그 충격으로 인해 비행기가 다시 이륙을 하고 있는데도 내 심장은 걷잡을 수 없이 뛰었다. 힘겹게 숨을 몰아쉬면서 나는 곧 죽을지도 모른다는 어처구니없는 두려움에 사로잡힌 채 비행을 해야만 했다.

어쨌든 다시 뉴욕으로 돌아오긴 했지만, 나는 그 후로 다시는 비행기를 탈 수 없었다. 자동차나 배, 기차로 갈 수 있는 곳이 아니면 어디든지 두려웠다. 그리하여 나는 마음의 안정과 평화를 위해 가장 빠른 교통수단인 비행기를 포기해야 하는 대가를 치러야만 했다. 친구들이 비행기를 타고 먼 곳으로 여행을 떠날 때도 나는 멀리서 지켜보기만 했다. 그런데 참으로 모순되는 점은, 내가 그 전에 잠깐 스튜어디스로 일한 적이 있다는 것이다.

어느덧 시간이 흘러, 나는 언어치료의 전문가가 되었다. 그런데 나의 첫 번째 책인 《TalkPower》를 낸 출판사에서 나에게 전화를 걸어왔다. 내 책이 베스트셀러에 오른 덕에 4주 정도 그들과 함께 뉴욕에서 비행기를 타고 미국 전역을 돌아다녀야 한다는 것이었다. 일정은 한 달 보름 뒤로 잡혀 있었다.

그 이야기를 듣고는 몸이 오싹해졌다. 물론, 나는 꼭 갈 거라고 대답을 하긴 했지만, 마음속으로는 절대로 가지 않을 거라고 다짐했다. 내가 어떻게 다시 비행기를 탈 수 있단 말인가? 또다시 비행기에서 공황발작이 일어나면 어떻게 하지? 어린 딸은 당분간 엄마 없이 지내야 한단 말인가? 나는 비행기에 타기만 하면, 반드시 무언가 나쁜 일이 일어날 것만 같은 두려움에 떨고 있었다.

그러나 한편으로는 몇 주간의 여행을 하면서, 친구들에게 자랑도 하고 마치 내가 대단한 인물이라도 된 듯한 유쾌한 기분을 출판사 직원 및 독자들과 함께 나누고 싶기도 했다. 전국을 순회하며 내 책을 홍보하고, 내가 그 베스트셀러의 저자라는 사실을 알리는 것은 얼마나 신나는 일인가!

주최측은 나를 위해 꽤 많은 일을 계획하고 있었다. 나를 도와서 함께 홍보를 할 사람까지 고용하고, 대형 리무진에, 고급 레스토랑에서 먹을 아침식사까지 준비해 놓았던 것이다.

그러나, 시간이 갈수록 나는 못 가겠다는 쪽으로 마음을 굳혀가고 있었다. 나는 갈 수 없다는 사실을 꼭 알려야만 했다. 하지만 전화기 버튼을 누를 수가 없었다. 이 나이에, 이 위치에, 내가 어떻게 그런 말을 할 수 있겠는가?

나는 도저히 입을 열 수 없었다. 그리고 끝내는 차일피일 미루다가 전화도 못한 채로 그렇게 한 달을 흘려보냈다. 비행기 사고가 일어날 것만 같은 두려움으로 불면증에 시달리면서도, 책 사인회를 열고 TV인터뷰를 하는 꿈을 동시에 꾸기도 했다. 나는 거의 미칠 것만 같았다. 나는 언어치료 전문가였기 때문에, 더더욱 이같은 사실을 누구에게도 말할 수가 없었는지 모른다. '아, 내가 왜 이럴까? 말도 안 돼! 있을 수 없는 일이야.'

결국, 전국 순회를 거절하기에는 너무 늦어버렸다. 바로 그때, 가슴속 저 깊은 곳에서부터 어떤 목소리가 들려왔다.

"나탈리! 이렇게 불안에 떨며 살아가느니, 차라리 비행기 안에서 죽는 게 나아.."

이에 자극을 받은 나는 순회를 떠나기로 마음을 굳혔다. 뒤도 돌아보지 않기로 했다. 나는 공황발작이 일어날지도 모른다는 두려움, 비행기에서 내 생의 마지막을 보내게 될지도 모른다는 공포, 다시는 가족을 볼 수 없을지도 모른다는 불안감을 안은 채로 애써 발걸음을 떼야 했다.

11월, 시카고로 떠난 첫 비행은 악몽이었다. 나는 담요를 덮고 마치 태아가 웅크린 것처럼 앉아서 배로 호흡을 했다. 그런 채로 옆에 앉은 사람이 계란 요리를 먹는 것을 계속해서 뚫어지게 쳐다보았다.

우리는 4주간 매일 비행기를 타고 시카고에서 미니애폴리스, 텍사스, 인디애나, 캘리포니아 등지를 돌아다녔다. 그러나, 지금 생각해 보면 내가 어떻게 살아 돌아왔는지도 모를 지경이다. 하지만 분명히 나는 살아 돌아왔다. 뉴욕에 착륙하여, 비행기의 바퀴가 활주로에 닿는 순간, 비행기 안이 환하게 밝아지는 것을 느꼈다. 이륙하던 순간에는 비행기 안이 그렇게 어두워보였었는데 말이다.

이 같은 경험을 통해 나는 내가 느낀 두려움과 위험은 바로 내 생각 속에 있었다는 사실을 알게 되었다. 내가 느낀 공포는 내가 타고 있는 비행기와는 아무런 상관이 없었다. 단지 나의 생각에 의해서 만들어진 것이었다. 놀라운 사실이었다.

나는 분명 무언가 달라져 있었다. 나는 더 이상 비행기를 폭파시킬지도 모를 테러리스트를 찾거나, 누군가 비행기에 폭탄을 설치할지도 모른다는 불안감으로 승객들의 얼굴을 하나씩 하나씩 관찰하던 예전의 내가 아니었다.

일정을 마친 후, 나는 비행기로 가족휴가를 떠날 계획을 잡고 있었다. 그것은 정말 획기적인 변화였다. 이내 나는 가족들과 함께 비행기를 타고 이곳저곳을 돌아다니고, 여름에는 유럽여행을 가기도 했다. 연설이나 강연에도 아무런 망설임 없이 비행기를 타고 다녔다.

시간이 지날수록 예전의 공포감은 점점 사라지고, 비행기로 여행을 할 때에도 나는 더없이 편안함을 느낀다. 이제 나는 비행기 안의 좌석에 앉아 음악을 듣거나, 책과 편지들을 보면서 즐거운 시간을 보낸다. 내가 진정으로 자유를 느끼는 곳은 비행기 안이라는 생각까지 드니, 변해도 보통 변한 게 아니다.

나는 이제 주변에 대한 쓸데없는 경계를 풀게 된 것이다. 비행기 좌석에 앉아서 느끼던 두려움은 물론이고, 높은 산 위에 올랐을 때 느끼던 긴장과 고통도 모두 사라졌다. 이제 나는 그런 일들로 인해 털끝만큼의 공포도 느끼지 않는다. 비행기 날개 위에서 번개가 치고 우박이 떨어진다 해도 이제는 문제없다. 그 순간에도 나는 하늘에서 편안히 잠들어 있을 테니까.

언젠가 바하마에서 돌아올 때, 내가 탄 비행기가 폭탄 테러의 표적이 된 적이 있다. 하지만 나는 조금도 불안하지 않았다. 모든 것이 잘될 거라 확신하고 있었기 때문이다. 나는 원래 낙천적인 사람이다. 그런데 지금까지는 비행기와 관련하여 쓸데없는 심적 두려움을 안고 살아왔던 것이다.

나는 스스로에게 질문을 던졌다. 도대체 나는 왜 그토록 공포감을 느꼈던 것일까?

나는 지금 왜 이런 이야기를 하고 있는 걸까? 무엇보다도, 나는 나 자신에 관한 재미있는 이야기를 사람들에게 들려주는 것을 좋아하기 때문이다. 하지만 그보단, 한번 공포증을 가지게 되면 결코 그것을 퇴치할 수 없다고 생각하는 많은 사람들에게 희망을 주고 싶기 때문이다.

끔찍한 공황발작으로 괴로워하던 내가 비행기 여행을 좋아하게 되었듯이, 여러분도 사람들 앞에서 자신 있게 말하고, 충분히 그것을 즐길 수 있다. 토크파워 프로그램에 시간을 투자하면, 1000배 이상의 보상을 받을 것이다. 많은 사람들의 시선 속에서도 당당할 수 있는 여러분의 모습! 그렇다! 여러분은 이제 곧 소중한 보물을 얻게 될 것이다. 운전사가 운전하는 법을 결코 잊어버리지 않듯이, 배우도 오랫동안 연기를 하다 보면, 연기 기술이 몸에 익게 된다. 여러분도 마찬가지다.

처음에는 누구나 불안하다. 하지만 이제 많은 사람들 앞에 서서 자신의 생각을 명확하게, 완벽하게 표현하고 싶지 않은가? 혹시라도 개인적인 사정으로 도중에 연습을 멈추었다 해도, 그만둔 부분부터 언제든지 다시 시작하면 된다. 여러분이 생각하고 행동할 때 작용하는 신경망 속에 지금까지 배운 기술이 그대로 축적되어 있기 때문이다.

나는 지금까지 토크파워 프로그램을 통해 수천 명의 학생들과 함께 짜릿한 성취감을 맛보았다. 처음에는 자기 자신의 소개조차 제대로 못하던 그들이 이제는 언제 어디서나 당당하게 말하는 모습을 보며, 나는 내가 가르친 방법이 아주 효과적이었음을 실감하곤 한다.

여러분이라고 못할 리 없다. 여러분이 성공적인 연사가 되는 것을 가로막고 있는 마음속의 작은 악마, 무대공포심을 몰아내면 된다. 지금까지 많은 사람들이 토크파워 프로그램으로 훌륭한 연설가로 새롭게 태어났다.

이제 여러분에게도 기회가 주어졌다! 많은 사람들 앞에서 당당한 연사로 서게 되었을 때 느낄 수 있는 만족감과 진정한 자기애를 만끽하라.

토크파워 프로그램과 함께 3주 동안 매일 20분씩만 투자하자. 여러분의 인생에 획기적인 변화가 일어날 것이다.

이제 당신의 모습을 드러낼 때가 되었다.
이제 당신의 목소리를 들려줄 때가 되었다.
이제 빛나고 있는 당신의 영혼을 보여줄 때가 되었다.
우리는 기다리고 있다….
우리는 당신이 해낼 수 있으리라 믿는다.

복식 호흡과 내면인식, 동작전환 주문

※ 본문 중의 내용을 다시 반복한 이유는 연습할 때마다 편리하게 참고할 수 있도록 하기 위해서입니다.

몇 개의 의자와 연단으로 생각할 만한 물건을 갖다 놓는다. 그리고 자신이 서 있을 자리에 종이 한 장을 깔아 놓는다. 연단을 이용하고 싶은데 없다면, 악보대를 이용하거나, 탁자나 책상 위에 빈 쓰레기통을 거꾸로 놓고, 이를 연단으로 이용하자.

1. 의자에 앉아, 손바닥을 위로 향하게 해서 무릎 위에 올려놓는다. 신체의 오른쪽과 왼쪽이 완벽하게 균형을 이루고 있음을 느낀다.
2. 복식 호흡을 다섯 번 한다. (배를 안으로 당긴다. 코를 통해 숨을 내쉰다. 그 자세에서 셋을 센다. 복부 근육을 이완시킨다. 숨을 조금만 들이마신다. 가슴은 움직이지 않는다.) 이렇게 다섯 번 반복한다. 숨을 들이마시고 내쉬는 것을 한 번으로 센다.
3. "나는 의자에 앉아 있다. 내 몸이 완벽하게 균형을 이루고 있음을 느낀다." 라고 크게 말한다.(몸의 균형을 느낀다.)
4. "나는 내 손을 느낀다." 라고 크게 말한다.(손의 무게를 느끼면서 손을 살짝 들어 올린다.)
5. "나는 손을 내 옆구리로 천천히 가져온다." 라고 말한다.
6. "나는 천천히 일어난다. 나는 작게 한 걸음을 내딛은 후에 멈춘다. 나는 내 손을 느낄 때까지 기다린다." 라고 말한다.(일어나서 의자 앞에서 10cm 정도 작게 한 걸음을 내딛는다.)

7. "나는 연단으로 천천히 걸어간다... 나는 내 손을 느낀다."라고 크게 말하며 연단까지 걸어간다. 이때도 항상 손의 무게를 느낀다. "나는 천천히 돌아본다... 나는 청중을 바라본다...멈춘다... 나는 앞을 똑바로 바라본다... 나는 이리저리 방을 둘러보지 않는다... 나는 내 손을 느낀다."라고 말하며 동작을 그대로 실행한다.

8. 이제 연단 앞에 편안하게 두 발을 벌리고 서 있다. 발가락을 세 번 오므린다. 그리고 나서 연설을 시작한다. 각 부분 사이에 발가락을 오므리는 것을 잊지 않는다.

9. 마지막 단어까지 말한 후에는 "감사합니다."라고 말한다. 그리고 발가락을 세 번 오므린 후, "나는 제자리로 천천히 돌아간다. 나는 내 손을 느낀다."라고 말한다.

10. 제자리에 앉아, 복식 호흡을 다섯 번 한다. 자신의 기분이 어떤지 느껴본다.

11. 전체 과정을 한 번 더 반복한다. 이번에는 실제 연설에서 유용할 수 있도록 하기 위해 따옴표 안의 지시사항을 소리내어 말하지 말고, 마음속으로만 읊조린다.

저자에 관하여 >>

나탈리 로저스(Natalie Rogers)

나탈리 로저스는 스피치공포증 치료 분야의 선구자로서, 여러 사람들의 시선을 받으며 말하는 데 두려움을 느끼는 사람들이 단상에 서기까지 일어나는 신체적 · 감정적 상태에 진지하게 주의를 기울여 최초로 그 해결책을 제시한 스피치 분야의 전문가다.

나탈리 로저스는 기존의 화술전문가들이 대부분 등한시해 왔던 스피치공포증을 치료하기 위해, 연극 배우들이 관객들의 시선을 받으면서도 연기에 몰입하도록 훈련시켰던 러시아의 연극감독 스타니슬라브스키의 이론을 따라 심신훈련법을 통해 스피치공포증을 치유하는 토크파워 프로그램을 개발했다. 그리고 지난 20년 동안 토크파워 워크숍을 통해 수많은 사람들에게 토크파워 프로그램을 적용해 왔다. 그 이전에는 배우, 연기 교사, 뉴욕에 있는 도브 극단(Dove Theater Company)의 감독으로 일한 경험이 있으며, 현재는 자신이 창립한 토크파워 사(TalkPower Inc.)의 회장이자 언어치료 전문가로 일하고 있다.

그리고 아메리칸 익스프레스(American Express), 텍사코(Texaco), 국제연합(UN), IBM 등과 같은 기업 및 단체를 위해 국제적인 토크파워 세미나와 워크숍을 열고 있다. 이 책은 그동안 9개 언어로 번역되었으며, 그대로 따라했을 경우 95%의 성공률을 보인다 하여 전 세계 유명 연사들 사이에서도 명성이 자자하다. 저자와의 직접적인 커뮤니케이션은 홈페이지에서 가능하다. www.talkpowerinc.com

역자에 관하여 >>

강 헌 구

현 장안대학 경영학과 교수이자 베스트셀러 《아들아, 머뭇거리기엔 인생이 너무 짧다》 1, 2권의 저자이기도 하다. 경희대학교 경영학과에서 학부와 석사과정을 마치고, 한남대학교에서 경영학 박사 학위를 받았다. 1995년 수원과 서울에 '비전스쿨'을 설립하여 청소년들을 위한 비전형성 교육에 힘써 오고 있다. 1998년부터 경기방송(FM99.9)과 대전극동방송 라디오에서 '21세기 꿈터', '생방송 시사21'을 진행하면서 비전의 힘과 리더십 원리, 커뮤니케이션의 중요성과 비법을 전파하였으며, 현재 경기방송 라디오 프로 '뉴스가 있는 아침'을 진행하고 있다. 저서로는 《아들아, 머뭇거리기엔 인생이 너무 짧다》 1, 2권 외에 《비전학 서설》 등이 있으며, 현재 《아들아, 머뭇거리기엔 인생이 너무 짧다》 3권을 집필 중이다. 역서로는 《천재처럼 생각하기》, 《정직의 즐거움》 등이 있다.

한언의 사명선언문

─. 우리는 새로운 지식을 창출, 전파하여 전 인류가 이를 공유케
  함으로써 인류문화의 발전과 평화에 이바지한다.

─. 우리는 끊임없이 학습하는 조직으로서 자신과 조직의 발전을 위해
  쉼없이 노력하며, 궁극적으로는 세계 최고의 출판사를 지향한다.

─. 우리는 정신적, 물질적으로 세계 초일류 출판사에 걸맞는 최고
  수준의 복지를 실현하기 위해 노력하며, 명실공히 초일류 사원들의
  집합체로서 부끄럼없이 행동한다.

저희 한언인들은 위와 같은 사명을 항상 가슴 속에 간직하고
양질의 책을 만들기 위해 최선을 다하고 있습니다.
독자 여러분의 아낌없는 충고와 격려를 부탁드립니다.

- 한언가족 -

Haneon's Mission statement

─. We create and broadcast new knowledge for the advancement of
  the whole human race and world peace.

─. We do our best to improve ourselves and the organization, with
  the ultimate goal of striving to be the best publishing company in
  the world.

─. We try to realize psychological and physical welfare of the
  highest quality, welfare that is fitting of the best publishing
  company. Our employees are proud members of this outstanding
  organization and behave in a manner that reflects our mission.

We, Haneon's members, always try out best to keep this
mission in mind and to produce good quality books.
We appreciate your feedback without reservation.

- Haneon family -

토크파워

2003년 1월 10일 1판 1쇄 박음 / 2003년 1월 15일 1판 1쇄 펴냄	펴 냄
나탈리 로저스	지은이
강헌구	옮긴이
김철종	펴낸이
(주)한언	펴낸곳
등록번호 제1-128호 / 등록일자 1983. 9. 30	
서울시 마포구 신수동 63-14 구 프라자 6층(우 121-854)	주 소
TEL. 02-701-6616(대) / FAX. 701-4449	
swgim@haneon.com 김세원	책임편집
mykim@haneon.com 김미영	디자인
www.haneon.com	홈페이지
haneon@haneon.com	e-mail

ISBN 89-5596-032-8   03300

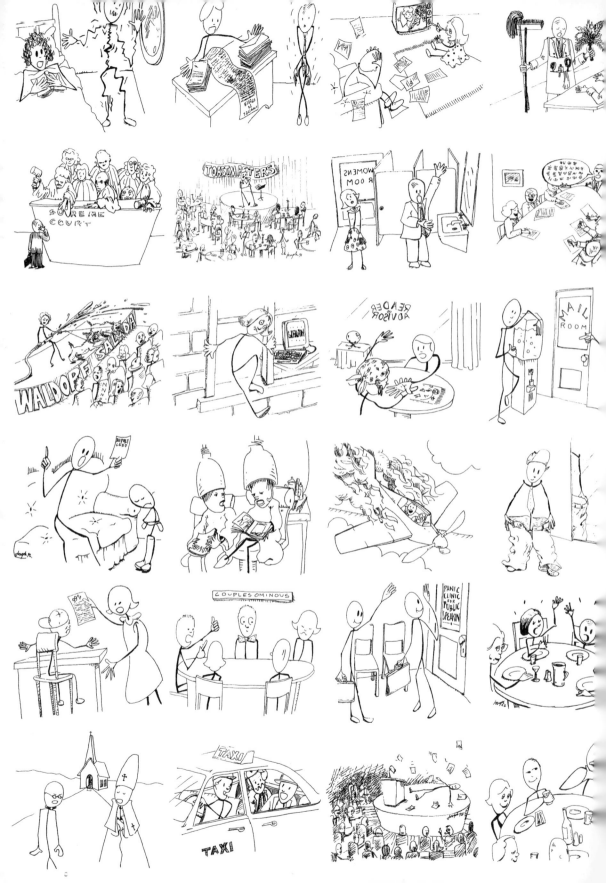